A VERY RARE
STEAKHOUSE
WELL DONE
Calle Tarija 243 B
Tel. 591-2-2310750
.uñaimugre.
11

로드스꼴라, 남미에서 배우다 놀다 연대하다

초판 1쇄 펴냄 2013년 4월 22일
6쇄 펴냄 2024년 9월 9일

글 사진 로드스꼴라

펴낸이 고영은 박미숙
펴낸곳 뜨인돌출판(주) | 출판등록 1994.10.11.(제406-251002011000185호)
주소 10881 경기도 파주시 회동길 337-9
홈페이지 www.ddstone.com | 블로그 blog.naver.com/ddstone1994
페이스북 www.facebook.com/ddstone1994
대표전화 02-337-5252 | 팩스 031-947-5868

ISBN 978-89-5807-424-3 03810

로드스꼴라

남미에서 배우다 놀다 연대하다

일러두기

1 이 책에 나오는 지명과 인명은 라빠스, 띠띠까까, 삐사로, 에비따 등과 같이 가급적 현지 발음에 가깝게 된발음으로 표기했습니다. 그러나 잉카, 파블로 네루다와 같이 우리에게 이미 익숙한 지명과 인명은 예외로 두었습니다.

2 글쓴이 이름 뒤의 낱말들은 로드스꼴라 길별(길잡이별. 교사)과 떠별(길 떠나는 별. 학생)들이 서로를 부를 때 쓰는 닉네임입니다.

3 이 책에 실린 대부분의 사진들은 떠별들이 여행 중에 직접 찍은 것이며, 일부 자료사진들은 이미지 공유가 가능한 외국 사이트에서 가져왔습니다.

장면 하나

볼리비아의 원주민 대학 UAC에 머물 때였다. 우리는 밤마다 특강을 듣거나 워크숍을 하거나 각 단과대들과 교류를 하며 보냈는데, 그날은 대학의 부총장 닥터 휴가 로드스꼴라 떠별들을 위해 특강을 하기로 되어 있었다. 훤칠하고 다감한 미국 사람 닥터 휴는 두 사람의 '아저씨'와 함께 등장했다.

'지역에서 UAC가 갖는 의미' 에 대해 간단하게 이야기한 다음, 휴는 두 사람을 소개했다. 그들은 마을의 의례를 주관하고 아픈 사람을 위해 처방을 해주고 생의 굽이마다에서 마주치는 예기치 않은 불운을 해석하고 함께 그 굽이를 넘어 주는, 그러니까 심방 혹은 당골이었다. 닥터 휴는 이들이 코카 잎으로 점을 보는데 아주 용하니 오늘 로드스꼴라의 떠별들도 혹 궁금한 것들이 있으면 이 특별한 기회를 놓치지 말라며 미소 지었다. 떠별들의 눈이 초롱초롱해졌다.

심중에 있는 이야기를 하는 자리이므로 모두 복도로 나가고 한 사람씩, 그러니까 점을 보기로 했다. 약간 긴장한 떠별들이 차례대로 들어와 코카 잎을 비롯한 몇 가지 도구로 판을 벌인 작은 카펫 앞에 앉았다.

깊은 숨을 들이쉰 떠별이 진지하게 물었다. 남자 친구는 언제 생길까요? 플로로가 휴에게 영어로, 휴가 다시 심방에게 아이마라어(語)로 이중 통역을 했다. 심방 아저씨는 진지하게 코카 잎을 던지고 유심히 들여다보고 다시 거두어들이며 떠별의 질문에 대답했다. 지금 당장은 아니지만 2~3년 안에는 반드시 생기리라. 질문을 한 떠별의 안색이 환해지며 미간이 부드러워졌다.

이어서 들어온 떠별들도 궁금한 것들을 물어보았다. 엄마가 아픈데 괜찮으실까요? 우리 가족은 건강하게 오래 살 수 있을까요? 연애는 과연 가능한가요? 글을 써서 벌어먹을 수 있을까요? 저 머나먼 대륙 아시아, 그중에서도 한국이라는 나라에서 온 파릇한 청춘들의 질문에 목이 두껍고 어깨가 단단하며 앞뒤로 두터운 몸통을 지닌 아이마라 아저씨는 끝까지 진지하게 최선을 다해 답을 해주었다. 엄마는 조만간 나으실 것이니 너무 걱정하지 않아도 좋다, 가족들은 약간의 고비들이 있지만 그 시간만 잘 넘긴다면 모두 건강하리라, 연애의 대상은 신중하게 선택을 해야 하느니라, 각고의 노력을 한다면 네가 원하는 생을 살리라…. 점괘를 받은 떠별들은 모두 환한 미소를 지으며 다정한 인사를 건네고 물러갔다. 참으로 용한 점괘, 에 슬몃 웃음이 났다.

한국어와 영어와 아이마라어가 뒤섞이며 공명했던 그 시간을 먼 훗날 떠별들은 어쩌면 기억할까? 생의 본질, 인류의 숙명을 슬쩍 엿보게 해준 아이마라 심방 아저씨, 그의 거칠고 투박했던 손.

장면 둘

춤, 춤, 춤. 남미 여행 내내 떠별들은 밤마다 춤을 추었다. 인생에서 추어야 할 춤을 다 추는 게 아닐까 싶을 정도로 UAC 대학에서, 띠꼬나따 섬에서, 공연을 보러 가서, 한류에 열광하는 남미의 청소년들과 빙글빙글 짝짝짝 라라라라 돌고 돌리며 가지가지 춤을 그야말로 지칠 때까지 추었다.

그중에서 남자 떠별 가재와 애매의 인기는 하늘을 찔렀다. 파트너를 바꾸는 시간이 되면 가재와 애매의 손은 순식간에 남미 여자들의 손에 잡혀 있었다. 쿵짝쿵짝 스텝을 밟고 팔짱을 끼고 허리를 감는 동안 애매의 표정은 더욱 몽롱해지고 가재는 문득 격렬해졌다. 그들 생애 최고의 순간, 중 한 장면을 우리는 함께 목격했다.

장면 셋

우유니 사막이었다. 차에서 내린 떠별들이 갑자기 미친 듯이 달리기 시작했다. 안 돼 얘들아, 고도가 사천삼백이야, 뛰면 안 돼. 소리를 지르고 싶었으나 극심한 구토감와 깨질 듯한 두통, 고소증에 시달리느라 내 목소리는 목구멍 밖으로 나오지도 않았다. 달리의 그림에나 나올 법한 초현실적인 풍경 속으로 질주하던 떠별들이 아스라이 하나둘 바닥에 쓰러졌다. 지구에 가장 먼저 도착한 최초의 태양빛이 그들 몸 위로 내려앉았다. 싱싱하고도 거친, 그 비릿한 청춘의 숨소리가 바로 옆에서 나는 듯 생생해 또다시 구토가 치밀었다.

로드스꼴라의 세 번째 학기는 '동시대와 만나다' 라는 주제로 여행을 떠나는 시간이다. 21세기를 함께 살아갈 세계의 이웃들과 어떻게 교류하고 소통할 것인가 질문하는 여행을 하게 되는데, 로드스꼴라 3기는 이 주제를 붙들고 볼리비아, 페루, 아르헨티나를 두 달간 여행했다. 남미를 여행하며 우리는 '언어' 로는 표현할 수 없는 대자연의 경이로움도 보았지만 세상의 빈곤과 불평등, 불의를 목격하기도 했다.

여행에서 돌아와 우리가 하고 싶었던 건 우리가 만난 사람들의 이야기를 '이곳'에 공명시키는 것이었다. 인간과 인간 사이 혹은 인간과 인간 아닌 것 사이의 공존을 꿈꾸며 때로 누군가들은 불합리하고 근거 없다고 생각하지만 그래서 새로운, 비전을 만들어 보고 싶었다.

지구 반대편으로의 여행은 많은 이들의 도움으로 풍요롭고 따스하고 흥미진진했다. 기꺼이 UAC로 초대해 주셨던 박혜정 선생님, 한국 학생들의 코디네이터를 맡아 주었던 기예르모, 로시오, 소냐, 다정한 인사를 건네주었던 수많은 학생들, 페루 대부분의 일정을 함께했던 싸이먼, 꾸스꼬 사랑채의 길동수 사장님, 꾸스꼬의 코이카 단원 박형욱 씨, 아르헨티나 한인회, 땅고의 영혼을 가르쳐 주셨던 류수정 선생님, 남미 문학과 문화에 대한 흥미로운 강의와 함께 책에 들어갈 원고도 주신 송병선, 조구호, 손혜현, 이원종 선생님, 공정무역에 관한 흥미로운 이야기를 들려주신 이강백, 김진환 선생님, 남미 공정무역 핫라인을 연결해 주신 김무성 선생님, 해남에서 올라와 강의와 워크숍을 진행해 주고 원고도 주신 이의

영 선생님, 트래블러스 맵의 남미 여행 담당자 블루, 맵 식구들, 로드스꼴라 길별들, 모두 여행길을 밝혀 준 등불이었다. 늘 관심과 애정과 격려로 지켜보아 주셨던 모별님들께 머리 숙여 존경을 표한다. 함께 작업한 뜨인돌의 박경수 팀장님께도 감사드린다. 책 작업을 함께하진 않았지만 랏차, 신나, 아모르, 하루, 여행을 함께하진 않았지만 원고를 준 미아 역시 이 책의 주인공들이다. 간난고초를 함께 겪은 플로로 역시.

그리고
가재, 도로롱, 바리, 아띠, 애매, 여치, 완두콩, 쟈기, 고담, 푸른
총명하고 용감하고 찌질한
별들, 저 우주에서
스스로 빛나는
스스로 온전한.

2013 봄

김현아(어딘), 로드스꼴라 대표 길별

차례

책을 내며 7

1교시 지구과학

대자연 앞에서 나를 만나다 17

우유니! 이야기하게 하다 18
울었어, 이과수에서 32
춤추는 호수와 섬 : 띠띠까까 호수의 띠꼬나따 섬 40
도움글 지금 낯선 곳으로 떠나는 모든 이들에게 50
쉬는 시간 기다려라 이까, 내가 간다 60

2교시 역사

돌에 새겨진 연대기 63

꿈으로 올린 성 64
살고 싶은 도시 띠와나꾸 74
배꼽의 흔적 86
도움글 남미의 고대 문명 100
쉬는 시간 유물전시관 112

3교시 지리

하이브리드 대륙 115

한낮에 갑자기 세상이 바뀌었다 **116**

콘도르는 날아가고 **132**

혼혈의 대륙 **138**

도움글 구세계와 신세계의 충돌 **152**

쉬는 시간 또 하나의 남미 **164**

4교시 정치

광장에 떠도는 수많은 이름들 167

남아메리카 슈퍼스타 **168**

신데렐라 그 후 **180**

광장과 공원 사이 **192**

도움글 아르헨티나 근현대사 **202**

점심 시간 남미의 식탁으로 초대합니다 **220**

5교시 경제

공정무역! 세상을 바꾸는 길 233

멀고 먼 길을 돌아, 커피 234
초콜릿의 달콤쌉쌀한 생애 246
도움글 생각이 바뀌면 운명이 바뀐다 258
실전 학습 서울의 공정무역 샵을 찾아서 274
쉬는 시간 공정무역 자기 주도 학습 282

6교시 문학

환상과 현실을 넘나드는 마법의 언어 285

새빨간 이야기 : 가르시아 마르께스의 『백 년 동안의 고독』을 읽고 286
기억과 소설 : 마리오 바르가스 요사의 『염소의 축제』를 읽고 294
페이스북을 탈퇴한 이유 : 이사벨 아옌데의 『영혼의 집』과 『운명의 딸』을 읽고 300
브라보 마이 라이프 : 마누엘 푸익의 『거미 여인의 키스』를 읽고 310
길 위의 친구들 : 파블로 네루다 시집을 읽고 318
도움글 새로운 상상력을 불어넣는 위험한 책들 : 라틴아메리카의 현대 고전소설들 328
쉬는 시간 부에노스아이레스 엘 아떼네오 서점 336

7교시 스페인어

Hola Latin! 339

Habla Español? (스페인어 할 줄 알아?) **340**

Sin Prisa! (서두르지 마!) **350**

Al mal tiempo, buena cara (흐린 날씨엔 좋은 얼굴을) **362**

Amor Fati (운명을 사랑하라) **372**

HR 여행 준비물, 후회하지 말고 확인하자 **382**

CA 책, 책, 책을 읽읍시다! **385**

여행 전에 영화 한 편 **388**

추천의 글 : 전환기, 배운다는 것에 대하여 **390**

여행 전에 쓴 길별의 편지 : 로드스꼴라 3기의 '남미 프로젝트'에 관심 갖고 계신 분들께 **400**

글쓴이들 **404**

대자연 앞에서 나를 만나다

그렇게, 이과수를 빌려 쉴 새 없이 뛰어내리고 죽기를 한참. 문득 고개를 돌렸을 때 떨어지고 난 물들은 새로운 모습이 되어 두 번째 여정을 막 나서고 있었다. 이과수는 물들의 오랜 성인식이었다. 우연히도 성년의 날, 나는 이과수에서 즐거운 성인식을 치렀다.

우유니 소금사막에 꽂혀 있는 국기들 ©랏차

우유니! 이야기하게 하다

핫팩은 두둑히! 민트색 스웨터와 목도리, 아시아나 항공에서 몰래 가져온 담요와 오리털 침낭, 두툼한 등산 양말 두 켤레, 제일 따뜻한 바지 두 벌, 오리털 패딩이랑 내피는 입고 가면 되고……. 모자, 선글라스, 녹음기, 노란 스프링 노트와 검정 모나미 펜, 작은 크로스백까지. 겨우 2박 3일 일정인데 30리터 배낭이 빵빵해졌다.

이만하면 됐겠지. 그나저나 엄청 추운 데다 누구는 배낭도 통째로 도둑맞았다는데. 배낭 지퍼 고리들을 와이어로 연결해 단단히 자물쇠를 걸고 옆으로 밀어 뒀다. 새벽 2시가 훌쩍 넘어 있었다.

몇 시간 후면 우유니 소금사막으로 떠난다. 정확히 말하자면 알티플라노의 한복판으로. 알티플라노. 안데스 산맥 중앙에 펼쳐진 고구마처럼 생긴 높고 평평한 땅. 고원이다. 면적은 17만km^2로 남한 면적의 1.7배에 달한다.

나는 우유니 소금사막을 비롯해 2박 3일간 알티플라노의 남부를 돌아보기로 했다. 알티플라노의 해발고도는 5백m부터 5천m까지이고, 이번 여행에서는 해발 3천m 후반부터 5천m에 육박하는 지대까지 올라갈 예정이었다. 그 거대한 땅은 태고의 기억을 간직한 곳이라 불리기도 한다. 태고의 기억이라! 어떤 곳일지 상상이 되지 않아 침대에 누워서도 한참을 뒤척였다.

메마른 햇빛이 살갗을 찔러 온다. 선글라스를 꺼내 썼다. 바람이 거칠어 패딩 위로 담요를 하나 더 둘렀다. 야간버스를 타고 밤새 달려 우유니 투어가 시작되는 작은 마을에 도착했다. 마을은 황량했다. 모래바람이 날리고 무채색 건물이 쭉 늘어서 있었다. 살아 있는 거라곤 잠이 덜 깬 여행자들과 삼삼오오 몰려다니는 개 떼가 전부다.
검붉은색 도요타 지프차가 마중을 나왔다. 우유니 투어를 하는 동안 타고 다닐 차다. 검은 선글라스를 낀 새카맣게 그을린 기사 아저씨가 살갑게 인사를 하며 차 지붕에 배낭을 실어 준다.
출발이었다.

몸으로 기억하다

우유니를 여행하며 손에서 녹음기를 놓지 않았고, 특히나 가이드의 설명

1억 년 전의 돌덩이들 ⓒ랏차

은 졸졸졸 따라다니며 빠짐없이 녹음했다. 한국에 돌아가 글을 쓸 때 참고자료로 쓰기 위해서였다. 첫날은 "아하, 아하" 추임새도 넣고 적절히 질문도 해 가며 나름 재미나게 들었다. 그러나 다음 날, 나는 미간에 힘을 잔뜩 주고 입을 꾹 다물고 말았다. 발단은 돌의 계곡(Rock Valley)에서였다.

돌의 계곡은 말 그대로 사막 같은 곳에 집채만 한, 혹은 자동차만 한 바위가 이리저리 널려 있는 지대다. 어김없이 가이드의 설명이 시작됐다. 1억 5천만 년 전 안데스의 남쪽 끝인 파타고니아 정상에서 출발한

빙하가 3백 년에 걸쳐 이곳에 도착해 산의 표면을 쓸고 갔다. 빙하는 녹았고, 빙하가 긁어 놓고 간 부스러기들만 남았다. 그게 바로 저 바위들이다.

음, 대충 알겠다. 바위들을 째려보며 저들을 스쳐 갔을 빙하를 떠올려 본다. 지금은 모래바람만 풀풀 날리지만 어느 순간엔 녹아 버린 빙하로 물이 그득했을 이곳을 상상한다. 눈앞의 모습일랑 사라지고 1억 년 전 그 풍경이 짠하고 나타날 것만 같은데, 바위는 무심하고 사람들은 사진을 찍느라 바쁘다.

바위만이 아득하리만치 먼 시간을 품어 온 건 아니다. 우유니 소금사막도 그랬다. 소금사막을 마주한 순간, 숨이 턱 막혔다. 세상은 시리게 푸른 하늘과 순백의 소금밭, 딱 두 개로 나뉘어 있었다. 탄성마저 목구멍으로 넘어갔다. 멍하니 서 있는 것도 잠시, 신난 강아지마냥 뒹굴고 뛰고 한껏 날아올랐다.

그러다 문득 궁금해져 하얀 결정을 살살 긁어 혀에 대 봤다. 짜다.

우유니 소금사막은 아주 오래전엔 바다 밑에 있었다. 시간이 흘러 지각 변동으로 바다가 솟아올랐고 빙하기를 거치며 얼었다가, 녹기 시작했다. 주변 산맥에 둘러싸여 분지를 이룬 곳에는 바닷물이 빠져나가지 못하고 거대한 호수가 생겨났다. 그러다 건조한 날씨가 계속되면서 호수물이 전부 말랐고, 소금 결정만이 남았다. 소금사막의 탄생 배경이다.

한 시절에는 바다 밑에서 잠들었을 이 땅에 사람들이 찾아와 텐트를 치고 소금으로 호텔을 짓고 국기를 꽂고 밥을 해 먹는다. 나도 소금사막

소금사막의 하얀 지평선 ⓒ바리

위에서 사진을 찍고 또 찍고 소금도 먹어 보고 철퍼덕 앉아 밥까지 먹었지만 소금사막의 기억은 남의 일 같기만 하다.

그랬다. 실은 우유니를 여행하는 내내 급체한 상태였다. 규모도 규모거니와 태초부터 그네들이 거쳐 온 시간을 오롯이 몸 안에 집어넣기에 내 몸은 무지 작다, 고 하면 변명이 될까. 쪼글쪼글하고 검버섯이 군데군데 핀 할머니의 얼굴에서 그의 꽃다운 처녀시절을 상상하기 어렵듯, 거대한 자연을 눈앞에 두고도 그들이 거쳐 온 세월을 가늠할 수 없었다.

초조했다. 지금 당장 온몸으로 알아야 할 것 같은데 내 머리엔 금세 과부하가 걸렸다.
해가 지고 숙소에 도착했다. 따듯한 차로 몸을 녹이고 저녁을 먹었다. 남십자성을 볼 수 있다기에 기분전환 겸 별을 보러 나섰다. 숙소 앞마당에 서서 고개를 쳐들었다. 서서히 목을 뒤로 꺾다가 허리까지 뒤로 젖혔는데도, 죄다 별이다. 하늘에 시선을 고정하고 컴퍼스마냥 빙글빙글 돌다가, 후다닥 담요를 가지고 나와 가장 어두워 뵈는 곳으로 가서 땅에 박힌 자그만 돌을 베고 누웠다.
그리고 세상은, 별로 가득 차 버렸다. 나는 하늘에 별이 저리도 많다는 걸 그날 처음 알았다.

다음 날, 동도 트지 않은 새벽에 출발해 해발 5천m까지 올라갔다. 여명이 밝아 올 때쯤 덜컹이며 달리던 지프차가 멈췄다. 밖으로 나와 보니 눈도 제대로 뜰 수 없을 정도로 세차게 바람이 불었다. 저 앞은 하얀 연기가 가득했고 계란 썩는 내가 풍겼다. 가까이 가 보니 금세 하얀 연기가 사방을 에워쌌다.
기사 아저씨가 더 와 보라며 자꾸만 손목을 잡아끈다. 뿌연 시야를 헤치며 나아가 보니, 달 표면처럼 여기저기 구덩이가 파여 있었다. 그리고 그 안에서 회반죽 같은 것이 부글부글 끓고 있었다. 땅 밑에 있는 마그마 때문이었다.
조금 전만 해도 바람에 살이 에였는데 열기 때문인지 살갗이 훈훈했다.

마그마의 열기가 치솟는 지열 지대(위) ©가재
죽 끓듯 부글거리는 진흙(아래) ©랏차

이 순간에도 지구는 살아 있고 움직이고 있다는 걸 그제야 새삼 깨달았다.

그렇게 알티플라노의 자연은 하나하나 내 몸에 새겨져 갔다. 나는 그저 거침없이 다가오는 그들을 온몸으로 느낄 따름이었다. 따가웠던 햇볕과 지프차 안을 붉게 물들였던 석양, 눈에 닿을 듯 가깝게 떴던 초승달마저도 몸의 감각으로 익혔고 기억했다. 글자에 갇힌 우유니가 아니라 내 몸이 기억하는 우유니다.

아주 당연한 사실들을 한 가지씩 느리게 체득한다. 서른 한 개짜리 지구

과학 인강을 완강하고 달달달 요점정리를 외운 뒤 시험을 쳐서 1등급을 얻는 것과는 차원이 다르다. 여행에서 돌아와 알티플라노에 대한 지리적 자료들을 읽으니 확실히 다른 느낌이다. 연인의 옛 편지를 읽으며 그를 그려 보듯 딱딱한 글자를 훑어 내리며 감각을 일깨워 본다.

이야기하게 하다

이런 이야기가 있다. 산에서만 살던 사람이 여행을 떠났다. 바다에서만 살던 사람도 여행을 떠났다. 둘은 한 여관에서 마주쳤다.

"해는 산에서 뜹니다."
"아닙니다, 해는 바다에서 뜹니다."
둘은 옥신각신했다. 이때 여관집 주인이 나타났다.
"아닙니다, 해는 지붕 위에서 뜹니다."

셋은 자신이 옳다며 투닥투닥했다. 산에서만 살던 사람과 바다에서만 살던 사람은 다시 길을 떠났다. 산에서만 살던 사람은 바다에 가서야 바다에서도 해가 뜬다는 사실을 알았다. 바다에서만 살던 사람은 산에 가서야 산에서도 해가 뜬다는 사실을 알았다. 여관집 주인은 여전히 지붕

초현실적인 붉은 호수(위)와 초록 호수(아래) ⓒ도로롱

검은 호수(위) ©랏차, 하얀 호수(아래) ©바리

위에서 해가 뜬다고 믿는다.

나는 방구석에 앉아 모니터 앞에서 남들 사는 이야기를 주워듣다, 무슨 바람인지 등산화를 신고 배낭을 메고 여행을 하겠다며 문밖을 나섰다. 그러다 남미에 가게 됐다.

그리고 볼리비아에서, 삶은 또다시 한 번도 꿈꿔 보지 않은 곳으로 나를 데려갔다. 그곳에는 붉은 호수와 검은 호수, 하얀 호수와 초록 호수가 있다. 무지개 빛깔을 띤 산맥과 연기가 폴폴 피어나는 활화산이 있다. 어디를 가나 하얗게 눈이 덮인 설산이 배경처럼 따라다니고, 소금사막을 지나면 광활한 모래사막이 펼쳐진다. 우유니는 여기가 내가 살던 지구가 맞나, 슬쩍 의심이 피어오르는 풍경의 연속이었다.

만일 그런 세상이 있노라고 누군가에게 전해 들었다면 우아, 탄성을 지르면서도 지구 반대편에 이르는 거리만큼이나 먼 세상으로 느껴졌을 거다. 하지만 직접 가 보니 이제는 알겠다. 그곳도 내가 사는 세상의 일부라는 길! 여관집 주인처럼 살아왔던 나는, 발바닥 가는 대로 실컷 돌아다니고 나서야 믿지 않았던 것들을 비로소 믿게 됐다.

그러니까 우유니의 풍경은 믿기지 않을 만큼 환상적이었다. 하지만 지루함 그리고 졸음과의 싸움이기도 했다. 하루 열 시간에서 열두 시간 지프차를 타고 끝이 없는 대지를 달리다 보면 탄성도 잠시, 가도 가도 똑같은 풍경에 지치기 마련이다. 자는 것도 한두 번이지 계속 자다 보면 여행이 아깝기도 하고 머리가 지끈지끈 아프기도 하다. 수다를 떨다가도 침묵이 찾아오기 마련이고.

그렇게 멍하니 차창 밖을 바라보고 있으면 슬그머니 이야기가 떠오르곤 했다. 소금사막을 지나면 사실 있는 거라곤 하늘과 땅, 바위, 산이나 설산, 구름, 풀, 간혹 가다 호수, 이런 거밖에 없다. 하지만 알티플라노의 자연은 이야기하게 했을 뿐더러 이야기를 읽고 싶게 했고, 이야기를 믿고 싶게도 했다.

남미 대륙의 상상력. 남미로 여행을 떠나기 전 간간이 들었던 그 말을 조금 알겠다. 상상할 수 없거나 매번 상상을 넘어서는 그 대륙은 인간으로 하여금 맘껏 상상하게 한다. 그래서 남미를 여행하고 나면 무슨 얘기든지 뻔뻔하게 할 수 있는 배짱이 생기고, 기가 막히는 헛소리에도 고개를 주억거리게 된다. '그럴 수도 있지 뭐' 하면서 말이다.

가령 야간버스를 타고 가다 가재가 이 버스는 밤이면 밤마다 새로운 세상으로 사람들을 싣고 가는 환상의 버스 같다는 이야기를 들려주면, 나는 헛소리 그만하라며 냉소하지 않고 가슴 설레며 이야기를 부추긴다. 판타지 영화나 애니메이션의 전유물일 뿐 현실에는 존재하지 않을 거라 단정했던 세상을 직접 보아서일까. 이젠 뭐든 그럴 법하다는 낙낙한 맘이 생긴다.

아무리 소설이 뻥이라지만 도가 지나치다고 여겼던 남미 문학도 무슨 이야기를 하려나 하고 느긋이 책장을 넘길 수 있을 것 같다. 그들이 만들어 낸 환상 같은 이야기들이 남미 대륙 어딘가 정말로 실재하고 있을 거라는 은근한 기대감에 혼자 좋아하면서 말이다.

황지은 · 아띠

우유니 소금사막에서 떠별들 모두 하늘로! ©어딘

악마의 목구멍에 오신 것을 환영합니다! ©애매

울었어, 이과수에서

남미 특강 첫 시간은 『아무도 남을 돌보지 마라』의 저자 엄기호 선생님이었다. 헐렁한 후드 차림에 부스스한 머리카락이 제멋대로 흐트러진 그는 낙서하듯 화이트보드를 메워 갔다. 좁다란 강의실이 후끈 달아오르고 그가 말했다. "울었어, 이과수에서."

나는 맨 앞자리에서 설렘과 울렁임으로 무방비 상태가 되어 그러기로 했다. 나도, 웬만하면 울자. 그렇게 이과수는 생애 잊을 수 없을 장소로 일찌감치 자리매겨졌다. 뒤통수를 후려맞든 비장한 결심을 하든 살아온 날에 쪽팔리든, 큰일 날 곳이 되었다.

차창 밖 푸른 숲이 이어진다. 두 눈은 멀리 초록빛 지평선 위를 달린다. 가도 가도 끝없는 풍경이 이과수 가는 길을 따라 펼쳐진다. 버스에서 내리자마자 귀를 둥둥 울리는 폭포 소리와 함께 어마어마한 장관이 펼쳐질 줄 알았는데, 매표소다. 유명한 관광지답게 여러 외국인 무리들이 가이드를 따라 움직인다. 소란한 와중에 흥분과 설렘이 묻어난다.

이과수는 아르헨티나와 브라질에 걸쳐 있는 275개의, 그야말로 폭포 떼다. 이곳 일대가 1980년대 후반 국립공원으로 지정된 바 있다. 매년 수많은 이들이 죽기 전에 다녀가 보는, 명성이 자자한 곳이다.

입구에서 지도를 받아 들고 전망대를 향해 부지런히 걷는다. 너구릿과 육식동물 코아티가 여기저기 어슬렁거린다. 얼핏 귀염상이지만 바스락대는 봉지만 걸렸다 하면 영락없는 야생의 표정으로 달려든다. 어느 백인 여자가 꼼짝없이 당하는 모습을 목격한 터라 눈만 마주쳐도 얼어 버린다. 사람이 많아서 그렇지, 실은 밀림 한가운데다. 이따금 빼곡한 풀숲 사이로 식식거리는 소리가 들려오면 간담이 서늘하다.

과라니 족 사람들이 이곳을 처음 발견했을 때에는 한발 한발 나무를 헤치고 잘라 길을 내며 나아갔겠지. 마을인 줄 알았다고 한다. 피어오르는 연기를 보고. 그런데 서서히 웅웅대는 소리가 들려오고, 가면 갈수록 커져서 하늘이 무너지는 것 같다가, 마지막 잎사귀를 걷어 낸 순간, 헉, 맞닥뜨린 것이다.

높이 최대 85m, 초당 5만 8천 톤으로 쏟아지는 물줄기가 한 마리 짐승 같다. 두툼한 물살에 반사되는 햇살이 눈부시다. 우렁찬 소리가 귓전을 때린다. 바람을 타고 불어오는 물보라가 뺨을 적신다. 엄청난 굉음을 내며 바위로 곤두박질쳤다가 강을 이루고 유유히 멀어져 간다. 과라니어로 '거대한 물'이라는 이구, 아수. 정직한 이름이다. 그럴듯한 지명을 고민할 새도 없이 이 앞에서는 말문이 턱 막혔나 보다.

과자 약탈자 코아티 ©애매

지금도 그렇다. 사람들이 말이 없다. 그동안 돌아다닌 곳은 늘 가이드의 설명으로, 통역으로, 질문으로, 끊임없이 입과 귀를 놀려야 했는데 여긴 그냥 보면 된다. 그래서 모두들 입만 벌리고 서 있다. 그래 봤자 까짓, 물일 건데.

이렇게 오랫동안 바라본 적 있던가. 그러기엔 매일매일 씻고 마시고 닦고 맞느라, 일상 속 그것을 알아차리지도 못했다. 그렇게 무심하다가도 그래, 가슴이 답답할 때면 바다 보러 가자고 한다. 물이 탁 트인 건데 내가 뻥 뚫리는 것마냥 시원하다. 울적한 날에는 비나 한바탕 쏟아졌으면

이과수의 절정 '악마의 목구멍' 폭포 ©바리

한다. 물이 흐르는데 내가 펑펑 울어 버리는 것마냥 후련하다. 무더운 계절이면 폭포로 피서 가자 한다. 물이 쏟아지는데 내가 내달리는 것마냥 통쾌하다.

그 속을 헤엄치던 태곳적 기억 때문일까, 수분이 팔십 퍼센트라는 몸속의 반응일까. 물을 보고 있으면 어느새 그 안에 맘을 놓는다. 그래서 사람들은 그 앞에 가만히 선 채로도 사방이 쟁쟁 울리도록 통곡하고, 몇 번이고 벼랑에서 몸을 던진다.

늘 그래 왔듯 쏜살같이 내달린다. 그러다 문득 한 번도 겪어 보지 못한 지점에 다다르고 있음을 깨닫는다. 부드럽게 스치는 바람도 살랑거리는 잎사귀도 사뭇 달라 보인다. 두려움과 흥분과 설렘과 호기심이 몸속 깊이 엄습해 온다. 도로 거슬러 오르고도 싶지만 헛된 바람일 뿐 가속도만 붙어 간다. 질끈 두 눈을 감고 하늘로 돌진한다. 공중을 가로지르며 시간이 멈춘 듯하다. 실눈을 떠 보려는 찰나 단단하고 억센 바위 위로 와장창 산산조각이 난다.

죽는다.

그렇게, 이과수를 빌려 쉴 새 없이 뛰어내리고 죽기를 한참. 문득 고개를 돌렸을 때 떨어지고 난 물들은 새로운 모습이 되어 두 번째 여정을 막 나서고 있었다. 이과수는 물들의 오랜 성인식이었다. 우연히도 성년의 날, 나는 이과수에서 즐거운 성인식을 치렀다.

웃었어, 이과수에서 ©도로롱

다시, 그 섬에 가고 싶다 ©가재

잊을 수 없는 춤

호흡을 가다듬고 음악에 맞춰 한 걸음 내딛자 소녀는 몸을 움찔거렸다. 소녀는 나보다 먼저 다음 동작을 치고 나갔다. 난생처음 들어 보는 섬의 전통음악에 맞춰 춤을 췄다. 전통음악이라니 살짝 실망했지만 춤은 밀도 있게 이어졌다. 춤이라고 보기엔 민망한 율동에 가까웠다.

소녀와 나는 말이 안 통했다. "우리 이렇게 돌래요?"라고 전달하려면 10초 동안 웃으면서 "응응?" 하고 동작을 보여 주고 상대가 "씨(si, 네)" 하고 수줍게 대답할 때까지 기다려야 했다. 그래서 쉬운 세 가지 동작을 선택해 계속 반복했다. 서로 마주한 채 가슴을 맞대고 180도 돌기, 함께 팔짱 끼고 360도 돌기, 손을 맞잡은 상태에서 상대의 정수리에 오른손 올리고 상대만 세 바퀴 돌리기.

섬의 할아버지들로 구성된 악단이 가끔 듣기 좋은 소음을 내면서 연주를 했다. 어떤 악기들이었는지 어둠 속에 있어서 잘 못 봤지만 타악기, 관악기, 현악기가 고루 조화된 것처럼 들렸다. 퐈앙퐈앙, 삐삐삐, 칙칙. 소녀는 악기 소리에 맞춰 오래 춤을 췄던 것처럼 나를 리드했다. 춤은 반드시 남자가 리드해야 한다고 스페인어 선생님이 누누이 강조했던 게 생각났지만 소녀가 더 잘할 수 있다는데 내가 굳이 나서는 건 남자의 자존심 운운하는 마초처럼 느껴졌다. 가만히 소녀에게 몸을 맡겼다.

소녀는 내가 동작을 틀릴 때마다 수줍게 웃었다. 평소 나였다면 부끄러워 바로 자신감이 떨어지고, 비례해서 동작의 크기도 작아지고, 그래서 또 실수를 연발하는 악순환에 풍덩 빠졌겠지만 그러지 않았다. 춤의 모든 걸 책임진 소녀가 나와 춤을 계속 추기를 원했기 때문이라고 나는 생각했다. 만약 추기 싫었다면 내 실수에 차가운 무표정이나 미간의 주름 한 번쯤 날려 주었을 거다. 나는 동작이 틀릴 때마다 함박웃음을 지어 그녀의 호의에 답했다.

소녀는 꽃이 화려하게 수놓인 상의를 입고, 꽃송이처럼 생긴 털방울 모자를 쓰고, 머리를 곱게 넘긴 채 하이라이트로 개나리색 치마를 휘날렸다. 서울에선 촌스러운 패션이라고 하겠지만 그건 섬에서 가장 세련되고 예쁜 전통의상이었다. 소녀는 그 작은 섬에서 가장 어렸고, 미혼인 여자들만 가장 화려하고 매혹적인 색의 치마를 입을 수 있기 때문이다. 실제로 다른 여성들은 붉고 칙칙한 단색의 치마를 입고 있었지만 그녀는 홀로 개나리색 치마를 나풀나풀 날리고 있었다.

문제는 내 신발에서 터졌다. 꿍짝꿍짝 발이 잘 맞아 가던 찰나 내 오른

소녀. 개나리색 치마 나풀거리던 ©바리

쪽 신발의 끈이 확 풀려 버린 것이다. 안데스 산맥을 탐험해 보자는 마음으로 신고 온 육중한 등산화였다. 춤에는 절대 어울리지 않는.

나는 잠시 고민하다가 끈을 묶지 않기로 했다. 괜히 끈을 묶다가 좋은 흐름을 놓쳐 버리면 궤도를 잃은 지구와 달처럼 허망한 신세가 될지 몰랐다. 예민하게 발가락 끝에 힘을 줬다. 지구와 달은 충돌하지 않았고 우리의 춤은 계속되었다.

희미한 기억 속의 호수

"되게, 그 춤은 뭐랄까. 20년 동안 서울에서 산 한 남자와 페루 안데스 산맥의 넓은 호수 위에서 20년을 산 한 여자가 서로 안아 주고 위로해 준 춤이랄까. 비슷한 시간을 살았지만 전혀 다른 공간에서 다른 상처를 가진 두 사람이 서로를 보듬는 춤이었어요. 황홀했어요."
함께 여행하는 친구들과 선생님들 앞에서 저렇게 말했던 적이 있다. 다들 원으로 둘러앉아 여행의 느낀 점을 얘기하던 자리였다.
춤이 너무 강렬해서였을까, 나는 소녀와 춤을 췄다는 것까지만 기억나고 호수의 광경이나 섬에서의 하루가 가물가물해졌다. 당시엔 생생했던 여행의 기억이 한국으로 돌아와서는 백지장처럼 하얘졌다. 그때의 기억을 글로 써 볼 계획이던 나는 당황했다. 두 달 만에 여행자 노트를 다시 꺼냈다.

띠띠까까 호수 도착. 띠띠까까라니 집토끼 이름 같다.

호수는 면적이 우리나라의 충청북도만 하다고 한다.

실제로 보아도 바다처럼 넓다. 지평선 끝에는 하얀 산봉우리가 보인다.

몇 억 년 동안 녹지 않은 만년설이라고.

그러고 보니 여기는 해발고도 3,812m다. 아, 여전히 높이감각은 없다.

만년설에서 탈출한 물들이 쏜살같이 호수로 쏟아진다.

다이빙. 그렇게 사방에서 스물일곱 개의 강이 흘러와

섬의 유일한 선착장(위) ⓒ바리
마을 가는 길(아래) ⓒ도로롱

이 넓은 호수의 물이 채워진다고 한다. 호수의 광활함 앞에서 감탄한다.

버스를 타고 띠꼬나따 섬으로 가고 있다.

아, 띠꼬나따 섬이었지. 소녀가 살던 섬의 이름.

버스를 타면서 보는 띠띠까까 호숫가는 평화롭다.

적도에 가깝지만 고도가 높은 지역인 탓에 기후가 습윤하고

온난한 편이라고 한다. 나무와 풀들이 많이 보인다.

초록색 풀벌레들이 지나가는 여름을 그리며 울고, 원주민들은 감자와

끼노아를 수확하고 있고, 당나귀들은 감자밭에서 굼뜨게 풀을 뜯는다.

풍작, 가을의 고요한 풍경. 역시 물이 풍부하니까 가뭄 드는 일은 없을 듯.

이 호수 근처를 문명의 발상지라고 부르는 걸 보면

옛날부터 사람들이 모여 살기 좋은 곳이었음이 틀림없다.

띠띠까까 호숫가의 당나귀 ©가재

그리고 버스에서 내려 쪽배를 타고 섬으로 들어간 기억이 났다. 여행자 노트엔 그날 밤 자기 전에 적은 내용이 이어졌다.

띠꼬나따 섬은 고등학교 운동장만한 크기다.

섬에 도착하자마자 섬사람들이 마련한 따뜻한 밥을 먹었다.

어딘은 고산병에 좋은 무냐차를 보고 신기해했다.

식탁에 올려진 무냐 나무에 붙은 잎사귀를 떼어 뜨거운 물에 넣어 먹으면 향기로운 허브차가 됐다. 낚시도 하고 축구도 했는데

어둑어둑해지자 마당에서 춤을 췄다. 가운데에 모닥불을 피워 놓고

나는 개나리색 치마를 입은 소녀와 춤을 췄다.

여자와 함께 춤을 추는 게 그렇게 신난 적은 난생처음이었다.

여자와 함께 춤을 춘다는 것

볼리비아의 어느 대학교에 머무를 때였다. 관광과 10주년 파티를 하는데, 마지막 대미를 장식하는 댄스파티가 야외에서 진행됐다. 남녀가 일렬로 쭉 섰다. 한 줄 서기라니! 그렇게 남녀가 완벽하게 분리되어 마치 남자는 남자의 자리가 있고 여자는 여자의 자리가 있다는 듯 우두커니 서서 춤을 췄다.

그 대열을 헤집으며 나는 미친 듯이 홀로 춤을 췄다. 허리를 튕기고 앉았다 일어서며 그 남녀의 자리를 어떻게든 섞어 놓고 싶었다.

커밍아웃을 시작한 건 얼마 되지 않았다. 첫사랑에게 고백한 직후부터, 여행을 떠난 뒤로 계속. 생각해 보니 거의 여자에게만 얘기했다. 같이 여행하는 친구들과 선생님(우연히도 한 명 빼고 전부 여자다), 지금은 싱가포르에서 유학 중인 사촌누나, 옷도 잘 입고 멋지게 자기를 가꾸는 커리어우먼 달리네, 공간 민들레의 '절실한 글쓰기' 모임 친구들까지. 그녀들은 "나 게이야" 하고 어렵게 말을 꺼내면 마치 나를 이해할 수 있다는 듯 반짝반짝한 눈빛으로 "어 그게 뭐?" 하고 쿨하게 받아 줬다.

소녀와 춤을 추는 일도 그런 구석이 있었다. 내가 "아, 나 여자랑 추는 거 싫은데. 왠지 리드해야 할 것 같아. 난 리드받는 게 좋단 말이야" 하고 망설이는 포즈를 취했을 때 소녀는 개나리색 치마를 살랑살랑 흔들며 태연하게 "에잇, 나랑 한번 추자. 내가 리드해 줄게" 하고 나를 춤판으로 끌고 갔다. 소녀는 고산지대의 강한 햇볕에 검게 그을린 얼굴로 씨익 웃었다. 동성애도 사랑이라는 걸, 소녀는 왠지 이해해 줄 거란 기분이 들었다.

소녀와 춤을 추고 나서 오래된 친구를 만난 것처럼 계속 소녀가 떠올랐다. 두근두근하는 건 연애감정이라기보다 커밍아웃할 때마다 느꼈던 설렘과 비슷했다. 커밍아웃을 할 때면 항상 이상하게 긴장이 됐지만, 막상 해 보면 별것 아니었다. "춤을 출 땐 누가 리드하든 상관 없어. 마음을 열고 상대방에게 몸을 맡기면 돼." 소녀에게 춤이 별것 아니라는 사실을 배운 나는 일생일대의 꿈을 마음속에 고이 접어 놓았다. '남미에 다시 오게 되면 그땐 꼭 멋진 남자와 춤을 춰 볼 거야.'

춤을 춘 그날 밤 띠띠까까 호수엔 강한 바람이 불었다. 추워서 배와 등에 핫팩을 붙였다. 섬에는 전기가 들어오지 않아서 전기패드도 사용할 수 없었다. 뜨거운 핫팩에서 스멀스멀 소녀에 대한 고마움이 올라왔다. 마침 한국에서 준비해 간 선물 중에 개나리색 모나미 볼펜과 복주머니가 있으니까 내일 섬을 나올 때 소녀에게 전해 줘야겠다고 생각했다.
호수는 잔잔하지만 일정한 간격으로 물결 소리를 주변으로 퍼뜨렸다. 거대한 호수 안에는 전설의 괴물이 숨어서 숨을 쉬는 것 같았다. 촌스럽고 우스꽝스러운 춤이 위로가 됐던 그날, 나는 여행 중 유독 편안하게 잠에 빠졌다. 호수의 물결 소리에 맞춰 숨을 고르며 나는 멋진 남미의 남자와 춤을 추는 꿈을 꿨다.

서정현 ● 가재

섬마을 어귀 안내소 ©가재

낯선 곳이 없으면 설렘도 없다. ⓒ도로롱

도움글

지금 낯선 곳으로 떠나는 모든 이들에게

이의영 ● 남지(전남 강진고 지구과학 교사)

여행 그리고 호기심

내가 초등학교 다니던 30여 년 전에는 형편도 넉넉하지 않았고, 어린이 도서가 다양하지 않아 참고서 외에 다른 책들은 보기 어려웠어. 어쩌다 빌려 본 어린이 잡지에는 좋아하는 만화가 많았지만 〈세계의 7대 불가사의〉라는 글이 더 기억나는 이유는 잉카의 마추픽추 때문이야. 집에서 늘 보던 무등산도 아득한데 그보다 한참 높은 곳에 수백 년 전에 세워진 도시라니! 제주도에 가는 것도 꿈처럼 여겨지던 때였지만, 신비롭고 아름답다는 공중도시를 직접 보면 얼마나 좋을까라는 생각을 했었지.

그런데 이제는 지구 반대편으로 가는 것도 낯설지 않은 세상이 되었고, 나는 지난겨울 친구와 함께 마추픽추 언덕을 오르게 되었단다. 그곳에서 정교하게 쌓은 돌담 아래 피어난 작은 꽃과 힘차게 솟아오른 봉우리 사이에 투명하게 걸린 무지개를 보았지.

낯설고 변화무쌍한 풍경을 보니 또 다른 호기심이 마구마구 생기더라. 끝없이 늘어선 바위들은 어디에서 왔을까? 저기 호수의 색깔은 왜 붉을까? 아득히 펼쳐진 고원의 소금은 어디에서 왔을까? 이 지층은 언제 만들어졌고 지금까지 어떤 변화를 겪었을까? 이런 궁금증들은 내가 더 즐겁고 신나게 여행할 수 있도록 도움을 주는 것들이야.

가끔은 너무 피곤해서 창밖을 보는 것보다 잠이 더 좋을 때도 있어. 하지만 한번 생겨난 호기심들은 그럴 때조차도 눈을 부비며 더 자세히 보게 만들지. 설령 당장 풀리지는 않더라도 머릿속에 깊게 새겨져서 그 장소와 시간들을 잊지 못하게 해.

그래! 남아메리카를 떠올릴 때면 나는 어느새 만년설 덮인 봉우리들이 늘어선 메마르고 거친 사막 한복판을 서성이고 있어.

남미의 드넓은 모래사막 ©도로롱

남아메리카의 자연

우리와 지구 반대편에 있는 남아메리카 대륙은 거대한 산맥과 울창한 숲, 넓은 평원과 사막으로 이루어져 있어. 대륙의 서부에는 안데스 산맥의 눈 덮인 봉우리들이 남북으로 내달리고 산맥을 따라 수백 개의 화산이 있지. 그런가 하면 아마존 강이 열대의 숲과 평원을 적시며 대서양으로 흐르고, 안데스 서쪽엔 세계에서 가장 건조한 아따까마 사막이 남쪽까지 이어져 넓고 기름진 초원 팜파스(pampas)를 안고 있어.

이처럼 다양한 자연환경을 갖춘 남아메리카의 자연환경은 어떻게 만들어졌을까?

이 대륙의 가장 특징적인 지형은 지구에서 제일 긴 안데스 산맥이란다. 전체 길이는 무려 7천2백km로 우리나라에서 유럽까지 뻗어 나갈 만한 거리야. 시속 3백km인 고속철도로 쉬지 않고 달려도 꼬박 24시간을 가야 해.

지구 표면이 그림 맞추기 퍼즐 같은 10여 개의 판(板)으로 이루어진 건 다들 알고 있겠지? 그 판들이 밀가루 반죽 같은 맨틀 위에 널빤지처럼 얹힌 채 조금씩 이동하고 있다는 것도. 안데스 산맥은 약 5천만 년 전에 서쪽으로 움직이는 남아메리카 판과 동쪽으로 움직이는 나스카 판이 서로 부딪치면서 솟아올라 만들어졌어. 판이 경계를 이루는 곳은 지각이 불안정하기 때문에 안데스 산맥 주변에선 화산 폭발과 지진이 자주 발생한단다.

지난번 여행 중엔 꼬박 18시간을 달리는 버스를 타고 해발 4천m의 안데스를 넘었어. 고산증과 지독한 멀미 때문에 안데스의 넓고 깊은 품을 맘껏 보진 못했지만, 우리와 함께 굽이굽이 꺾어지며 밤새 산길을 달리던 버스 불빛들은 지금도 내 뒤를 따라오는 것 같아.

그런데 왜 이곳 사람들은 고산지대에 모여 살았을까? 날 홀렸던 잉카의 마추픽추도 안데스의 험준하고 높은 산 위에 세워졌던 고대도시들 중 하나거든. 게다가 현재 볼리비아의 수도 라빠스는 4천m 높이에 위치하고 있지.

이곳 사람들이 고산지대에 오래전부터 터를 잡은 이유는 적도 주변의 무덥고 습한 열대우림 지역보다 생활하기가 더 편했기 때문이야. 기온은 해발고도가 100m 높아질 때마다 약 0.6℃씩 낮아진단다. 기온이란 태양열을 받은 땅의 열기로 공기가 데워진 정도를 말하는데, 높이 올라가면 공기가 희박하여 땅의 에너지를 흡수하지 못하거든. 그래서 저지대의 바닷가 기온이 30℃ 안팎의 무더운 곳이라 해도, 거기서 3천m쯤 올라가면 약 12℃ 정도로 활동하기 좋은 서늘한 날씨가 된단다. 더구나 1년 내내 늘 봄 같은 기후가 유지된다니 이곳의 선선한 공기는 천국의 바람과도 같았겠지.

아무리 높은 산 위라고 해도 완만한 경사를 가진 곳도 있고 비교적 편평한 곳도 있으니, 완만하게 경사진 곳은 계단식으로 깎아서 농토를 만들고 한쪽에는 집도 짓고 살았던 거야. 뛰어난 천문기술과 인공수로를 이용한 물 공급 등으로 활발한 농경생활을 했던 옛 제국의 모습은 아직도

안데스 산비탈의 고대도시 마추픽추 ©가재

안데스 곳곳에 남아 있단다.

남아메리카의 또 다른 얼굴은 바로 4백 년 동안 비가 내리지 않은 곳도 있다는 아따까마 사막이야. 안데스 산맥 서쪽으로 태평양을 마주 보며 풀 한 포기 없이 맨살을 드러낸 사막을 보니 마치 꿈속을 헤매는 듯 기묘한 기분이 들더구나.

보통 바닷가는 물이 넘쳐나니 비가 꽤 내릴 것이라고 생각하기 쉽지만, 사실 세계 여러 곳에서 이런 사막이 바닷가에 나타난단다. 그 이유는 차가운 한류가 흐르기 때문이야. 일단 비가 내리려면 공기가 상승하여 높

은 곳으로 올라가 비구름이 되어야 하거든. 그런데 차가운 한류가 흐르면 바닷물 증발도 안 되고, 차가워진 공기도 상승하지 못해 구름이 만들어지지 않는단다. 결국 구름이 없으니 비가 내리지 않아 지구에서 가장 건조한 사막이 된 거지. 아따까마 사막에는 태어나서 성인이 될 때까지 하늘에서 빗방울이 떨어지는 걸 한 번도 못 본 사람도 있다는구나.

이처럼 남아메리카의 서쪽은 험준한 안데스 산맥과 메마르고 혹독한 사막이지만 나머지 지역은 그야말로 녹색의 천국인 아마존 열대우림과 풍요로운 대초원 팜파스가 펼쳐진단다. 남아메리카의 서쪽이 판의 경계 부근이어서 험준하고 지각변동이 심한데 반해, 동쪽은 판의 가운데에 있어 화산이나 지진도 없고 오랜 시간 깎여서 평탄해졌기 때문이지. 그 중 아마존 강 유역은 지구에서 가장 넓은 열대우림 지역으로 페루에서부터 브라질까지 무려 우리나라의 30배 정도나 되는 어마어마한 크기를 자랑하지.

열대우림은 대개 직도 부근의 지역에서 발달한단다. 적도 주변은 태양열을 가장 많이 받는 곳이라서 기온이 높고 물이 수증기로 금방 변해서 비구름을 많이 만들기 때문에 1년 내내 비가 아주 많이 내리거든. 높은 기온과 많은 비 덕분에 나무가 잘 자라고 수많은 생물들이 살고 있지. 특히 '지구의 허파'로 불리는 아마존 유역엔 전세계 동식물들의 5분의 1 이상이 살고 있단다.

지금은 농지 개간과 광물 채광을 위한 무분별한 벌목으로 해마다 엄청난 규모의 열대우림이 사라지고 있어. 그 결과는 지구온난화라는 무서운 재앙으로 이어지고 있고. 지난여름 유난히 길었던 폭염과 열대야도 열대우림 파괴로 인한 지구온난화 현상 때문이지. 어쩌면 우리는 편리함을 추구하는 사이 수백만 종의 동식물과 인디오 부족들의 터전을 빼앗고, 마침내 우리의 터전까지 할퀴고 있는지도 모르겠구나.

풍경 속에 담긴 이야기들

여행하면서 보는 풍경 속에는 많은 이야기가 담겨 있어. 수억 년 전에 일어난 대륙의 이동과 지각변동, 오래전 세상을 지배하던 생물들과 인류의 흔적, 그리고 지금 나와는 다른 모습으로 살아가는 사람들. 그중 자연환경은 여행지의 낯섦을 내가 사는 터와 비교하여 극명하게 보여주기 때문에 여행자가 바깥세상을 이해하는 첫걸음이 된단다.

내 앞에 펼쳐지는 풍경들은 하늘과 바다와 저 깊은 땅속까지 하나가 되어 아주 오랫동안 만들고, 없애고, 또다시 만들어 낸 것이지. 그렇게 만들어진 땅의 특징적인 형태는 기후에 영향을 주고, 기후는 다시 땅의 모양을 바꾸면서 사람들의 문화와 생활환경을 결정한단다.

그래서 자연환경을 이해하면 어느 지역이든 그곳에 있는 사람들의 다양한 생활 모습까지도 저절로 이해하게 돼. 그리고 내가 사는 곳에 대한 이해도 더불어 깊어지지. 안데스의 가파른 비탈에서 작은 땅도 버리지 않고 기름지게 일궈 내는 모습에서 지리산을 품고 하늘로 오르던 다랑이 논이 떠오르는 것처럼 말이야.

물론 이국적인 풍경을 보면서 내뱉는 탄성도 어느 정도 지나면 사그라들겠지. 하지만 자연경관을 보는 방법을 안다면 탄성의 유효기간은 훨씬 길어진단다. 샘솟는 호기심에 두근거리는 가슴은 덤이고.

파란 하늘과 맞닿은 푸른 들판 위 바람 따라 흔들리는 감자꽃 가운데에서 양 떼를 지키던 아이들! 마추픽추를 뒤로하고 꾸스꼬로 넘어갈 때 보았던 풍경은 여전히 그대로겠지. 머릿속에 어설프게 들어 있는 지형이니 기후니 하는 것들은 가슴을 울리는 그런 풍광 앞에선 한순간에 사라져 버려.

그럴 때야말로 내가 그 자리에 서기까지의 모든 인연들에 깊이 감사한단다.

지금 낯선 곳으로 훌쩍 떠나는 모든 친구들아.

눈앞에 펼쳐지는 풍경을 호기심과 함께 즐겁게 만끽하기를.

머릿속의 모든 지식과 이론들이 한순간에 흩어지는 그런 경관을 볼 수 있기를.

그곳에서 경이로움과 숭고함을 느낄 수 있기를.

부디 그런 여행을 하기를!

기다려라 이까! 내가 간다

끝없이 펼쳐져 있는 모래사막, 에버랜드의 'T 익스프레스'를 능가하는 스릴 만점의 부기카, 허공으로 날아오를 듯한 샌드보드, 푸르른 오아시스. 정말이지 가고 싶었다, 이까.

기대에 부풀어 버스표를 끊으러 갔을 때 이 무슨 날벼락! 이까로 가는 모든 길이 막혔단다. 페루 광부들이 파업을 하면서 모든 도로에 집채만 한 바위들을 흩어 놓아 어떤 차량도 움직일 수 없는 상황이라는 것이다. 광부들은 처우개선을 요구하며 며칠째 농성을 이어 갔고, 설상가상으로 그 와중에 한 사람이 죽는 일까지 벌어져 언제 이 파업이 마무리될지 아무도 예측할

이까의 오아시스 ©이원종

수 없었다.

이틀을 기다려 보았지만 도로 위의 바위는 치워지지 않았고 우리는 결국 비행기를 타고 리마로 날아가야 했다. 이까를 갈 수 있는 방법은 버스밖에 없었으므로. 결국 꿈의 이까는 포기해야 했지만 광부들의 파업은 그들의 생존을 걸고 하는 것이라 아무 말도 할 수가 없었다.

사막을 질주하는 지프 ⓒ이원종

우리는 남미를 여행하는 동안 자주 시위를 목격했다. 볼리비아의 라빠스에서는 교사들이 시위를 했는데 최루탄을 쏘는지 총소리 비슷한 것이 밤새 들렸고, 페루의 꾸스꼬에서는 노동절을 맞아 노동자들이 시위를 벌이기도 했다. 또 교사들이 파업을 일으켜 학생들이 학교를 가지 않기도 했다. 식민 지배에서 벗어나 원주민 대통령이 당선되면서 그동안 억눌려 있던 여러 가지 요구들이 한꺼번에 터져 나오는 상황인 듯했다. 덕분에 남미의 정치적인 상황을 짐작할 수 있었다.

다음에 남미를 여행할 때는 모든 문제들이 해결되어 어디든 갈 수 있는 여건이 되었으면 좋겠다. 아, 이까! 기다려 다오. 내 꼭 다시 갈 테니.

정수윤 ● 완두콩

돌에 새겨진 연대기

역사의 현장을 두 발바닥으로 헤집다 보면 머리에서 둥둥 떠다니던 이야기가 가슴을 거쳐 발바닥 밑으로 쑤욱 내려가 차곡차곡 쌓여 간다. 여행을 통해 역사를 공부하는 게 더욱 의미 있는 건, 역사는 과거 속에 박제되는 것이 아니라 내가 살고 있는 지금까지 이어져, 살아서, 흘러가고 있다는 걸 몸으로 느낄 수 있어서다. 그리고 나도 그 흐름 속에서 살아가고 있는 한 인간임을 깨닫는다.

마추픽추 전경 ⓒ도로롱

꿈으로 올린 성

되찾은 도시 마추픽추

어느 고고학자가 원주민들 사이에 떠도는 이야기를 듣는다. 사라진 도시에 관한 소문들이야 도처에 넘쳐났지만 흥미를 느낀 그는 탐사를 결심한다. 땅 팔고 발품 팔아 탐사단을 꾸리고 현지인을 따라 낯선 계곡에 오른다. 거센 강물을 건너고 밀림을 헤치고 가파른 벼랑을 오른 끝에 1911년, 비로소 전설 속 마추픽추에 당도한다. 몇 백 년간 자라난 이끼와 넝쿨로 뒤덮여 형체를 알아볼 수 없었지만 군데군데 드러난 화강암 벽을 본 고고학자는 사라진 제국의 흔적임을 확신한다.

이 놀라운 소식으로 세계의 이목이 집중된 가운데 본격적인 발굴 작업이 시작된다. 두터운 흙과 수풀을 걷어 내는 족족 질그릇과 단지, 칼, 절구 같은 유물들과 유골들, 두 눈으로 보아도 믿을 수 없는 늠름한 석조 건축이 세상에 모습을 드러낸다.

전설로만 전해 오던 공중도시를 세상에 알린 미국인 고고학자 하이럼 빙엄(Hiram Bingham)은 죽는 순간까지 잉카의 마지막 도시 빌까밤바라고 믿었지만, 이후 진행된 연구를 통해 사실이 아닌 것으로 밝혀졌다. 왕의 겨울 별장이다, 선택된 성녀들의 구역이다, 스페인군을 피해 도망쳤던 피난처다, 여러 추측들이 무성한 가운데 마추픽추는 험한 고지에도 불구하고 비옥한 도시를 이룩해 낸 신비로움으로 세계 7대 불가사의라는 명성을 얻는다.

페루 남쪽 꾸스꼬의 서북부 지역. 아마존의 원류가 되는 우루밤바 강이 세차게 흐른다. 6천m 남짓한 봉우리들이 강을 따라 첩첩산중 펼쳐져 있다. 색색 배낭을 짊어 멘 여행자들이 기찻길을 이정표 삼아 걸음을 계속한다. 이따금 고개를 들어 눈길 닿는 산자락마다 찬란한 도시를 그려 본다. 잃어버린 도시, 마추픽추를 향해 가는 길은 초록빛 가득한 우루밤바 계곡에서 시작된다.

또 하나의 작은 나라

안개가 걷히자 잃어버린 도시가 모습을 드러낸다. 잡지와 방송 매체를 통해 익히 보았던 풍경이 눈앞에 펼쳐진다. 가파른 봉우리 마추픽추와 와이나픽추가 양쪽에 송곳니처럼 솟아 있고, 그 둘을 잇는 능선 위로 도

마추픽추 뒤로 뾰족하게 솟은 와이나픽추(위)
고원에서 노니는 야마(아래)
ⓒ바리

마추픽추의 정교한 물길 ©가재

시가 들어서 있다. 해발 약 2천5백m. 도시 삼면이 깎아지른 벼랑이다. 위에서는 아래가 빤히 내려다보이는 반면 밑에서는 꽁무니 하나 찾아볼 수 없다. 그야말로 난공불락이다. 이렇게 근사한 요새를 남기고 간 이들, 누굴까.

안데스 줄기 따라 흩어진 고만고만한 부족국가들 가운데 하나였던 그들은 1438년경 빠차꾸떽 왕의 지휘 아래 폭발적인 속도로 영토를 넓혀 가기 시작했다. 남북 4천km, 오늘날 에콰도르부터 칠레까지 무려 6개국에 이르는 광대한 제국을 일궈 냈다. 그 이름 '따완띤수유'로 동서남북 4방위 땅이라는 뜻이다. 단 50년 만에 80개의 각기 다른 언어와 문화를 향유하고 있던 나라들을 통일했다. 막강한 군사력을 토대로 속속들이 편입되는 땅마다 철벽의 바위성을 세워 나갔다. 마추픽추 역시 그중 하나다. 호기심으로 눈을 반짝이며 들어간 왕궁은 에, 별거 없다. 침대를 비롯해 아무런 가구도 없다. 왕 역시 서민들처럼 바닥에 드러누워 야마 가죽 깔개를 놓고 잤단다. 광장을 중심으로 세워진 2백여 개의 건물들은 대부분 1층 주택이고, 넓지 않은 땅을 효율적으로 사용하기 위해 길고 좁은 형태로 지었다. 왕과 귀족들이 머무는 마을은 주로 매끈하게 다듬어진 돌로 지어진 반면, 일반 서민들이 생활하는 마을은 한눈에도 투박하고 거친 막돌과 모르타르를 이용해 그냥저냥 쌓았다.

자유자재로 다룬 돌(위) ⓒ바리
여전한 물길(아래) ⓒ도로롱

당시 적어도 1천 명에 달하는 인구가 거주했다던 마추픽추는 안데네스라는 계단식 경작지로 에워싸여 있다. 별다른 외부와의 접촉 없이도 충분히 자급자족하던, 그 자체로 하나의 작은 나라였다. 특별한 날 축제나 운동경기를 벌이던 널따란 광장, 소망을 말하고 불행을 태우던 제단과 신전, 가슴속 때를 밀며 새로이 태어나던 목욕탕, 수많은 이들을 돌보고 이끌게 될 자제들을 양성하던 학교, 대대손손 전해 내려

온 기술로 무아지경에 젖어들던 작업장, 향기 그윽한 잉여작물들을 차곡차곡 쌓아 두던 저장고, 거짓말과 게으름과 도둑질을 벌하던 감옥, 불로장생 미라들을 모셔 두던 묘지. 크지 않은 도시에 있을 건 다 있다.

골목골목 누비며 돌아다니는 동안 나지막한 물소리가 들려온다. 높은 바위산이지만 수시로 비가 내리고 지하수가 솟아 물 부족할 일이 없었다. 산에서 흘러든 샘물은 수로를 타고 구석구석 내달렸다. 오목하게 깎거나 구멍 낸 바위들로 고랑을 길게 파서 물길을 냈다. 돌을 밀가루 반죽하듯 다루던 그들은 물의 방향을 자유자재로 틀기도, 분수처럼 솟구치게도, 부드럽게 미끄러져 들게도, 눈에 띄지 않게 숨어 들게도 했다. 은근하게 어루만져지던 그 물이 이 순간에도 옛적 그 손길대로 미끄러진다. 끊임없이 이어지는 청량한 속삭임이 주인 떠난 자리를 생기로 물들인다.

오래된 꿈

유독 사람들이 몰려 있는 북쪽 언덕에 오르면 높이 1.8m의 바위가 엄지손가락을 치켜든 모양으로 앉아 있다. 해를 묶어 두다, 라는 뜻의 인띠우아따나는 태양의 정기를 받을 수 있다는 말이 있어 너도 나도 바위 가까이로 손을 뻗는다. 이렇게 지금은 믿거나 말거나 테라피를 담당하고 있지만 당시에는 그림자를 이용해 시간을 읽고 계절을 헤아리던 해시계였을 것이라 추정된다.

도시 한구석 채석장에는 다듬어지다 만 바위들이 고스란히 남아 있다. 마추픽추의 모든 건축물은 석재로 지어졌다. 최대 361톤에 달하는 거대한 돌들을 이 험한 산중까지 옮겨 오기 위해 얼마나 많은 사람들이, 얼마나 오래 동원되었을까. 오늘날 유네스코는 밀려드는 인파로 이곳 지반이 조금씩 무너지는 것을 염려해 관광객 수를 규제했는데, 한창 도시를 세워 나가던 당시에도 어마어마한 인간들이 복닥거렸을 것이다.

그들은 어찌하여 이렇게 높은 곳까지 올라왔을까. 하늘과 맞닿은 경치를 내려다보고 있으면 절로 이런 물음이 든다.

하지만 정말로 궁금한 건 따로 있다. 텔레비전이나 책을 통해 얼마든지 편하게 볼 수 있을 것을, 굳이 시간 들여 돈 들여 찾아온 이 사람들. 두꺼운 가이드북을 든 채 땀을 훔치며 돌아다니고, 이미 알고 있는 내용을 가이드의 입을 통해 다시 듣고, 풀밭에 드러누워 볕을 쬐고, 그런 자신의 모습을 사진으로 남기며 즐거워하는 이들, 은 대체 무엇을 바라 멀고 먼 이곳까지 찾아온 것일까. 나 역시 그중 하나이면서 고개를 갸웃댄다.

북적이는 인파를 한참 동안 지켜보다 무심코 돌담에 손을 얹는다. 싸하면서도 따

해시계로 추정되는 인띠우아따나 ⓒ바리

사로운 온기가 전해진다. 단단하고 매끄러운 표면을 스윽 매만진다. 그 자리에 묻어 있을 오래된 손길들을 상상한다. 맨 처음 이곳에 다다라 머릿속에 새로운 도시를 그려 보았을 행정 관계자와 며칠 뒤 그를 따라 경관을 둘러보며 흡족한 미소를 지었을 왕, 물과 땅과 기후 등 여러 조건을 따져 가며 연구를 거듭했을 귀족들, 기획안이 통과된 후 저마다 단출한 짐을 꾸려 먼 길을 떠났을 거대한 무리의 행진, 제 몸통보다 몇 배는 큰 바위를 나르고 깎았을 인부들, 신의 말씀을 전하며 사기를 돋웠을 사제. 마침내 계획도시가 모습을 갖추던 날 화려한 잔치를 벌이며 기쁨과 위로를 나누었을 도시민들, 며칠간의 축제가 끝나고 일상으로 돌아가 삶을 꾸려 갔을 백성들, 이집 저집에서 들려왔을 갓난아기 울음소리와, 동이 틀 무렵이면 아득하게 메아리쳐 퍼졌을 기도 소리….

눈을 감고 그날의 풍경을 그려 본다. 사람들은 저마다 다른 위치에서 다른 역할을 맡아 살았지만 미래를 향한 희망과 도전, 두려움과 믿음은 끈끈하고 단단하게 뭉쳐져 한 점 한 점 하늘 높이 올라갔다. 그것은 벼랑 끝 철벽의 성 마추픽추가 되어 오늘날 이 자리에 남아 있다.

시간이 흘러, 나는 무엇의 모습을 빌려 세상에 남겨질까. 그것을 통해 기억될 나의 꿈은 남겨진 이들에게 무엇이 될까. 먼 훗날, 어쩌면 누군가 나를 만나기 위해 오를 나만의 마추픽추를 떠올린다.

각기 다른 모양의 돌들이 맞물리고 얽혀 단단한 석벽을 이룬 마추픽추. 그곳, 조각조각 맞추어진 꿈들을 오래도록 바라본다.

김민지 ◦ 고담

맞물린 돌들, 조각조각 맞추어진 꿈들 ©도로롱

언덕바지에서 바라본 띠와나꾸의 풍경 ⓒ아띠

살고 싶은 도시 띠와나꾸

새카맣게 탔다. 안경을 쓴 채로 타는 바람에 얼굴 전체는 까맣고 눈 주위만 하얀 강아지 꼴이 되어 버렸다. 볼리비아 친구에게 맨얼굴을 보여 주었더니 내 양 볼을 감싸 쥐고는 아띠가 볼리비아 와서 고생만 하다 간다며 혀를 끌끌 찼다. 알로에 크림을 덕지덕지 얼굴에 문대며 말했다.

"띠와나꾸에 다녀왔어."

발단은 띠와나꾸 유적지에서였다. 우묵하게 파인 너른 땅, 공룡 등짝처럼 생긴 산이 사방을 둘러싸고 있다. 시야는 새파란 하늘로 가득 찼다. 흰 구름 몇 점이 둥실댄다. 그 아래 연녹색 풀들 사이로 옛 도시의 흔적이 드문드문하다. 지평선에 성냥갑만 한 낮은 집들이 옹기종기 걸쳐 있다.

띠와나꾸 유적이 한눈에 들어오는 언덕바지에 철퍼덕 앉아 눈앞에 펼쳐진 풍경을 홀린 듯 바라보았다. 시야를 가리는 모자와 새카만 선글라스, 뒷목이 탈까 봐 목에 두른 손수건까지 거추장스런 것들은 다 벗어 버렸다. 한결 몸이 가볍다. 모자를 베개 삼아 누워 눈을 감았다. 선선한 바람

결이 머리칼을 간질인다. 맨살에 와 닿는 햇볕은 한층 더 따사롭다. 시간이 느릿느릿 흘러가는 듯하다.

그렇게 꿈결처럼 누워 있다 몇 시간이고 유적지를 헤집고 다니고 도시락을 까먹고 실컷 수다를 떠느라 세 시간에 한 번씩 선크림을 덧발라 주는 것도 까먹었다. 무서운 속도로 피부가 익어 가는 줄도 모르고 태평하니 이런 생각을 했다. 아, 나도 띠와나꾸에서 살고 싶다.

태양과 가장 가까운 도시

우스꽝스럽게 타 버린 얼굴은 좀 울적하지만 띠와나꾸는 그만큼 아름다웠다. 지금도 그러하지만, 서기 500년경 해발고도 4천m의 고지대에 건설된 띠와나꾸는 더욱 아름다운 도시였다고 한다. 3.9km² 넓이의 도시는 계획에 따라 건설됐고 한때 5만 명이 넘는 사람들이 살았었다. 도시 전체가 돌을 이용하여 지어졌는데, 당시엔 돌에 채색을 하거나 일부에 금 장식을 입혀 한낮에는 도시 전체가 태양처럼 빛났다고 한다.

하지만 천 년이 넘는 세월 속에서 띠와나꾸는 원래의 모습을 잃어버렸다. 남아 있는 건 밋밋한 돌뿐이어서 빛의 도시와도 같았다는 띠와나꾸를 상상하기 어렵다.

그런데 딱 한 가지, 피부 깊숙이 알 수 있는 게 하나 있다. 띠와나꾸가

띠와나꾸의 드넓은 신전 ©바리

태양과 가장 가까운 도시로 여겨졌다는 거. 띠와나꾸의 햇볕을 직접 느껴 보니 태양과 가장 가까울 법하다. 덕분에 띠와나꾸는 주변에서 가장 신성한 장소로 인식됐고, 종교적 중심지로서 역할을 수행했다.

신전으로 들어갔다. 당시 인구를 모두 수용할 만큼 넓으면서도 입구가 유난히 좁다. 자연스레 일렬로 줄을 지어 들어갈 수밖에 없었다. 게다가 입구에 난 돌계단은 가파르고 두터워 후다닥 올라가기도 어렵다. 이렇게 되면 마구잡이로 우르르 신전에 들어갈 수 없었을 터. 이를 통해 제의에 참가할 수 있는 사람을 통제했다고 한다. 계급에 따라 출입구도 나뉘어져 있었다.

제의는 그만큼 중요했다. 농업이 경제의 근간이 됐던 사회에서 제의는 곧 기후에 대한 정보를 얻을 수 있는 기회였다. 사제는 천체의 움직임을 통해 파종 시기와 강우량 등 농사에 필요한 정보를 읽어 냈을 것이다. 사제를 형상화한 듯한 석상이 남아 있는 것을 보면 정보력을 쥔 사제는 신적인 권한을 지녔던 듯하다.

사제를 형상화한 듯한 석상 ⓒ아띠

남미 최초의 제국

지하광장으로 내려갔다. 높이는 반지하쯤 됐고 직사각형 모양이었다. 사방은 네모난 돌로 쌓은 벽으로 둘러싸여 있었다.
지상에 있던 신전과 비슷한 느낌이었지만, 벽면에 빼곡히 가면을 달아 놓은 듯 다양하게 생긴 얼굴들이 조각되어 있었다. 마모되어 얼굴이 흐릿해진 것도 있고 표정까지 아주 선명히 남아 있는 것도 있다. 사람 같기도 하고 동물 심지어 외계인 같은 것도 있다. 그 두상들은 바로 띠와나꾸가 복속시킨 부족들의 상징이라고 한다.
띠와나꾸는 700년경 제국으로 성장한다. 띠띠까까 호수 주변부터 정복하여 나중엔 아마존 정글, 태평양 연안, 현재의 칠레와 아르헨티나 북부 지역까지 세력을 뻗쳤다. 이렇게 띠와나꾸는 남미 최초의 제국이라는 타이틀을 거머쥐며 1000년까지 제국을 유지한다. 도시가 세워지기 전인 200년경부터 사람들이 살아왔다고 하니 해발고도 4천m의 척박한 고지에서 띠와나꾸는 8백여 년의 세월을 견뎌 온 것이다.
그리고 그 힘의 원천에는 세상에서 가장 높은 호수 띠띠까까가 있다.
사실 띠와나꾸 유적지만 둘러본다면 호수는 코빼기도 보이지 않는다. 간간이 날아오는 새들을 보고서야 주변에 호수가 있겠구나, 짐작할 따름이다. 하지만 과거에는 띠띠까까 호수가 지금보다 더 넓었고 띠와나꾸는 호수와 인접한 항구도시였다. 띠와나꾸 사람들은 호수의 물을 끌어다 관개수로를 만들어 농사를 짓고, 띠띠까까 호수에서 민물고기를

신전 지하광장 벽에 남아 있는 두상들(위) ⓒ도로롱
각 두상들은 띠와나꾸가 복속시킨 부족들의 상징으로 추측된다.(아래) ⓒ아띠

잡는 등 어업 활동을 하기도 했다. 뿐만 아니라 물줄기를 따라 교역하며 태평양 연안과 대평원에서 나는 산물까지도 얻을 수 있었다.
물적 교류뿐 아니라 문화적 교류도 이루어졌을 것이다. 그렇게 띠와나꾸 사람들은 띠띠까까 호수를 기반으로 여유로운 생활을 누리며 영토를 확장시켜 나갈 수 있었다.

발품을 팔아 봐야 알지

띠와나꾸 사람들은 100톤 무게의 벽돌부터 작은 돌까지 오로지 돌만을 사용해 도시 전체를 건설했다. 돌과 돌 사이에는 회반죽 같은 접착물질도 없다. 그러나 견고하다. 당시에 세워졌던 벽 일부는 본모습을 유지한 채 아직까지 남아 있기도 하다. 이러한 석조건축 기술은 거석문화로 세계적인 명성을 떨친 잉카 제국으로 이어진다.
사실 남미 하면 잉카 제국이 상징처럼 떠오른다. 마치 남미에는 잉카 제국만이 존재했던 것처럼 말이다. 그러나 잉카 제국의 전성기는 15~16세기에 걸쳐 100년 정도에 불과했다. 그 이전의 남미에는 사람이 살지 않았을까. 물론 아니다. 남미 대륙에는 구석기 시대부터 다양한 루트로 이주해 온 최초의 이주민들이 살아왔다. 그들은 떠돌다 정착하고 도시를 세우고 국가를 만들고 마침내 띠와나꾸처럼 제국을 이뤄 냈다.

남미에서 첫 도시문명이 발생하여 잉카 제국이 생겨나기까지 약 4천 년의 세월 동안 많은 문명들이 피고 졌다. 까랄, 차빈, 나스까, 모체, 띠와나꾸, 와리, 치모르. 이름만 들어도 낯선, 연거푸 입안에서 굴려 봐야 겨우 혀에 감겨 오는 이름들. 정말로 존재했을까. 종이와 사진에 담긴 그들의 이야기는 도통 실감이 나지 않는다.

환상 같기만 하던 그들의 이야기가 실체로 다가온 건 페루에서였다. 페루 국립박물관에 갔었다. 잉카 이전 문명의 유물들이 풍부한 곳이었다. 시대순대로 전시관을 쭉 돌다가, 모체 문명 전시관에 들어섰다. 모체 문명은 나무로 만든 조각상이 유명한데 그래서인지 유리벽 뒤로 각종 나무 조각들이 쭉 전시돼 있었다.

얼굴을 들이밀고 자세히 보았다. 산모와 의사, 주렁주렁 귀걸이를 한 할머니, 어떤 남자의 강인한 얼굴, 엄마와 아기……. 계급이 높은 사람부터 아주 평범한 사람까지 정교하고 섬세한 조각으로 표현되어 있었다. 성행위를 적나라하게 묘사한 조각도 있었다. 그들의 표정이 어찌나 생생한지, 빤히 쳐다보고 있노라면 내게 말을 건넬 것 같았다. 그것들을 보면서 비로소 그때나 이때나 나와 같은 사람들이 살았었구나, 그때도 사랑하고 애도 낳고 싸우기도 하고 늙어가며 살았겠구나, 새삼 생각했다.

그때부터 박물관을 도는 게 흥미진진해지기 시작했다. 아주 오래전 존재했을 그들만의 세상을 엿보는 기분이랄까. 힘든 줄도 모르고 쉼 없이

모체(모치카) 문명 전시관의 나무 조각상 ©도로롱

돌아다녔다. 그 전에는 남미씩이나 왔으니까, 한국에선 잘 가지도 않는 박물관을 의무감으로 꼼꼼히 둘러보곤 했다. 자료로 쓰일지 모르니 사진은 꼬박꼬박 찍으면서도 하품도 좀 나고 발바닥도 아파 와 금세 지치곤 했다.

고등학교 때 교실에 앉아서 했던 역사 공부도 그랬다. 꼬박꼬박 필기하고 외우라면 외우고, 문제 풀어서 점수 매기고. 열심히 한다고 선생님한테 칭찬을 듣거나 모의고사와 수능에서 1등급을 받는 게 유일한 낙이었다. 그렇게 역사라는 걸 공부하는 데 마침표를 꾹 찍었더랬다.

그런데 덜컥 여행학교에 와서 발품을 팔아 가며 역사를 공부하게 됐다.

유적지에서 만난 원주민 소녀와 함께 ©어딘

책을 찾아 읽고 강의를 듣고 유적지란 유적지는 전부 돌아다니고 하루 종일 박물관을 헤맸다. 심신을 고단하게 하여 간혹 영혼이 증발하는 듯했던 그 방식은 결국 효과를 톡톡히 발휘했다.

역사의 현장을 두 발바닥으로 헤집다 보면 머릿속에서 둥둥 떠다니던 이야기가 가슴을 거쳐 발바닥 밑으로 쑤욱 내려가 차곡차곡 쌓여 간다. 띠와나꾸의 따갑고 메마른 햇살을 피부 가득히 머금어 보고 공기도 들이마시고 바람도 느껴 보고, 여전히 그곳에 사는 사람들에게 말도 걸어 본다. 그렇게 하루 종일 놀다 보면 거기서 한때 살아갔을 띠와나꾸 사람들이 그리 낯설지 않다. 글자로 읽은 이야기들이 휘리릭 날아가지 않고 진득하니 살갗에 스며든다.

여행을 통해 역사를 공부하는 게 더욱 의미 있는 건, 역사는 과거 속에 박제되는 것이 아니라 내가 살고 있는 지금까지 이어져, 살아서, 흘러가고 있다는 걸 몸으로 느낄 수 있어서다. 그리고 나도 그 흐름 속에서 살아가고 있는 한 인간임을 깨닫는다.

황지은 · 아띠

여전히 그곳에서 살고 있는 사람들 ⓒ도로롱

유럽식 성당들로 둘러싸인 꾸스꼬 아르마스 광장 ⓒ가재

배꼽의 흔적

페루의 꾸스꼬에서 내 또래의 친구들을 만났다. 한국 드라마와 아이돌이 좋아 한국어를 배우기 시작했다는 그 친구들은 눈을 빛내며 말을 걸어 왔다. 안 되는 스페인어와 안 되는 한국어로 서로 게임을 가르쳐 주며 신나게 놀기를 두 시간. 헤어지기 아쉬웠던 우리는 꾸스꼬의 아르마스 광장 분수대 앞에서 다시 만나기로 했다.

약속시간을 딱 맞춰 지키지 않는 것으로 유명한 남미. 역시나 제때 나타나지 않는 친구들을 기다리며 아르마스 광장 분수대 앞에 앉아 주위를 둘러본다. 여유를 즐기는 연인들과 지도와 카메라를 든 관광객들이 자연스레 섞여 있는 아르마스 광장 주위로 대성당과 라 꼼빠니아 데 헤수스 교회 등 식민지 시대의 유적들이 즐비하다.

낯선 곳에 앉아 누군가를 기다리는 기분 좋은 설렘. 기다림도 기꺼이 즐길 수 있는데 한 명 두 명 친구들이 모여들어 주위가 금방 시끌벅적해진다. 무엇을 할까, 어디에 갈까 고민하다가 맛있는 아이스크림 가게를 소

잉카 시대의 수로와 석벽이 그대로 남아 있는 골목 ⓒ바리

개해 준다기에 얼른 따라나선다.

그런데 어라? 꾸스꼬에 이런 길도 있었던가. 여행 지도에 나와 있지 않은 길을 따라 꼬불꼬불 함께 걷는다. 쓰러질 듯 말 듯 오래되어 보이는 건물이 이어지다가 잉카 시대의 것으로 보이는 돌벽이 늘어선 골목길로 접어든다. 고대 유적이라도 찾은 듯 들뜬 기분에 두리번거리며 가다 보니 잉카 시대 사원이 나오고 또 걷다 보니 산또 도밍고 성당이 떡하니 자리 잡고 있다.

꾸스꼬를 소개하며 들뜬 꾸스꼬 친구들과 새로운 것에 들뜬 나. 길 건너편에서 아이스크림 하나씩 입에 물고 산또 도밍고를 바라보며 수다를 떤다.

산또 도밍고? 꼬리깐차?

띠띠까까 호수에서 걸어 나온 잉카의 시조 망꼬 까빡과 마마 오끄요는 태양신이 일러준 대로 황금 지팡이가 손잡이까지 쑥 들어가는 풍요의 땅을 찾아 나선다. 몇 날 며칠을 헤매며 여기저기 황금 지팡이를 찔러 본 끝에 찾아낸 땅 꾸스꼬. 그들은 이곳에 터전을 잡아 나라를 세우고 아버지 태양신과 창조주 비라꼬차를 위한 사원을 짓는다. 태양을 상징하는 황금으로 꼬리깐차 사원을 지은 그들은 언젠가 비라꼬차 신이 돌아오리라 믿었다.

태양의 사원 꼬리깐차가 세워진 지 3백 년 후 바다 너머에서 황금빛 수염을 가진 이방인들이 나타난다. 잉카인에게 황금 수염은 신의 상징. 기다리던 전설의 신 비라꼬차라 생각해 환영했지만 그들은 신이 아니었다. 황금을 찾을 욕심으로 바다를 건너온 그들은 태양의 사원을 부수고 황금을 약탈한다.

첫 외국 여행으로 유럽에 갔었다. 어느 마을이나 한가운데에 오래되고 아름다운 성당이 있는 것이 참 인상 깊었다. 어렸지만 유럽 사람들이 성당을 얼마나 중요하게 여기고 있는지 한눈에 보였다.

꾸스꼬의 아르마스 광장에 서서 생각했다. 정면엔 대성당, 오른쪽에는 라 꼼빠니아 데 헤수스 교회. 그리고 꼬리깐차였지만 지금은 산또 도밍고라 불리는 성당과 이름이 기억나지 않는 성당 두 개 더. 유럽에서조차 이토록 많은 성당이 한자리에 있는 것을 본 적이 없는데 이 많은 성당을 어디에 쓰려고 이렇게 오밀조밀 지어 놓았을까. 이 성당들 덕분에 꾸스꼬는 잉카의 배꼽이라기보다 짝퉁 유럽 느낌이 난다.

잉카의 사원 꼬리깐차 위에 세워진 산또 도밍고 성당 ©바리

어라라 그랬구나! 그래서 스페인 사람들이 억지로라도 많은 성당을 지었던 거구나. 퍼뜩, 정신이 든다. 일제강점기 때 한반도 곳곳에 신사를 지으려 했던 일본도 조선을 짝퉁 일본으로 만들고 싶었던 게다.
그래도 두 번의 대지진이 꾸스꼬를 뒤흔들었을 때 근간을 이룬 잉카의 돌은 끄떡없었지만 그 위의 스페인 성당은 무너져 두 번이나 다시 세워야 했단다. 어떻게 해도 무너지지 않는 것이 세상에는 있나 보다.
친구들은 잉카의 유적지를 더 둘러보고 싶다면 모라이와 오얀따이땀보, 삭사이와망도 둘러보아야 한다고 했다.

잉카의 농업연구소 모라이

잉카 제국이 황금만 가득한 고대국가가 아닌 대단한 농업기술을 가진 근세의 국가였다는 걸 페루에 오기 전까지는 잘 몰랐다. 모라이도 그랬다. 아무 설명 없이 모라이를 보았다면 종교의식을 행하던 특이하고 아름다운 장소라 생각했을 것이다.
멀리서 보면 엎어진 UFO처럼 보이는, 위로 갈수록 넓어지는 12개의 단을 가진 모라이. 처음 이곳을 찾아온 스페인 사람들이 명상을 하는 장소라 생각했을 정도로 모라이는 묘한 분위기를 풍긴다. 하지만 이 모든 추측을 뒤엎고 모라이는 잉카 제국의 농업연구소였음이 밝혀졌다.

잉카 제국의 농업연구소 모라이 ©도로롱

대지의 여신을 맞아들이다 ⓒ도로롱

안데스 고원에 터전을 잡고 살았던 잉카 사람들은 고도에 따라 온도가 달라지는 것을 활용해 층층의 계단식 밭, 안데네스를 만들었다. 온도가 높은 아래쪽에는 옥수수를, 온도가 낮은 위쪽에는 감자를 심어 성장 과정을 지켜보았다. 같은 시기, 같은 곳에서 함께 자랄 수 없는 두 작물을 한꺼번에 재배할 수 있었던 건 모라이에서의 실험 덕분이었다.

모라이와 안데네스가 있어 잉카 사람들은 배곯는 일 없이 나름대로 풍족한 생활을 할 수 있었다. 뿐만 아니라 아래쪽에서 위쪽으로 서서히 작물을 옮겨 심어 서늘한 곳에서도 잘 자랄 수 있도록 품종 개량까지 하였으니, 유리온실에서 하얀 가운 입고 현미경을 들여다보지는 않았어도 과학적인 시스템을 가진 국가였던 것만은 분명하다.

우리가 일상적으로 먹는 감자, 옥수수, 고추도 알고 보면 모두 남미에서 들어온 작물들이다. 지금은 작물을 재배하지 않아 텅 빈 모라이 중앙에는 때로 대지의 여신 빠차마마의 기운을 받으려는 관광객들이 둘러앉아 명상을 하곤 한다. 나도 기운이나 받아 볼까 싶어 그 옆에 누우니 따사로운 햇볕에 잠이 쏟아진다.

눈길 머무는 오얀따이땀보

돌로 포장된 길을 따라, 돌로 쌓은 벽을 짚어 가며 어디로 이어지는지 모를 골목길을 걷는다. 처음 길을 나설 때의 목적은 식당을 찾는 것이었는데 골목길을 걷다 보니 어느새 산책하는 꼴이 되었다. 잉카 시대의 건축물로 보이는 돌바닥과 돌담 사이에서 아이들은 삼삼오오 뛰어놀고 개들은 수로에 찔끔찔끔 영역표시를 해 댄다.

정겨움이 느껴지는 길을 따라 걷다 보니 얕은 물이 흐르는 계곡 반대편에 계단식의 거대한 건축물이 보인다. 오얀따이땀보. 왕의 또 다른 거주지이자 요새였던 곳으로, 빠차꾸떽 황제의 명으로 이곳에 도시를 건설한 장군 오얀따이의 이름과 '보호하다'란 뜻을 가진 땀보가 합쳐져서 붙은 이름이다.

꼭대기에 자리한 사원을 보기 위해 무거운 배낭을 메고 높고 가파른 오얀따이땀보를 헉헉대며 오른다. 한 계단 오르고 쉬고 두 계단 오르고 쉬면서 도착한 사원에는 높이 4m가 훌쩍 넘는 거대한 돌이 덩그러니 자리하고 있다. 한숨 돌리고 내려다보니 마을이 훤하니 한눈에 들어온다. 왕실 가족을 위한 목욕시설과 군인들의 숙소, 곡식 창고. 잉카 당시의 모습이 그대로 남아 있다.

오얀따이땀보 역시 잉카의 건축물답게 커다란 돌이 인상적이다. 이 근처에는 이렇게 커다란 돌을 채취할 만한 산이 없다는데 얼마나 먼 곳에서 돌을 옮겨 온 것인지, 어떻게 이 가파른 곳까지 옮겼는지 상상이 되

오얀따이땀보의 가파른 오르막 ⓒ도로롱

지 않는다. 노을 지는 오얀따이땀보의 모습이 아름다워 넋 놓고 바라보다 문득, 거대한 돌을 이고지고 나르던 그들도 저 붉은 노을을 보았을까, 잠깐 아득해진다.

오얀따이땀보를 내려와 마을 광장에 짐과 함께 몸을 철퍼덕 내려놓는다. 누군가는 앉아서, 누군가는 배낭을 베고 누워서 휴식을 취한다. 해가 진 광장에는 관광객 대신 마을 주민들이 여유로운 주말 저녁을 보내고 있다. 자전거 탄 아이와 아빠, 개와 함께 산책 나온 노부부, 운동 나온 식구들. 널브러져 있던 우리도 하나 둘 악기를 꺼내 든다. 끼리끼리

연주하는 자작곡에 지나가던 마을 주민들이 박수를 친다.

이제 잉카 유적지 투어를 끝낼 시간. 버스에 오르며 생각한다. 지진에도 무너지지 않았던 꼬리깐차, 잉카 사람들이 굶지 않을 수 있었던 농업기술센터 모라이, 철통 요새이자 왕의 별장이었던 오얀따이땀보. 이렇게 단단하고 멋진 건축물과 훌륭한 농업기술을 가지고 있던 잉카 제국은 왜 한순간에 무너졌을까.

배부른 독수리 삭사이와망

잉카 제국의 수도 꾸스꼬는 퓨마의 형상을 하고 있다. 퓨마는 잉카가 신성시했던 동물로 독수리, 뱀과 함께 땅, 하늘, 지하세계를 상징하는 생명체였다. 지도상으로 보면 이 퓨마의 얼굴 부분에 잉카의 석조 건축물 삭사이와망이 있다.

거대하고 아름다운 석조 건축물의 잔해가 남아 있는 삭사이와망은 잉카 사람들이 중요한 의식을 거행하는 장소였다. 태양신을 섬기며 살았던 잉카 사람들은 동짓날 태양을 다시 불러오기 위한 인띠라이미 행사를 열었는데 그 의식이 이곳에서 펼쳐졌다.

이런 성스러운 장소에 '배부른 독수리'라는 의미를 가진 이름을 붙이다니 웬일일까. 알고 보면 이곳은 잉카 사람들과 삐사로의 군대가 마지막

잉카 부활을 꿈꾸던 전사들의 무덤 삭사이와망 ⓒ푸른

전투를 벌인 장소였다.

이복형제 와스까르와 아따우알빠는 서로 따완띤수유의 왕이 되길 원했다. 끊임없는 견제와 싸움, 이기고 지기를 반복한 끝에 아따우알빠가 왕이 되지만 얼마 되지 않아 삐사로 군에게 잡혀 처형당하고 만다.

삐사로는 아따우알빠의 이복동생 망꼬를 꼭두각시 왕으로 세운다. 망꼬 잉카는 자신이 왕위에 오를 수 있도록 도와준 삐사로를 아군이라 믿었지만, 황금을 약탈하고 잉카의 원주민들을 노예 다루듯 하며 왕의 아내까지 탐내는 스페인 군대에 점점 분노하게 된다.
호시탐탐 기회를 노리던 망꼬 잉카는 삐사로와 측근들이 리마를 건설하느라 꾸스꼬를 비운 틈을 타 스페인 군대를 습격했다. 치열한 전투가 이어지고 양측 모두 수많은 희생자를 냈다. 결국 잉카는 패배했다.
격렬했던 전투가 끝났을 때 요새에는 시체가 산을 이루었다. 이 시체를 먹기 위해 독수리들이 몰려들었다. 스페인 군대는 그 모습을 즐겼다. 잉카는 우리의 것! 독수리야, 배가 부를 때까지 많이 먹으렴. 그래서 이곳의 이름은 배부른 독수리, 삭사이와망이 되었다.

삭사이와망 꼭대기에 올라 꾸스꼬 시내를 내려다본다. 붉은 지붕과 성당, 아르마스 광장이 눈에 들어온다. 따완띤수유의 중심이자 세상의 배꼽이었던 꾸스꼬 시내에 더 이상 잉카의 흔적이라고는 남아 있지 않아 보인다.
하지만 속속들이 들여다보면 꾸스꼬는 잉카의 땅이다. 지진에도 전쟁에도 허물어지지 않은 주춧돌, 기둥, 도로, 벽, 수로. 구석구석 여기저기 잉카의 이야기들이 묻혀 있다. 꾸스꼬는 깊이 들여다보아야 하는 곳이다.

김설아 ● 바리

삭사이와망에서 내려다본 꾸스꼬 ⓒ바리

12~15세기에 페루 해안에서 번성했던 치무 왕국의 수도 찬찬의 유적지

도움글

남미의 고대 문명

이원종 ● 라틴아메리카 전문 여행사 비바라틴(주) 대표

남미에도 독자적 문명이 있었다

고대 인류문명의 태동에 대해 보통 우리는 '세계 4대 문명'을 기준으로 삼는다. 황하, 메소포타미아, 인더스, 이집트 등 4대 문명은 모두 북반구에 위치하고, 큰 강을 중심으로 비옥한 땅에서 농경과 어업을 통해 발전했다는 공통점을 갖고 있다.

그럼 남반구나 큰 강을 끼지 못했던 지역에는 고대 문명이 없었을까?

상대적으로 덜 알려지긴 했지만 북반구에서 남반구로 이어지는 지금의 라틴아메리카(중남미)에도 독자적인 문명이 고대부터 형성되어 지금까지 흔적을 남기고 있다. 그리고 이곳의 문명들은 북반구 4대 문명의 자연 조건과는 사뭇 다른 열대우림, 고원, 사막 등의 환경에서 독자적으로 태동하고 발전했다.

지금의 멕시코 유카탄 반도와 중미 지역을 중심으로 발생했던 올메까

문명은 우리에게 2012년 지구멸망을 예언한 달력으로 유명한 마야와 아즈떼까 등 다양한 문명들로 이어졌다. 남미 지역에서도 해안과 고원 지역을 기점으로 한 차빈 문명에서 시작하여 모체, 나스까, 띠와나꾸를 거쳐 잉카 제국까지 다양한 문화들이 융성하고 계승되었다.
그중 남미 지역 고대문명에 대해 좀 더 알아보고자 한다.

남미 문명의 발생과 흐름

인류의 남미 정착에 대해서는 베링해협을 넘은 아시아 원주민들이 북미에서 중미를 거쳐 내려갔다는 '대륙 이주설', 남태평양을 통해 아시아인들이 남미로 건너갔다는 '해양 이주설' 등 여러 가설들이 전해진다.
지금까지 알려진 남미 문명의 시초는 북반구 세계 4대 문명이 태동했던 것과 비슷한 기원전 5천 년 무렵의 유목민과 정착민들이다. 이어 기원전 1천5백 년~1천 년경에 페루 북중부 고원을 중심으로 독특한 건축과 토기를 남긴 차빈 문명이 발생한다. 해발 3천8백m가 넘는 고원을 중심으로 석조건축과 토기를 비롯해 퓨마를 상징하는 문양들이 발견된 것으로 미루어 볼 때, 차빈 문명은 훗날 남미 최후의 독자적 문화였던 잉카 제국에까지 영향을 준 기초 문명이라 볼 수 있겠다.
이후 남미 문명은 페루를 중심으로 볼리비아와 칠레 북부에 이르는 남태평양 해안 지역과 안데스 산맥 고원에서 두 갈래로 발전해 나갔다. 남태평양 해안 지역의 문화엔 거대 그림 수수께끼로 유명한 나스까 문화를 비롯해 이까, 빠라까스, 모치까, 치무 등이 포함되고 안데스 고원 문화는 와리, 띠와나꾸, 잉카로 이어진다.

차빈 문명 유적지에 남은 신전의 수호신(위)
나스까의 거대한 지상화(아래)

해안 지역과 고원 지역 문화 사이엔 자연환경이 다른 만큼의 차이점과 함께 동시대적 유사성이 동시에 존재했다. 가령 해안 지역에서 풍부한 새똥 축적물 비료인 구아노가 농업생산성 확대에 기여했던 빈면, 고원 지역에서는 알파카와 야마, 기니피그 같은 동물 사육을 통해 부족한 영양소를 보충할 수 있었다. 물론 밀림에서도 원주민들이 문화를 계승하며 살았겠지만 부족 단위 이상의 대규모 문명사회로 발전하지 못했고, 건축물이나 토기 같은 유물도 거의 없다. 밀림에는 의식주에 필요한 자원들이 풍부했기 때문에 고원과 사막에서 절실했던 건축기술, 토기, 직조 등이 별로 필요하지 않았을 것이다.

고원에 자리잡은 문명, 왜?

남미 문화의 중심은 페루를 중심으로 한 에콰도르와 볼리비아의 안데스 고원 분지(알티플라노)다. 남미의 고대문명은 왜 숨쉬기조차 어려울 만큼 기후적 악조건이 심한 안데스 고원에서 발생했을까? 이는 남미의 문명 유적들을 돌아보는 여행자들이 가장 먼저, 그리고 많이 묻는 질문이다. 고고학자들은 그 첫 번째 이유를 '문화의 유지와 방어'에 둔다.

잉카 제국의 수도였던 꾸스꼬(해발 3천5백m)와 마추픽추의 구조와 위치만 보더라도 천혜의 방어 요새로서 역할이 크다는 것을 쉽게 알 수 있다. 산꼭대기에 건설한 마추픽추는 산 아래에서는 도시의 존재를 전혀 알 수 없을 정도로 보안성이 탁월하다. 또한 주변 고원의 경사지에 펼쳐진 계단식 경작지가 식량 재배와 성곽의 기능을 함께 하여 생산성과 기능성이 통일되어 있다. 해안에서 밀림까지 동서남북 4방위에 지방관리 중심지를 두고 거미줄 같은 도로망으로 연결시킨 빠른 통신체계와 교역체계는 외부의 침략으로부터 최대한의 안전을 보장했을 것이다.

잉카의 세계관을 상징하는 황금판 ⓒ랏차

고원 문화의 두 번째 이유는 역설적이게도 '풍요로움'이다.

마추픽추 주변 경사지의 계단식 경작지 ©도로롱

안데스의 깊고 넓은 계곡에는 수량이 풍부한 강이 흐르고 적절한 온실 효과까지 더해져 옥수수나 감자 같은 식량 생산에 최적의 조건이 만들어진다. 또 서쪽 해안 및 동쪽 밀림과의 교류와 교역도 수월해서 더욱 다양하게 문화를 발전시킬 수 있었다.

실제로 잉카의 중심지 꾸스꼬에서는 고원 문화인 띠와나꾸에서 유래한 것으로 보이는 차카나의 세계관, 천문학, 건축술과 해안지역 문화의 특징이었던 직조와 염색, 토기문화 등이 함께 조화를 이루는 것을 볼 수 있다. 그러므로 잉카 문화 속에 수천 년에 걸친 다양한 남미 문화들이 녹아 있다고 보아도 잘못된 해석은 아닐 것이다.

잉카의 성립과 발전

모든 문명의 역사가 그렇듯 페루 지역의 문명들도 시대에 따라 흥망을 거듭했다. 12세기 무렵 와리 문화와 띠와나꾸 문화의 강력했던 지배력이 와해되면서, 이 지역엔 마치 중국의 춘추전국시대처럼 여러 부족들을 중심으로 소왕국들이 난립하게 된다.

14세기경 초대 잉카였던 전설 속 태양의 아들 망꼬 까빡의 건국신화를 바탕으로 세워진 잉카 왕국도 당시 여러 부족왕국들 중 하나였다. 15세기 초반 8대 잉카였던 비라꼬차와 9대 빠차꾸떽 시대에 들면서 잉카 왕

초대 잉카 망꼬 까빡의 동상(왼쪽)
돌에 새겨진 잉카의 창조주 비라꼬차, 8대 잉카도 같은 이름을 썼다(오른쪽 위)
9대 잉카 빠차꾸떽의 초상화(오른쪽 아래)

국은 주변 부족들의 병합과 영토 확장을 통해 페루, 에콰도르, 볼리비아와 칠레 북부에 이르는 거대 제국으로 성장했다.
빠차꾸떽은 아들인 10대 잉카 유빵끼에게 영토 확장을 맡기고 자신은 기존 문화들의 장점들을 모아 수도 꾸스꼬에 화려하고 견고한 건축과 문화를 발전시키는 데 전력하였다. 그는 군사력만이 아닌 다양한 분야에서 타 종족들이 넘볼 수 없는 높은 수준으로 제국을 발전시킨 대표적 잉카로 기억되고 있다.

잉카 제국의 시스템

잉카 제국의 국가 시스템은 '따완띤수유(Tahuantinsuyu)'라는 정식 국명에 분명하게 담겨 있다. '따완띤'은 께추아어(語)로 동서남북 4개의 방위를 뜻하며, '수유'는 지방이라는 뜻인데 지금의 지방자치단체 정도로 이해하면 된다.
총 4개 수유(안띠, 꾼띠, 친차이, 꾸야)로 구성된 제국은 해안과 밀림 각 지역에서 중앙 꾸스꼬에 이르는 도로를 거미줄처럼 연결했다. 총 3만~4만km에 이르렀을 것으로 추정되는 그 도로망을 '잉카의 길'이라 부른다. 도로 위엔 일정 거리마다 역(驛)의 역할을 하는 땀보(Tambo)를 설치했다.

잉카의 매듭문자 끼뿌스(왼쪽)
잉카의 귀족이었던 펠리페 과만 포마 데 아얄라가 잉카 멸망 후 남긴 많은 그림들 중 하나(오른쪽)

각 수유에서는 꾸스꼬와 교신할 내용들을 '끼뿌스'라는 암호화된 매듭 문자로 기록하여 '차스끼'라 불린 파발꾼을 통해 꾸스꼬로 전달했다. 차스끼들은 곳곳에 설치된 땀보에서 마치 릴레이를 하듯 새로운 차스끼와 교대했기 때문에 산악과 밀림, 사막에 이르는 험한 지형에서도 중앙과 지방의 빠른 통신이 가능했다. 이는 말(馬)과 수레와 문자가 없었던 잉카 제국이 넓은 영토를 지배하고 다스릴 수 있는 가장 중요한 수단이기도 했다.

멸망

스페인 탐험가들은 멕시코 아즈떽 제국 정복 직후부터 다음 지역으로 남미에 눈독을 들였다. '엘도라도(황금의 땅)'라는 일확천금의 기대를 부풀려 탐험가들을 모았고, 그 우두머리인 삐사로(Francisco Pizarro, 1475~1541)는 우여곡절 끝에 병사 1백80명과 말 30필의 작은 군대로 페루의 툼베스 지역에 상륙했다.

당시 잉카 제국은 11대 와이나 까빡 시대로 영토 확장의 최고 전성기였다. 와이나 까빡은 제국의 수도 꾸스꼬를 왕실의 정통 후계자였던 아들 와스까르에게 맡기고, 배 다른 셋째 아들 아따우알빠와 함께 제국의 북방 에콰도르와 콜롬비아까지 영토 확장을 위해 장기출정 중이었다. 하지만 전장에서 와이나 까빡이 지병으로 죽자 와스까르와 아따우알빠는 권좌를 놓고 다투기 시작했다. 결국 아버지와 함께 전장을 누비며 전투 경험이 월등히 많았던 아따우알빠가 승리하여 잉카 제국의 열두 번째 황제가 된다.

이러한 혼돈 상황에 불을 뿜는 막대기(조총)를 지닌 백인들이 나타나자 원주민들 사이에선 전설 속 비라꼬차 신의 환생이라느니 외부인의 침략이라느니 의견이 분분했다. 진위 파악을 위해 아따우알빠가 직접 병력을 인솔한 채 백인들의 초대에 응했고, 삐사로는 미리 준비한 작전대로 대규모 군대에게 불리한 비좁은 카하마르카 요새에서 손쉽게 아따우알빠를 생포할 수 있었다.

12대 잉카 아따우알빠

왕을 잃어버린 제국은 꾸스꼬를 비롯한 여러 지역에서 40여 년간 크고 작은 저항을 했지만 결국 제국의 부활을 이뤄 내지 못하고 허망하게 역사 속으로 사라져 갔다.

이처럼 중남미에선 콜럼버스가 신대륙을 발견하기 훨씬 이전부터 다양하고 화려한 고대문명들이 발생과 번성과 소멸을 거듭했다. 유럽인들의 진출 이후 원주민 문화가 하류층 식민문화로 전락해 버리긴 했지만, 문명의 혈통을 이어받은 원주민들은 수백 년이 지난 지금까지도 여전히 조상들의 얼과 전통을 소중하게 계승하고 있다.

유물전시관

김도연 ◉ 도로롱

1 치무 문명(AD 1300~1470) 나무 조각상
2 잉카 문명(AD 1300~1532) 께로(나무로 만든 잔)
3~5 와리 문명(AD 800~1300) 병 조각품(낙타), 단지, 인간 형상 장식품

6 모체(모치카) 문명(AD 1~800) 나무 조각
7 잉카 문명(AD 1300~1532) 병 조각품(콘도르)
8~9 치무 문명(AD 1300~1470) 은 장신구
10 치무 문명(AD 1300~1470) 금 왕관
11 모체(모치카) 문명(AD 1~800) 조개 조각 팔찌
12 와리 문명(AD 800~1300) 물병
13 모체(모치카) 문명(AD 1~800) 병 조각품(사슴)

ⓒ도로롱

하이브리드 대륙

스페인에서 자기 설 자리를 찾지 못했던 그는 스페인에서보다 더 나은 삶을 꿈꾸며 신대륙으로 건너갔다. 그는 마침내 황금향을 찾았고, 그의 삶은 훨씬 풍족해졌다. 그러나 그로 인해 수많은 이들의 삶이, 한 대륙의 삶이 비극으로 치닫기 시작했다. 삐사로는 정말로 더 나은 삶을 살았던 걸까.

리마 대성당에 안치되어 있는 삐사로의 유해. 그는 이곳의 주춧돌을 직접 놓았다. ⓒ여치

한낮에 갑자기 세상이 바뀌었다

수저 복불복

누군가는 말한다. 금수저 물고 태어나야만 성공하던 시대는 갔어. 그런가. 한편에선 개천에서 용 나는 시대도 이제 저물었다고들 하던데.

21세기 한국에 살며 출신성분이라는 단어를 말하기란 뭣하지만, 그걸 직접적으로 말하지 않을 뿐 사실 그 어느 때보다 그것이 강조되고 적나라하게 드러나는 사회에 살고 있음을, 우리는 안다. 부모님이 어떤 일을 하시며 강의 북쪽에 사는지 남쪽에 사는지를 따지는 지금이, 양반 노비를 따지던 때와 그리 다르지 않다는 것을. 변변치 못한 나무젓가락보다는 쇠수저 하나라도 물고 난 놈이 밥 퍼먹기 한결 수월한 게 당연한 이치다.

중세 유럽은 금수저 물고 태어난 이들의 힘이 지금보다 훨씬 막강한 시대였다. 대규모 토지를 소유한 영주들은 자신의 후손에게 토지와 재산을, 결정적으로 신분을 상속했다. 그들만이 사회의 꼭대기에 앉을 수 있었으며, 그건 중세 봉건사회의 몰락 이후에도 계속되었다. 자본가 계급인 부르주아가 돈을 굴리며 영향력을 행사한들 귀족들에게 지배당하는 피지배 계급일 뿐이었다.

삐사로는 그런 시대에 군인의 사생아로, 천민 어머니에게서 태어나, 교육받지 못한 채 돼지치기로 자랐다. 악명 높은 세기의 범죄자가 되지 않는 한, 그를 고용했던 이가 '그런 돼지치기가 있었지' 하고 사후에 몇 번 기억해 주다 잊힐 운명이었다. 그러나 세상 거의 모든 역사책엔 그의 이름이 빠지지 않고 등장한다. 정말 세기의 범죄자가 되기라도 한 것일까. 뭐, 어떤 이들은 그렇다고 말하기도 한다.

프란시스꼬 삐사로. 그는 1533년, 남미의 광대한 제국 잉카를 무너뜨린다. 스페인 사람인 그는 지금 페루의 수도 리마에, 리마 구 시가지의 중심 마요르 광장에, 마요르 광장의 중심인 리마 대성당에 묻혀 있다.

대체 어떤 일이 있었기에 스페인의 한낱 돼지치기에 지나지 않았던 삐사로가 드넓은 영토와 고도의 문명을 자랑하던 잉카 제국을 무너뜨린 것일까. 지리적으로 가까운 위치였다면 몰라도 대서양이라는 서쪽의 '큰' 바다를 건너서 말이다.

리마 대성당에는 총 열두 개의 채플이 있다. 각 방에는 예수, 성모 마리아는 물론 세례자 요한을 비롯한 성인, 성녀들이 모셔져 있다. 한 곳 빼고.

열두 개 중 첫 번째 채플 앞에 선다. 눈에 들어오는 건 성인이나 성녀의 성상이 아닌 커다란 그림 한 점이다. 바다, 배 한 척, 갑옷으로 무장한

리마 대성당 첫 번째 채플에 걸린 그림 ©가재

무리와 쫓기는 듯한 벌거벗은 무리. 이들은 누구이며 삐사로가 바다 건너 이곳에 묻히기까진 어떤 일들이 있었던 걸까. 그림을 더 가까이서 보기 위해 채플 안으로 한 걸음 들어선다.

땅의 끝, 바다의 시작

기원후 711년, 북아프리카의 이슬람교도들이 지금의 스페인과 포르투갈을 침략했다. 두 나라가 있는 이베리아 반도는 유럽과 아프리카의 길목에 위치해 있어 이리 치이고 저리 치이기로 유명한 동네북이었다. 반도의 가톨릭교도들은 이슬람교에 대항해 국토회복운동을 벌이기 시작했고, 양 세력 간의 정복과 재정복의 역사는 7백 년 넘게 이어졌다.

국토회복운동은 반도에서 많은 왕국의 성립을 불러왔다. 그중 까스티야 왕국의 이사벨 1세와 아라곤 왕국의 페르난도 2세는 결혼으로 두 왕국을 통합하며 통일 스페인 왕국의 초석을 다졌다. 왕국의 통합과 동시에 국토회복운동을 거의 완성한 스페인은 슬슬 바깥으로 눈을 돌렸고, 때마침 유럽에선 새로운 바람이 불고 있었다.

당시 유럽엔 동서 간의 대격돌이었던 십자군 전쟁의 영향으로 동방 붐이 한창이었다. 비단, 향료, 화약 등 동방의 진귀한 수입품은 유럽인들 사이에서 선풍적인 인기를 끌었고 그 인기에 힘입어 가격은 하늘 높은 줄 모르고 치솟았다. 그러나 유럽에서 나는 금은의 양으로는 유럽인들이 원하는 만큼의 비단과 후추를 얻을 수 없었다. 게다가 육로 교역의 어려움과 이탈리아의 해상무역 독점으로 수요에 비해 공급은 턱없이 부족했고, 대부분의 유럽인들은 손가락만 쪽쪽 빠는 신세였다.

그저 베네치아와 제노바의 항구만 바라보던 어느 날, 뜻이 맞는 사람들끼리 삼삼오오 둥근 원탁 앞에 모여 지도를 폈다. 안 되겠다. 우리가 직접 바다로 나가야겠어. 동방으로 가는 새로운 항로를 개척하자! 바야흐로 '대항해 시대'의 도래였다.

포르투갈은 일찌감치 대항해 시대의 선봉에 서 어느덧 해양 강대국으로 자리매김해 가고 있었다. 이제 막 기지개를 켜려는 스페인에게 이웃 포르투갈은 위협적인 존재였다. 빨리 치고 나가지 않으면 언제 잡아먹힐지 모를 일이었다.

하지만 어서 바다로 나가고 싶은 스페인의 마음과는 달리 주머니 사정은 그리 좋지 못했다. 오랜 국토회복운동으로 국고가 바닥난 것이다. 여기 쥐어짜고 저기 쥐어짜 봐도 돈 나올 곳이 없었다. 이에 스페인은 국가의 지휘 아래 이루어지는 영토 개척이 아닌, 탐험가들을 상대로 하는 개별 계약의 방식을 택하기에 이른다.

계약의 주요 내용은 이러했다. 첫째, 탐험의 총 경비는 탐험가가 부담한다. 둘째, 탐험가는 발견된 지역을 스페인 왕실 앞으로 귀속시킨다. 대신, 발견 지역을 다스리고 그 지역에서 나는 재물의 일부를 소유할 권리를 스페인 왕실로부터 인정받는다. 셋째, 그 모든 지위와 재물을 세습할 수 있는 권리 또한 가진다. 즉, 잘만 하면 후손들에게 대대손손 금수저 은수저 물려줄 수 있는 절호의 기회였다

이런 스페인과 뜻이 맞았던 이가 있었으니 제노바의 양모 직공의 아들 크리스토퍼 콜럼버스였다. 콜럼버스는 해양대국 포르투갈에서 일찌감치 항해의 지식과 경험을 쌓으며 대서양을 횡단해 인도에 다다를 것을 꿈꿨다. 지중해의 중심 항구였던 제노바에서 나고 자란 콜럼버스에게 유럽은 좁기만 했다.

콜럼버스는 자신의 탐험을 도울 강력한 왕권의 지지를 얻기 위해 발품을 팔았다. 포르투갈, 스페인, 프랑스, 영국……. 그러나 모두들 콜럼버

볼리비아의 수도 라빠스에 있는 콜럼버스 동상 ⓒ랏차

스를 미치광이 취급하거나 그의 탐험계획이 지나치게 위험 부담이 높다고 여겼다. 특히 포르투갈은 당시 아프리카 희망봉을 거치는 또 다른 동방 탐험로를 개척하고 있었다.

이렇게 여기저기서 걷어차인 콜럼버스가 사람 좀 볼 줄 아는 이사벨 1세의 눈에 들어왔다. 이미 스페인은 페르난도 2세와 왕실조사위원회의 결정으로 콜럼버스의 지원 요청을 거절한 바 있으나, 눈썰미 좋은 이 여왕은 도박 한판 걸어 보자 했다. 만일 콜럼버스가 헛패가 아닌 진패라면 스페인에 엄청난 이익을 가져다 줄 것이 분명했다. 이사벨은 대서양을 횡단해 인도에 다다른다는 이 계획이 희망봉을 거쳐 인도에 간다는 포르투갈의 계획을 뛰어넘길 간절히 바랐다.

1492년, 마지막 국토회복운동인 그라나다 전쟁에서 스페인이 승리함과 동시에 콜럼버스의 산따 마리아 호는 그 닻을 올렸다. 떠나는 그에게 페르난도 2세는 이렇게 명했다. "황금을 가져오라. 가능한 한 인도적으로. 그러나 '무슨 수를 써서라도 반드시' 가져와야 한다."

엘도라도를 찾아서

1492년 10월 12일, 콜럼버스는 69일간의 항해 끝에 인도에 도착했다, 고 믿었다. 그러나 그곳은 인도가 아닌 (유럽인들에게는) 새로운 대륙이었다. 육지에 닿기 전 그는 항해일지에 아흔 번이나 황금을 거론할 정도로 황금에 집착했으나, 네 번에 걸친 항해에서 그리 많은 황금을 발견하진 못했다. 본격적인 황금 발견의 시작은 그가 죽은 뒤에야 이루어졌다.

에르난 꼬르떼스는 콜럼버스 사후 가장 먼저 큰 성과를 거둔 이였다. 그는 스페인의 가난한 시골 귀족 출신으로, 중미의 거대 제국인 아즈떽을 무너뜨리고 그 지역을 관할하는 최고의 통치자가 되었다. 제국의 엄청난 황금은 스페인 본국으로 보내졌다. 콜럼버스가 헛패가 아니었음이 증명되고 있었다. 꼬르떼스의 정복담을 듣고 그를 모방하려는 수많은 사람들이 너도나도 황금향 엘도라도를 찾아 나섰다.

그중 하나가 바로 삐사로였다. 삐사로는 파나마에서 남쪽으로 내려가면 그곳에 엘도라도가 있다는 소문을 들었다. 삐사로는 동료 디에고 데 알마그로, 돈 많은 사제 에르난도 데 루께와 손을 잡고 1524년 탐험을 시작했다.

한낮에 갑자기 세상이 바뀌었다

그들이 찾던 엘도라도는 바로 남미의 광대한 제국 잉카를 일컫는 것이었다. 방대한 영토와 고도의 문명을 자랑하던 잉카 제국은 당시 왕위계승을 둘러싼 내전으로 나라 안이 한창 혼란스러운 상태였다. 선왕이 유럽인들이 들여온 질병인 천연두로 죽자 적자가 왕위를 이었다. 그러자 서자였던 이복 형이 왕위를 찬탈하고 동생을 감옥에 가두었다. 나라는 곧 동생을 따르는 이들과 형을 따르는 이들의 다툼으로 분열되었다. 이는 삐사로에게 더없이 좋은 기회였다.

여러 차례의 항해 끝에 1532년 9월, 삐사로는 잉카의 군대에 비해 턱없이 적은 병사들을 이끌고 잉카의 왕 아따우알빠가 있는 카하마르카로 향했다. 삐사로는 말로만 듣던 황금국의 왕을 직접 마주했다. 왕은 온갖 문양이 아로새겨져 있는 황금 가마 위에서 앵무새 깃털과 황금 장신구를 온몸에 감싼 채 그 풍채를 드러냈다. 그의 가마를 받들고 있는 장정들의 발목에선 황금 장신구들이 서로 부딪치며 짤그랑거리는 소리를 냈다.

삐사로와 아따우알빠의 만남. 16세기 판화(위)
학살당하는 잉카인들(아래)

삐사로와 스페인 병사들은 지금껏 본 적 없는 황금의 물결에 모두 입을 다물지 못했다. 삐사로는 아따우알빠의 황금 가마 위에 앉아 있는 자신의 모습을 상상했다.

잉카는 빠르게 멸망했다. 그날의 만남에서 스페인 사제는 아따우알빠에게 성경을 건넸고 잉카의 왕은 별 의미 없게 느껴지는 그 책을 바닥에 내던졌다. 성경을 모독했다는 이유를 명분 삼아 스페인군은 아따우알빠를 포로로 잡았다. 자리는 곧 아비규환이 됐다.

스페인군은 말을 타고 총을 쏘며 잉카인들에게 달려갔다. 유럽인들이 들어오기 전까지 신대륙에는 말과 총이 없었다. 잉카인들은 아무리 내달려도 저 이상한 짐승과 무기의 속도를 이길 수 없다는 것을 깨달았다. 얼마 되지 않는 스페인군에게 잉카인들은 속수무책으로 무너졌다.

아따우알빠는 방 하나를 황금으로 가득 채워 줄 테니 자신을 풀어 달라 제안했고, 삐사로는 이에 동의했다. 그러나 삐사로는 약속을 지키지 않고 아따우알빠를 화형에 처하려 했다. 육신 또한 사후세계에 동행한다고 믿었던 잉카인들에게 화형은 그 무엇보다 끔찍한 형벌이었다.

결국 아따우알빠는 가톨릭 세례를 받고 화형 대신 교수형을 선고받는다. '우상을 숭배했으며 형제를 죽이고 권력을 찬탈했다'는 죄목과 함께, 프란시스꼬라는 정복자의 이름으로 죽게 되는 아따우알빠. 태양의 아들이었던 잉카의 왕은 그렇게 어느 날 갑자기 하느님의 아들이 되더니, 형장의 이슬로 사라졌다. 잉카인들은 이날을 이렇게 기억했다.

"Chaupi punllapi tutayarca(한낮에 갑자기 세상이 바뀌었다)."

정복자이거나 발견자이거나

벌거벗은 원주민들과 갑옷으로 무장한 스페인군 그림 왼쪽엔 우리를 위하여 십자가에 못 박혔다는 예수님의 그림이, 오른쪽엔 수많은 원주민들을 죽인 삐사로의 관이 자리하고 있다. 둘의 공존이 아이러니했다. 친구는 한참동안 그림 앞에 서 있는 나를 재촉했다. 얼른 보고 나가자, 좀

삐사로가 암살당했던 페루 대통령궁. 그의 권력은 채 10년도 가지 못했다. ©푸른

있으면 대통령궁 근위병 교대식이야.

대통령궁은 삐사로가 죽기 전 마지막 몇 년을 보낸 곳이다. 1533년 아따우알빠의 처형으로 잉카 제국은 사실상 멸망하게 된다. 삐사로는 세상을 다 가진 것 같았고 자신이 천년만년 그 세상을 다스릴 것 같았다. 그러나 그에게는 동료 알마그로가 있었고 이 세상과 부를 그와 나눠야 했다. 이는 결국 정치적 다툼으로 이어져 삐사로가 알마그로를 죽이고, 알마그로의 부하들이 삐사로를 죽이는 데 이른다. 1541년 삐사로는 대

통령궁 관저에서 암살당한다. 천년만년 갈 것 같던 그의 세상은 10년도 채 가지 않았다.

태양의 제국이었던 나라답게 페루의 태양은 뜨겁기 그지없었다. 근위병 교대식을 보러 왔던 많은 사람들은 더위를 식히기 위해 광장 중앙 분수대 쪽으로 자리를 옮겼다. 분수대가 있던 자리에는 원래 말을 탄 삐사로의 동상이 있었다고 한다. 그러나 2001년 원주민 대통령 똘레도의 당선과 함께 철거되어 외곽 쪽 공원으로 옮겨졌단다.

많은 원주민들에게 삐사로는 손에 피를 묻힌 더러운 정복자일 것이다. 그러나 또 어떤 이들에게 삐사로는 엘도라도를 발견하고 새로운 세상을 연 위대한 발견자일 것이다. 분수대 주변에 모인 사람들의 얼굴을 본다.

흉상마저 슬퍼 보이는 마지막 잉카 뚜빡 아마루 ©푸른

피부가 하얗기도 하고 가무잡잡하기도 하다. 저들 각자에게 뻬사로는 어떻게 기억될까.

16세기와 21세기 사이

세상을 지키려는 선한 무리와 그들을 방해하는 악한 무리의 대립은 영화나 소설에서 필연적이다. 그러나 선한 무리가 태생부터 정의롭고 악한 무리는 성악설에 충실한가 하면 그건 또 아니다. 선한 자들이 움직이는 이유가 순도 백퍼센트 정의로움에 의거하는 것도 아니고, 악한 자들이 그들을 방해하는 이유 또한 그저 성격이 글러먹어서 그런 것도 아니다. 한 명 한 명 찬찬히 들여다보면, 그들이 그렇게 행동하게 된 데는 어느 쪽이든 간에 다 그럴 만한 사정이 있다.

역사가 굴러온 길도 마찬가지다. 절대선도 없고 절대악도 없다. 콜럼버스는 자신이 실수로 도착한 대륙에서 앞으로 어떤 일들이 벌어질지 몰랐을 것이다. 뻬사로도 사람을 죽일 목적으로 떠난 건 아니었다. 콜럼버스는 제노바의 직물공으로 남고 싶지 않았고, 서자인 뻬사로에게 유럽은 발 디딜 틈 없는 가시밭길이었다. 이사벨 1세는 대항해 시대에 합류하지 못한다면 결국 유럽에서 도태될 것임을 염려했다. 아따우알빠 역시 그렇게 죽을 줄 알았다면 동생과의 왕위 쟁탈전에 그토록 치열하진 않았을 것이다. 역사는 대의명분에 의한 것이 아니라 그 남자 그 여자의 사정이 모여 머무르고 흘러간다.
옛날 옛적 이야기하듯 말하지만 과거의 이야기가 아니다. 지금의 삶을 지키고 싶거나 더 나은 삶을 살기 위해 행동하는 건 21세기를 살고 있는 나도 마찬가지다. 그러나 내가 더 잘 먹고 잘살겠다고 한 행동으로 누군가의 삶이 파괴된다면, 그게 진정 나은 삶이고 행복한 삶이라 말할 수 있을까. 재개발을 공약으로 내세우는 후보를 선거에서 뽑는 것이 우리 집에는 집값이 오르는 경사지만 내 이웃에게는 삶의 터전이 사라지는 공포와 절망이 될 수도 있다.
삐사로도 마찬가지였다. 스페인에서 자기 설 자리를 찾지 못했던 그는 스페인에서보다 더 나은 삶을 꿈꾸며 신대륙으로 건너갔다. 그는 마침내 황금향을 찾았고, 그의 삶은 훨씬 풍족해졌다. 그러나 그로 인해 수많은 이들의 삶이, 한 대륙의 삶이 비극으로 치닫기 시작했다. 삐사로는 정말로 더 나은 삶을 살았던 걸까.
한번쯤 뒤돌아본다. 나 잘 먹고 잘살겠다고 열심히 뛰어오는 동안, 누군가의 발을 밟진 않았는지, 누군가의 어깨를 치진 않았는지, 누군가를 밀어 넘어뜨리진 않았는지. 혹시 내가 삐사로는 아니었을까. 한때 그의 동상이 서 있었다던 분수대에는 이제 그의 흔적조차 남아 있지 않다.

서지현 ◦ 여치

한때 삐사로의 동상이 서 있던 곳. 지금은 분수대로 바뀌어 있다. ©여치

그랜드 캐니언보다도 깊은 꼴까 계곡 위의 콘도르 전망대 ©가재

콘도르는 날아가고

한 장 한 장 지폐를 넘기며 액수를 확인한다. 1,050솔의 두둑한 두께감. 이 돈이면 페루에서 일주일 정도는 지낼 수 있을 텐데. 이 돈 들고 튈까. 친구와 둘이서 킬킬 웃는다. 하지만 아무리 뿌듯해도 떠나갈 돈. 아쉬워하며 매표소 직원에게 돈을 건넨다. 세상에서 가장 큰 새라지만 그래 봤자 새일 터인데 무슨 입장료를 이리 무식하게 받느냐며 삐쭉삐쭉하면서도 역시 조금은 들떠 있다.

아직도 달빛이 어슴푸레한 새벽. 이른 시간이지만 꼴까 계곡의 전망대에는 벌써 관광객들이 큰 카메라를 옆구리에 끼고 앉아 콘도르가 나타나기를 조용히 기다리고 있다. 나도 그 옆에 살며시 앉아 입장료가 아깝지 않을 만큼 콘도르를 볼 수 있기를 기대한다.

잉카 사람들은 지하는 뱀, 지상은 퓨마, 하늘은 콘도르가 지배한다고 믿었다. 그 믿음은 지금까지도 이어져 페루 사람들은 여전히 콘도르가 하늘과 인간을 연결하는 특별한 새라고 여긴다. 하늘을 나는 콘도르와 함께 페루 사람들이 신성하게 여기는 또 다른 콘도르가 있으니 뚜빡 아마루 2세라 알려진 잉카의 후예, 호세 가브리엘 콘도르깐끼. 페루의 영웅이다.

그의 이름은 콘도르깐끼

콘도르깐끼는 1742년에 부유한 지방 원주민 족장의 아들로 태어났다. 식민 지배가 시작되고 2백 년. 스페인 사람들이 몸에 지니고 온 전염병으로, 식민 군대와의 전쟁으로, 고된 노역으로 원주민의 수는 10분의 1로 줄어든 상태였다. 살아남은 원주민들 역시 노동에 찌든 채 광산에서, 식민 지배자들의 농장 아시엔다에서 절대빈곤 상태의 최하층민으로 살아가고 있었다.

꾸스꼬의 서구식 학교에서 공부하고 부유한 아내를 만난 콘도르깐끼에게 이런 상황은 먼 나라 이야기였을 수도 있었지만, 종종 리마로 가는 여행길에서 동족의 처참한 광경을 보게 되면서 그의 마음속에 저항의 불씨가 생긴다. 그 분노는 반정부운동으로, 페루 독립운동으로 이어진다.

잉카의 마지막 황제 뚜빡 아마루의 뒤를 이어 자신을 뚜빡 아마루 2세라 칭한 콘도르깐끼는 핍박받던 원주민 농민들을 모아 혁명군을 조직한다. 꾸스꼬 점령을 눈앞에 둘 만큼 독립을 향한 열망이 불타올랐지만 신식 무기를 가진 스페인군의 반격 역시 만만치 않았다.

결국 콘도르깐끼의 부대는 부왕군에게 패한다. 그리고 그는 능지처참을 당한다. 잉카의 마지막 황제 뚜빡 아마루와 같은 방식으로 죽음을 맞이하게 된 것이다.

그의 시신은 식민 군대에 의해 사등분으로 나뉘어 잉카 땅의 동서남북에 묻힌다. 독립의 꿈을 산산조각 내려는 식민주의자들의 이러한 노력에도 불구하고 원주민들의 마음 한켠에는 영웅 콘도르깐끼가 사라지지 않고 남아 있었다. 사람들은 그의 영혼이 콘도르가 되어 자신들의 자유를 지켜 줄 것이라 믿었다.

페루의 영웅 콘도르깐끼의 초상화들
대통령궁(위)과 국립미술관(아래) ⓒ도로롱

엘 콘도르 파사

사이먼&가펑클 목소리로 유명한 '엘 콘도르 파사(El Cóndor Pasa)'. 누구나 한 번쯤은 들어 봤을 이 노래는 사실 페루 원주민들의 영웅 콘도르깐끼를 위한 노래다.

1913년. 페루의 클래식 음악 작곡가인 다니엘 알로미아스 로블레스는 콘도르깐끼의 죽음을 기리기 위해 오페레타 〈콘도르깐끼〉를 작곡한다. 안데스 토속 음악을 바탕으로 만들어진 이 오페레타의 테마음악이 '엘 콘도르 파사'의 원곡이다. 원래는 가사가 없는 곡이었지만, 잉카의 후예들이 그들의 언어인 께추아어(語)로 가사를 붙인 '엘 콘도르 파사'에는 콘도르깐끼에 대한 절절함이 담겨 있다.

오, 안데스의 위엄 있는 콘도르여
나를 저 위 안데스의 고향으로 데려가 주오 콘도르여 콘도르여
내가 가장 사랑하는 그곳으로 돌아가
내 잉카 형제들과 함께 살고 싶다오
그것이 내가 가장 간절히 바라는 것이라오 콘도르여 콘도르여
잉카의 중앙 광장에서 나를 기다려 주오
우리 함께 마추픽추와 와이나픽추까지 걸어 올라갈 수 있도록

바람 소리를 닮은 안데스의 전통악기인 삼뽀냐로 연주한 '엘 콘도르 파사'. 나라를 잃고 영웅을 잃어야 했던 그들의 마음이 전해지는 듯해 괜시리 울컥한다. 그들의 마음속에 있던 자유를 향한 열망과 울분이 전달되는 느낌이다.

자유의 상징 콘도르. 저 날개 위에 콘도르깐끼의 염원이 실려 있을까. ⓒ가재

조용했던 전망대가 술렁인다. 절벽 저 아래서 콘도르가 나타났다 사라지는 모습에 나도 옆 친구와 호들갑을 떨며 카메라를 꺼내 든다. 다시 머리 위로 크게 나타난 콘도르의 모습은 비싼 입장료가 아깝지 않을 정도다. 깊은 계곡을 유유히 비행하는 그 모습은 왜 콘도르가 자유의 상징으로 불리는지 몸으로 느끼게 만든다.

버스가 출발할 때까지 나는 콘도르에게서 눈을 떼지 못했다.

김설아 • 바리

남미에선 인종뿐 아니라 언어, 종교, 건축까지도 모두 혼혈이다. ⓒ바리

혼혈의 대륙

남미에 다양한 인종이 모여 살고 있다는 것은 그곳을 여행하기 전부터 익히 알고 있었다. 월드컵 시즌이 되면 TV에서 자주 만날 수 있는 그 대륙의 선수들은 같은 나라 선수끼리도 피부색과 생김새가 조금씩 달랐으니까 말이다. 그러나 직접 와서 보니 그 다양성이란 TV에서 보던 것을 뛰어넘는 수준이었다.

나는 '혼혈'이라는 단어가 단지 인종뿐만 아니라 언어, 종교, 건축을 비롯한 모든 것과 함께 쓰일 수 있는 단어임을 이곳에 와서 알게 되었다. 그만큼 남미는 모든 것이 섞여 독특한 빛깔을 띠고 있었고, 찬찬히 들여다보면 어떤 색들이 모여 지금의 빛깔을 띠게 되었는지 조금은 알 수 있었다.

인종의 혼혈 : 인종 전시장

볼리비아 여행 초반. 아침엔 스페인어 수업을 듣고, 점심엔 잡초를 뜯으며 밥값을 하고, 저녁엔 안데스 지방의 전통악기와 춤을 배우며 하루하루를 보냈다. UAC-CP(Unidad Academica Campesina-Carmen Pampa)라는 대학에서 머무르는 중이었다.

처음 오리엔테이션 때 원주민 학생 비율이 높다는 이야기를 듣고 대부분의 학생이 안데스 원주민이겠거니 생각했는데, 며칠 지내다 보니 꼭 그렇지만도 않았다. 안데스 전통악기 삼뽀냐를 가르쳐 주던 페르난도는 아이마라 족(안데스 원주민 중 한 부족)이었지만, 매일 밤 춤 워크숍에서 남다른 그루브를 자랑하던 어구스틴은 아프리카계 볼리비아인, 즉 흑인이었다. 혼혈 학생들도 적지 않았고 안데스 원주민이라 해도 모두가 아이마라 족인 건 아니었다. 스스로를 단일민족 국가라 자부하는 한국에서 자란 나로서는 신선하면서도 눈이 팽팽 도는 모습이었다.

남미 원주민들 ©푸른

처음에 나는 학생들을 보며 그들이 원주민인지 혼혈인지 궁금해하곤 했다.

어구스틴 같은 흑인들을 제외하면 내 눈엔 그들의 생김새가 대체로 비슷해 보였기 때문이다. 유럽인들과 아프리카에서 온 흑인 노예들이 발을 들여놓으며 남미는 그야말로 혼혈의 대륙이 되었다.

내 궁금증은 거기서부터 비롯되었다. 대체 어떤 사람들을 두고 '원주민'이라 일컫는 걸까? 다른 인종의 혈통에 원주민 피가 한 방울만 섞여도 원주민으로 간주하기도 하고, 그 반대로 원주민 혈통에 다른 인종의 피가 조금만 섞여도 혼혈로 여기기도 한다.

(중)남미 인구의 60~70퍼센트는 원주민-백인 혼혈인 메스띠소다. 나는 곧 원주민, 혼혈 구분 짓기를 그만두었다. 5백 년 혼혈의 역사를 걸어오며 이미 수도 없이 피가 섞였을 터였다. 어떤 사람은 가무잡잡한 피부를 가졌음에도 스스로를 스페인계라 생각하고, 어떤 사람은 원주민보다는 백인에 가까운 얼굴을 하고 있음에도 스스로를 원주민계라 생각한다. 원주민과 혼혈을 구분 짓는 건 결국 피부색보다는 그들 스스로가 자신을 어떤 인종으로 인식하느냐에 달려 있는 듯했다.

남미의 다양한 인종들 ©랏차

언어의 혼혈 : Guillermo Julian Huarcacho Huarachi

"기예르모, 페이스북 알려 줘. 한국 가서도 연락하게."

"기예르모 훌리안 와르까초 와라치(Guillermo Julian Huarcacho Huarachi)라고 치면 돼."

"……뭐?"

아, 좀 천천히 얘기해 봐. 기예르모 훌리안 와르까초 와라치. 이름, 중간 이름, 아버지 성, 어머니 성.

와르까초와 와라치는 원주민 성으로, 기예르모는 원주민 어머니와 아버지 사이에서 태어난 친구였다. 그러나 그의 이름과 중간 이름인 기예르모, 훌리안은 스페인식 이름이다. UAC에서 만난 친구들, 아니 남미에서 만난 대부분의 사람들이 이런 식의 이름을 가지고 있었다. 성이 원주민 성이든 스페인식 성이든, 이름은 모두 스페인식 이름. 호세, 후안, 파블로, 이사벨…….

께추아어 성경 교재와 스페인어-께추아어 사전

포르투갈령이었던 브라질, 프랑스령이었던 아이티, 영국령이었던 자메이카 등을 제외한 남미 대부분의 국가는 스페인어를 공용어로 채

택하고 있다. 스페인어로 말하고 쓰고, 이름 역시 스페인식 이름이다. 3백 년을 스페인 식민 지배하에 있었으니 당연하다.

께추아어 성경책을 들고 있는 원주민

예전에 할아버지의 생애사를 쓴 일이 있었는데, 일제 강점기를 거치신 할아버지는 먹고살기 위해선 일본어로 말하고 창씨개명을 할 수밖에 없던 때가 있었다고 말씀하셨다. 그때 할아버지의 이름은 미야모토 다케시. 일본이 우리를 지배했던 기간이 조금만 길어졌어도 지금 내 이름이 하나코 다케시일지도 모른다는 생각이 들었다. 원주민인 기예르모의 이름이 스페인식 이름인 것처럼 말이다.

그럼에도 원주민들의 뿌리가 완전히 사라진 것은 아니었다. 고령의 원주민들은 스페인어보단 그들의 원주민 언어가 익숙하기에, 대가족 사회에서 자란 원주민 친구들은 조금이나마 그들 부족의 언어를 구사할 줄 알았다. 또한 볼리비아는 스페인어와 함께 서른여섯 개의 원주민 언어를 공용어로 채택하고 있었다. 스페인 지배 이후 수백 년 세월 동안 배척되었던 원주민들을 끌어안고 그들의 뿌리를 잊지 않기 위한 노력이었다.

종교의 혼혈 : 십자가의 화려한 외출

"이거 얼마예요?"

"낀세(십오 솔)."

"음, 다른 데 돌아보고 올게요."

"디에스(십 솔에 줄게)!"

페루 꾸스꼬 근교의 조용한 마을 친체로. 관광객과 원주민 아주머니들의 흥정하는 소리만 조근조근 오갈 뿐 마을은 차분하기 이를 데 없었다. 그러니까, 그들이 나타나기 전까진 그랬다. 화려한 원주민 전통의상을 입고 얼굴엔 가지각색의 가면을 뒤집어쓴 채, 독특한 리듬에 발맞춰 마을 중앙으로 들어온 무리들. 그리고 유난히 눈에 띄던, 각 무리의 선두에 선 사내들 어깨 위의 십자가.

알고 보니 그날은 페루 가톨릭에서 정한 십자가의 날로, 각 마을에서 십자가를 가져와 공동미사를 보고 다시 자기 마을로 가져가는 행사가 펼쳐지는 날이었다. 이날은 십자가에 옷을 입혀 화려하게 치장을 하고, 그 주변에서 밤새 먹고 마시고 춤추며 십자가를 기린다고 한다. 십자가 핑계 삼아 아저씨들 코 비뚤어지게 마시기 좋은 날인 것이다.

십자가라면 가시관을 쓴 예수가 십자가에 못 박힌 채 고통스러운 표정을 하고 있는 것이 전부였던 나에게, 이곳의 십자가는 다이나믹하기 그지없었다. 옷 입히기 하듯 화려하게 십자가를 장식하는데 색색의 화려

'십자가의 날'을 맞아 행진 중인 친체로 마을 원주민들 ©바리

한 천과 장식품들은 기본이고 어떤 십자가에는 당근과 빵과 벼까지 붙어 있었다. 마치 원주민들이 대지의 여신에게 풍요를 기리는 듯 말이다. 남미 가톨릭에서 이런 '짬뽕'의 흔적을 마주하기란 어렵지 않았다.

스페인의 남미 식민정복은 황금을 향한 열망이었던 동시에 전 국토의 복음화를 목표로 했다. 원주민들은 가톨릭으로의 개종을 강요당했고, 갈등은 당연했다. 오랜 세월 원주민 세계의 근간이 되어 온 토속신앙의

화려한 천과 당근, 빵, 곡식 등으로 장식된 남미의 십자가 ⓒ바리

검은 예수와 원주민 성모(위) ⓒ도로롱
해와 달을 섬기는 토속신앙과 가톨릭이 결합된 십자가(아래) ⓒ바리

뿌리가 깊었기 때문이다. 대지의 여신을 상징하는 계단 위에 세워진 십자가, 검은 피부의 예수, 안데스풍 드레스의 원주민 성모는 그런 탄압과 저항의 역사를 반복한 끝에 원주민들이 정복자의 신을 받아들인 방식이었다.

건축의 혼혈 : 꼬리깐차와 산또 도밍고

정교한 잉카 석벽 위로 화려한 유럽식 성당이 어울릴 듯 말 듯하다. 페루 꾸스꼬의 꼬리깐차는 잉카 시대의 황금 사원으로, 스페인이 꾸스꼬를 정복하며 이 사원을 허물고 그 위에 산또 도밍고라는 이름의 유럽식 성당을 세웠다. 꾸스꼬에 있는 많은 성당이나 건물이 이런 식으로 잉카의 사원을 허물고 그 위에 지어졌다.

성당 안의 회랑은 전형적인 유럽 수도원의 양식이지만 단단한 잉카의 내벽 또한 그 옆에 굳건하다. 둘의 공존은 묘한 대비를 이루는데, 대비를 이루는 건 이 둘뿐만이 아니다. 성당에 들어서며 그 입구의 천장을 눈여겨본다면 유난히 화려한 문양들을 만나게 된다. 이는 무데하르 양식으로, 15세기 스페인에서 유행했던 이슬람-스페인의 혼합 양식이 식민지까지 수입된 것이다.

8세기경 스페인을 침공했던 북아프리카 이슬람은 7세기가 넘는 시간 동

황금 사원 꼬리깐차의 석벽 위에 세워진 산또 도밍고 성당 ⓒ가재

안 스페인과 수없는 전쟁을 반복하며 서로의 문화에 자연스레 영향을 끼쳤다. 스페인은 본디 지중해를 접하고 아프리카를 가까이하고 있어 다른 민족의 침략에, 또한 그 과정에서 그들과의 결합에 익숙해져 있었다. 그러니까 산또 도밍고 성당엔 잉카, 스페인, 이슬람의 문화가 고루 섞여 있는 셈이다.

안데스 산자락의 노마디

서로 다른 문명이나 문화가 만나며 벌어지는 충돌과 그 과정에서의 결합은 지극히 자연스러운 것이다. 그럼에도 유럽과 남미의 문명의 충돌이 유난히 극적으로 여겨지는 까닭은 그 과정이 꽤 극렬했기 때문일 것이다. 공간과(근접한 지역에서) 시간을(오랜 시간에 걸쳐) 공유하며 서서히 합쳐지는 것이 보편적인 수순이라면, 대서양을 사이에 둔 유럽과 남미는 콜럼버스 이전에는 생면부지의 사이였다.

슬며시 다가가도 될까 말까인데 스페인은 빠르고 거칠게 남미에 파고들었다. 너무나 많은 피가 대륙을 적셨으며, 남미가 이룩했던 고도의 문명은 한순간에 미개한 것으로 치부되었다. 스스로를 우수하다고 여겼던 스페인 사람들에 의해 원주민들의 삶의 방식들이 모두 부정당했던 것이다. 크고 작은 문명의 충돌은 지금도 세계 각지에서 일어나고 있고 그 과정에서 벌어지는 폭력 또한 여전하다. 서로의 경전을 불태우고 테러로 목숨을 잃는 사람들의 이야기는 뉴스의 단골 손님이다.

사실 세계까지 갈 것도 없다. 당장 내 곁에 있는 사람의 말과 행동을 이해할 수 없다고 고개를 내젓는 내 모습부터가 그 불씨의 시작이다. 이해하려 들지 말고 있는 그대로 받아들이라 하는데 좀스러운 마음에 그게 쉽지 않다. '틀린 게 아니고 다른 거야'라는 만고의 진리와도 같은 그 말은 머리로만 이해가 간다. 어차피 만나야 한다면, 어차피 우리 모두 섞일 수밖에 없다면, 지금보단 조금 더 행복한 방식으로 만나기를 고민해 봐야 할 텐데.

UAC에 머물던 중 아프리카계 볼리비아인들의 공동체를 방문했던 날이 생각난다. 춤 좋아하는 남미 사람들답게 다 같이 손을 잡고 음악에 맞춰 춤을 췄는데, 그때 모인 이들의 생김새와 출신지가 참 다양했다. 아프리카계 볼리비아인 어구스틴, 아이마라 원주민 소냐, 미국에서 온 크리스티나 수녀님과 한국에서 날아온 우리까지. 모두들 스스럼없이 손을 맞잡고 둥글게 둥글게 그들의 전통춤을 췄다. 나중엔 한국의 춤, 원더걸스의 '노바디'와 소녀시대의 '지'를 추는 시간이 이어졌다.

우리는 그들 음악의 리듬이 낯설었고 그들은 손가락 총을 쏘아 대는 한국 아이들의 춤이 낯설었을 것이다. 그러나 우리는 그들의 손을 잡고 천천히 리듬을 따라갔고, 그들은 우리의 춤을 보고 (속으론 당황했을지 몰라도) 뜨거운 박수를 보내 주었다. 조금 더 행복한 방식으로 만난다는 건 별게 아니라 이런 것일지도 모른다. 그리고 이런 순간을 기억하고 잊지 않는 것이, 행복한 만남의 방식을 고민하는 일이 될지도 모른다고 조심스레 기대해 본다.

조용한 안데스 산자락에, 아프리카의 전통이 깃들어 있는 마을에서, 한국의 노래가 울려 퍼지던 그때가 생각난다. 노바디 노바디 벗 츄, 짝짝.

서지현 ● 여치

다양한 출신지, 다양한 생김새 ⓒ랏차

남미는 원주민, 백인, 흑인 문화가 뒤섞인 하이브리드 대륙이다.

도움글

구세계와 신세계의 충돌

조구호 ● 한국외국어대학교 스페인어과 교수

오, 라틴아메리카!

아름답고, 신비롭고, 몽환적인 자연환경에 마술적인 요소들을 듬뿍 담고 있는 라틴아메리카는 일찍이 아즈떼까, 마야, 잉카 등 다양한 문명을 꽃피웠고, 원주민 문화에 스페인을 비롯한 유럽의 백인문화와 아프리카의 흑인문화 등이 혼융되어 다채로운 문화가 탄생한 곳이다.

태평양, 대서양, 카리브, 안데스, 아마존은 온갖 자원과 산소로 우리의 삶을 가능케 한다. 살사, 땅고, 꿈비아, 룸바는 사람의 귀와 몸을 즐겁게 한다. 파블로 네루다와 가르시아 마르께스는 다양한 인간 삶을 심오하게 노래하고 얘기한다.

물론 부정적인 이미지도 갖고 있다. 오랜 기간 스페인의 식민통치를 받았고, 독립한 뒤에도 군사 쿠데타, 독재, 빈부격차, 인권유린, 외채, 저개발 등 정치 · 경제적 문제가 산적해 있으며, 사람들은 무기력하고 무

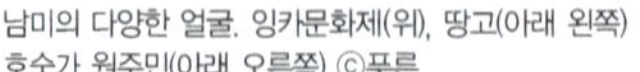

남미의 다양한 얼굴. 잉카문화제(위), 땅고(아래 왼쪽)
호숫가 원주민(아래 오른쪽) ⓒ푸른

능하며 신뢰성이 없다는 것 등이다. 특히 후진적인 경제위기의 전형을 중남미 국가들의 사례를 통해 설명하려는 우리에게 라틴아메리카에 대한 인식은 매우 피상적이고 단편적이다. '거의 대부분이 스페인어를 사용하고, 거의 대부분이 메스띠소이며, 거의 대부분이 가톨릭을 믿고, 거의 대부분이 음악과 춤과 축구를 좋아한다'는 말은 어느 정도 타당해 보이지만, 자칫하다가는 라틴아메리카를 단일화된 블록으로 단순화시킬 위험이 있다. 각 나라마다, 각 지역마다 개성 넘치는 이질적인 문화들이 공존하기 때문이다.

원주민들의 축제 행렬 ⓒ바리

콜럼버스의 신대륙 방문

중세 유럽은 르네상스를 겪으면서 대서양 너머의 유토피아를 추구한다. 이슬람이 지배하던 바다, 유럽 팽창의 가능성을 차단하던 바다 지중해를 빠져나갈 돌파구를 찾는 것은 당시 모든 유럽인들의 소망이자 목표였다.

바로 그때, 희망의 불빛을 비춰 준 인물이 등장한다. 크리스토포로 콜롬보, 크리스토퍼 콜럼버스 또는 끄리스또발 꼴론이라 불리는 사람이다. 때로 자신을 제어하지 못하고 허언(虛言)을 하는 사람으로 의심받기도 했지만 남다른 용기와 결단력을 지닌 인물이었다.

1492년 4월 17일, 그는 새로 발견되는 대륙과 섬들의 제독, 총독 및 부왕의 지위 세습권과 독자적 사법권을 갖고 교역 이익의 10%를 소유하되 포교의 의무를 이행하겠다는 '산따페 협정(La Capitulación de Santa Fé : 콜럼버스와 스페인 왕실이 맺은 협정)'에 서명한다. 그리고 이사벨 여왕으로부터 항해 경비의 8분의 7을 지원받아 1492년 8월 3일에 범선 삔따(Pinta) 호, 니냐(Niña) 호, 산따 마리아(Santa María) 호를 이끌고 빨로스 항을 출발한다.

크리스토퍼 콜럼버스

황금의 땅으로 알려진 카타이, 지팡구를 향해 서쪽으로 항해를 계속하면서 때로는 구름을 섬으로 착각하고, 선원들의 불평과 선상 반란을 겪은 뒤, 콜럼버스는 1492년 10월 12일 바하마 제도의 '구아나하니(Guanahaní)'라는 섬에 도착한다.

콜럼버스의 '발견' 이전에도 아메리카 대륙은 그곳에 존재했다.

이른바 '아메리카의 발견(El descubrimiento de América)'이 이루어진 것이다.

그런데 '발견'이라는 용어가 문제다. 가려져 있던 뭔가를 타자가 발견해 세상에 드러낸다는, 제국주의적 발상이 내포된 표현이라는 것이다. 그런 서구 중심적 용어보다는 두 세계의 만남이라는 의미를 부각시키는 새로운 표현이 필요하다. 그래야만 자아가 타자와 공존할 수 있고, 타자를 통해 자아를 완성시킬 수 있기 때문이다.

일설에 따르면, 콜럼버스는 지구가 여성의 젖가슴처럼 생겼는데 자신이 발견한 땅은 젖꼭지에 해당(에덴 동산)한다고 여겼다. 오늘날의 서인도 제도를 여성화하고 에로틱화하는 과정에서 그 지상낙원은 '소유와 지배'라는 경제담론으로 변형되고, 신대륙의 복음화를 통한 문화 제국주의는 중상주의를 통한 식민 지배와 모순 없이 융합되어 버린다.

그는 이 섬에 '구세주'를 의미하는 '산 살바도르(San Salvador)'라는 이름을 붙이고, 계속해서 '발견'하게 되는 섬들에 산따 마리아 데 꼰셉시온(Santa María de Concepción), 페르난디나(Fernandina), 이사벨라(Isabela), 후아나(Juana) 같은 새로운 이름들을 붙여 준다. 일부 비평가는 콜럼버스의 이런 행위를 '창조주적 이름 짓기'라고 규정한다. 그는 낯선 지역과 사물에 자의적 판단에 따른 이름을 붙여 줌으로써 그것들을 소유하고 지배할 수 있다는 제국주의적 착각에 빠진다.

콜럼버스는 자신이 아시아에 도착했다고 굳게 믿었다. 스스로의 용기와 명성에 대한 기대감, 발견에 대한 흥분, 불타는 황금 욕망, 포교의 의무감 같은 것이 그를 움직인 요인들이었다. 여기서 중요한 건 그의 황금 열망과 포교 의무다. 사실, 콜럼버스라는 인간은 어떤 의미에선 '황금'과 '신'의 메타포였는지도 모른다.

황금에 대한 열망은 '엘도라도(El dorado: 황금 인간, 황금향)'의 전설과 결부되어 있다. 가르시아 마르께스는 "우리가 그토록 욕심냈던 환상의 땅 엘도라도는 지도학자들의 상상에 따라 장소와 형태를 달리하면서 오랜 세월 수많은 지도에 모습을 드러냈습니다"라고 말한다.

포교의 의무감과 관련해, 콜럼버스와 인디오들의 만남은 미래에 전개될 역사를 놓고 볼 때 썩 유쾌하지 않은 것이었다. 콜럼버스는 인디오들의 의식 상태를 '백지' 같다고 판단함으로써 그들이 쉽게 기독교인이 될 거라 생각했다. 당시 이사벨 여왕은 종교개혁으로 힘이 약해진 가톨릭을 수호하고 전파하기 위해 "우리가 구원할 인디오가 1명밖에 없더라도 정복에 나서야 한다"고 강조했다.

물론, 나중에는 포교가 강요와 폭력에 의해 일방적으로 이루어졌다. 콜럼버스는 "만일 너희가 그렇게 하지 않으면, 또는 고의로 그렇게 하는 것을 미룬다면 우리는 신의 도움을 받아 너희와 충돌하게 될 것이며, 우리에게 가능한 모든 방법으로 너희를 가톨릭 교회 및 우리 폐하의 법령과 지시에 따르게 하고, 여자와 아이를 노예로 만들고, 너희의 재산을 빼앗"겠다고 엄포를 놓았다.

이렇듯, 인디오는 자아(유럽 문화)의 투사를 기다리는 '결핍의 타자'이기 때문에 타자(인디오)는 나(콜럼버스)의 욕망의 대상으로 기능했다. 그리고 나(콜럼버스)의 욕망에는 또 다른 타자(스페인 왕실)의 욕망이 반영되어 있었다. 따라서 콜럼버스는 자신이 발견한 지역과 사람들의 상품가치를 왕실에 입증해야 했다.

신대륙의 목가적 풍경과 원주민이 지닌 물질적 · 정신적 아름다움은 이내 중상주의적 · 제국주의적 가치로 바뀐다. 아메리카라는 지명의 기원이 된 아메리고 베스푸치는 1503년에 출간한 책 『신세계(Novus Mundus)』에서 "그곳 사람들은 자연과 조화를 이루어 살아간다"면서, 신세계는 완벽한 무정부주의 유토피아라고 단언한다. 그러나 정복자들이 새롭게 발견한 땅은 이상향이라기보다는 무궁무진한 부의 원천, 수탈의 대상이었을 뿐이다.

스페인과 잉카의 만남

콜럼버스의 신대륙 방문 이후 스페인의 정복이 본격화된다. 잉카 정복은 군인 프란시스꼬 삐사로, 디에고 데 알마그로와 신부 에르난도 데 루께 등에 의해 이루어졌다.

삐사로는 스페인 오지 출신으로 정규교육을 받지 않은 사람이었다. 마흔 살이 다 되어 아메리카에 간 그는 1513년부터 10년간 남미 북부 지역을 탐험하면서 금은보화로 가득 찬 왕국 찾기에 전념했다. 1530년에 2백여 명의 병사를 이끌고 파나마를 출발한 이후 소규모 전투, 정복에 대한 회의, 전염병 등으로 점철된 원정을 한 끝에 1532년 9월에 잉카 왕국에 입성한다.

당시 잉카는 두 왕자의 권력 다툼으로 내분 상태에 빠져 있었다. 1527년에 와이나 까빡의 아들 와스까르가 황제로 취임해 남부 지역을, 이복형 아따우알빠가 북부 지역을 통치하며 서로 대립하다가 1532년에 아따우알빠가 결국 아우를 제거하고 새로운 황제가 된다.

30세쯤 되어 보이는 아따우알빠는 좋은 풍채에 위엄을 갖춘 남자였다. 단단한 체격의 미남이었고 용맹스러워 보였다. 눈은 피에 굶주린 듯 이글이글 타오르고, 말에는 활기가 있었다. 거칠게 보였지만 쾌활한 남자였다.

프란시스꼬 삐사로

1533년, 삐사로에게 사로잡혀 포로가 된 아따우알빠는 자기를 풀어주면 커다란 방에 사람 키 높이까지 황금을 채워 주겠다고 제의한다. 황금이 채워지자 삐사로는 아따우알빠를 죽인다.

혹자는 잉카 왕국이 멸망한 이유로 두 가지를 꼽는다. 첫째는 '신성한 예언'이다. 와이나 까빡은 수염 기른 인간들이 어느 날 먼 바다로부터 갑자기 나타나 제국을 파괴할 것이라는 예언을 남겼다고 한다. 그 인간들은 인류를 창조한 뒤 서쪽으로 떠나며 다시 돌아오리라는 약속을 남겼던 잉카의 창조신 비라꼬차가 보낸 사자들이다. 이 예언이 백인들에 대한 잉카인들의 판단에 혼란을 일으켰고, 결국 무기력한 패배를 불러왔다는 것이다.

둘째는 발달된 무기의 결여다. 영국 역사학자 존 헤밍의 말을 빌리면, 인디오 군대는 "갑옷 입고 말 탄 스페인 기병대를 살상할 수 있는 어떤 무기도 만들지 못했다."

잉카의 수도 꾸스꼬는 해안과 멀리 떨어진 고원에 위치해 있었기 때문에, 삐사로는 스페인과 교통이 용이한 지역에 오늘날의 리마인 시우닷 델 로스 레이에스(Ciudad de los Reyes)를 새로 건설한다. 이는 고원 지역에 대한 통제력 약화로 이어졌고, 1537년 망꼬 까빡 2세가 빌까밤바에서 제국의 부활운동을 전개한다. 이런 독립운동은 그의 뒤를 이은 마지막 통치자 뚜빡 아마루가 1572년 스페인군에 의해 격퇴됨으로써 끝난다.

잉카 제국이 지배하던 영토는 콜럼버스 이전의 아메리카 대륙에 존재했던 모든 국가 중 가장 거대했다. 이런 영토를 다스리고 통일하기 위해서는 고도의 정치적 수완과 활력 있는 거대 조직이 필수적이었다. 실제로 고대 페루는 이 두 가지를 겸비하고 있었다.

멕시코 작가 까를로스 푸엔떼스는 페루의 멸망이 유럽에게 하나의 커다란 손실이었다고 주장한다. 아메리카는 야만적인 국가라기보다는 르네상스 유럽이 한번 고려해 볼 만한 많은 교훈을 지닌, 새롭게 태동하는 인간사회의 모델이었기 때문이다.

유럽은 새로운 공존 사회를 모색했으며, 이제 막 발견된 신세계에 이상주의적 개념들을 투영했다. 유토피아적 환상과 정복의 현실 사이에 야기된 긴장 속에서 서서히 새로운 문화가 싹을 틔우게 된다. 인디오, 백인, 아프리카인, 혼혈인(메스띠소)에 의한 다인종 · 다문화 사회가 발흥한 것이다.

아르헨티나의 해방철학자 엔리께 두셀에 따르면, 신대륙은 '발견(discover)' 된 게 아니라 '은폐(cover)' 된 것이었다. 원주민들의 역사와 문화가 유럽인들에 의해 철저히 은폐되고 파괴되었기 때문이다. 원주민 수탈과 노동력 착취, 광산 개발, 서인도 제도의 플랜테이션은 서구의 자본주의와 근대화를 꽃피운 원동력이었지만, 라틴아메리카를 억압과 수탈, 저개발이라는 그늘 속에 파묻는 요인이기도 했다. 라틴아메리카가 그 그늘에서 나와 햇빛을 보기까지는 참으로 오랜 세월이 필요했다.

또 하나의 남미

우주적 인종, 이란 말이 생겨날 만큼 남미에는 온갖 대륙 출신의 인간들과 그들의 복잡다단한 혼혈 자손들이 모여 있다. 그럼에도 길을 걷다 곱슬머리에 까만 피부, 도톰한 입술을 지닌 아프리카계 사람을 마주하면 흑인도 있구나, 싶어 새삼스럽다. 그만큼 그들은 눈에 잘 띄지도 않을 뿐더러 헌법이나 인구조사에서도 그 존재가 드러나지 않는다.

콜럼버스를 필두로 한 대항해 시대가 열리면서 유럽은 비로소 아메리카 대륙의 존재를 알게 됐다. 많은 사람들이 일확천금의 꿈을 품고 전설의 엘도라도를 찾아 바다를 건넜지만, 실제로 어둠 속에서 흙먼지를 들이켜 가며 망치질을 했던 것은 이 땅의 원주민들이었다.

또까냐 흑인공동체 사람들 ⓒ어딘

하루에 열두 시간 이상의 살인적인 노동을 이겨 내지 못하고 원주민들이 죽어 나가자, 유럽인들은 부족해진 노동력을 확보하기 위해 아프리카에서 흑인 노예들을 데려왔다. 배를 타고 건너오는 과정은 참혹하기 그지없어 절반이 도중에 목숨을 잃었고, 도착해서도 아메리카의 고산기후와 열악한 노동환경에 속수무책으로 죽어 나갔다. 그 시기 흑인 노예 8백만 명이 사망했다.

19세기 연이은 독립으로 유럽의 지배에서 벗어난 뒤에도 그들의 사정은 별반 나아지지 않았다. 여전히 피부색으로 차별을 받았고 형편은 열악했다. 그들은 알음알음 작은 공동체를 이루어 살기 시작했다. 고유의 전통을 이어가기 위해 문화부흥 운동을 일으키며 아프리칸의 자긍심과 정체성을 지키기 위해 힘을 모았다.

우리는 그중 볼리비아 라빠스 부근에 위치한 또까냐 마을을 방문했다. 주민들이 커다란 원을 지어 흥겹게 춤을 추었다. 자리에 앉아 있던 우리도 그 속에 뛰어들어 손을 맞잡았다. 싸야라는 전통음악에 맞춰 옆구리를 양쪽으로 번갈아 내미는 춤사위는 낯선 방문객들도 쉽게 따라할 수 있었다. 먼발치에서 무뚝뚝하니 지켜보던 어린아이들도 하나둘 다가왔다. 이 춤 좋아하니, 어설픈 스페인어로 물어보는 내게 아이들은 고개를 끄덕이며 말했다. 어른이 되면 나도 엄마아빠처럼 춤을 출 거라고. 예쁘장한 레게머리의 여자아이는 그러나 이미 나무랄 데 없이 근사한 춤을 추고 있었다.

김민지 ● 고담

또까냐의 어린 친구들 ©어딘

광장에 떠도는 수많은 이름들

5월광장 어머니회는 매주 5월광장에 모여 시위를 벌였다. 시간이 지나면서 자식을 잃은 어머니의 마음에 공감하고 강압적인 군부독재에 회의를 느낀 국민들도 시위에 함께했다. "내 아들, 내 딸 살려 내!"라고 통곡하던 날도, 그냥 담담히 행진하던 날들도 지나갔다. 군부가 물러나고 새로운 세상이 온 지금, 여전히 자식들은 생사를 알 수 없는 '실종자'로 남아 있다.

페루 리마의 산 마르띤 광장. 같은 이름의 광장들이 남미 곳곳에 있다. ⓒ가재

남아메리카 슈퍼스타

역사에 남은 이름은 역사책보다 도로, 지명에서 쉽게 찾을 수 있다. 을지로는 중국 수나라의 침략을 물리친 고구려 장군 을지문덕의 성에서, 충정로는 을사조약 때 순국 자결한 충정공 민영호의 시호에서 유래되었다. 그런 의미에서 조선의 4대 왕 세종은 한국인이 제일 사랑해 마지않는 왕임에 틀림없다. 서울 한복판의 도로 이름으로 호명되는 것은 물론 대학의 이름으로 지폐의 모델로 종횡무진 활약하고 계시니 말이다.

남아메리카 슈퍼스타

남미를 여행하는 내내 접했던 그 이름은 아르헨티나의 수도 부에노스아이레스에서 정점을 찍었다. 그의 이름을 딴 광장과 길은 물론이고, 대성

산 마르띤 초상화

당엔 그의 관이 아르헨티나 국기에 싸여 고이 모셔져 있었다. 호세 데 산 마르띤. 주머니 속 꼬깃꼬깃한 5페소 지폐 위 M자 이마의 남자. 이방인인 나도 그가 한국의 세종대왕만큼이나 아르헨티나의 슈퍼스타라는 걸 금세 알 수 있었다.

그러나 아르헨티나로 넘어오기 전, 페루 리마에서 마지막으로 갔던 광장의 이름도 산 마르띤이었음을 기억한다. 가 보진 않았지만 칠레에도 그의 이름을 딴 공원이 있다고 한다. 세종대왕의 동상이 일본이나 중국에 있지는 않음을 상기할 때, 산 마르띤은 아르헨티나를 넘어 남미의 대륙적 인기남이 분명하다.

스페인의 서자 끄리오요

식민지 초기, 유럽인들은 금은을 비롯한 귀금속에 열광하며 신대륙으로 몰려들었다. 스페인은 귀금속 매장량이 높은 지역을 중심으로 부왕령을 세웠는데, 페루 부왕령도 그중 하나였다. 식민지의 금은을 실어 나르고 유럽의 물자가 유입되던 리마 항구는 언제나 북새통을 이뤘다.

그러나 시간이 흐르면서 금은 점점 바닥을 드러내기 시작했고 리마 항구는 전보다 한산해졌다. 광산업이 사양길로 접어들자 유럽인들은 농업, 축산업 등 다른 분야로 눈을 돌렸다. 축산업이 활발했던 부에노스아이레스 시가 새로운 중심지로 떠올랐고, 결국 18세기 말에 신설된 리오 데 라쁠라따 부왕령의 수도가 된다.

당시 식민지에선 밀무역이 성행했다. 이는 스페인 왕실에게 큰 골칫거리였는데, 세금을 걷을 수가 없었기 때문이다. 라쁠라따 부왕령이 세워진 이유 역시 이를 통제하기 위해서였다.

스페인 왕실은 식민지 개혁정책을 펼쳐 정치적 · 경제적으로 식민지에 대한 통제를 강화했다. 밀무역을 엄격히 감시하고, 식민지 무역품엔 고율의 관세를 부과하며, 스페인을 제외한 다른 국가와의 해외무역을 금지했다. 또한 식민지 무역품이 스페인의 그것을 앞서려 하면 곧바로 식민지에서 해당 상품의 생산을 중단시켜 버렸다. 식민지 아메리카는 그 자체의 발전이 아닌, 철저하게 스페인과 스페인 왕실의 발전을 위해 존재했다.

그런 스페인 왕실에 불만을 품는 이들이 있었으니 다름 아닌 식민지의 경제 주체였던 끄리오요(Criollo)였다. 끄리오요는 식민지에서 태어난 스페인 사람들로, 지식과 경제적인 부를 갖추고 있었지만 늘 뻬닌술라르(Peninsulars)에게 밀리는 신세였다. 뻬닌술라르는 스페인 본국에서 태어났다는 이유만으로 식민지의 모든 정치적 권한을 누릴 수 있었던 스페인 사람들을 이른다. 끄리오요는 식민지에 대한 이해가 뻬닌술라르보다

라쁠라따 부왕령이 표시된 옛 지도

폭넓었음에도 불구하고 부왕을 비롯한 식민지의 고위관직은 언제나 뻬닌술라르의 차지였다.

스페인은 대서양을 사이에 두고 멀리 떨어져 있는 식민지에서 관리들이 반란을 일으키진 않을까 항상 불안해했다. 둘 사이의 노골적인 차별은 본국 중심의 중앙집권적 식민정책을 강화하기 위함이었다. 그러나 3백 년 식민 지배가 이어지며 끄리오요의 수가 점점 증가하자 불만의 목소리는 날로 커져만 갔다.

괴로운 건 끄리오요뿐만이 아니었다. 아니, 정말 괴로운 이들은 따로 있었다. 오랜 탄압과 생활고로 민중들의 분노는 극에 달해 있었으며 대륙 곳곳에서 크고 작은 봉기가 일었다.

나폴레옹과 남미

그 무렵 미국과 유럽에선 역사에 획을 그을 만한 사건들이 연달아 일어났다. 미국 독립전쟁과 프랑스 시민혁명이다. 남미는 북미의 독립으로부터 자극을 받았고, 시민혁명의 토대가 된 계몽사상 등에서 영향을 받았다. 그렇게 조금씩 독립을 꿈꾸던 어느 날, 일이 터졌다.

시민혁명으로 루이 16세가 처형당하며 왕권이 위협을 받게 되자 영국, 독일, 프러시아를 비롯한 대부분의 유럽 왕정국가들은 프랑스에 전쟁을 선포한다. 그러나 이들은 불가능을 모른다는 나폴레옹에게 무너지고 만다.

나폴레옹은 서쪽으로 진격해 스페인까지 침공하고, 페르난도 7세의 왕위를 찬탈한 뒤 자신의 형 보나파르트를 스페인 왕좌에 앉힌다. 이에 또 한 번 발끈한 유럽의 왕정국가들은 이번엔 이기리라 나폴레옹에게 다시 전쟁을 선포한다. 결국 나폴레옹은 모든 것이 가능하지만은 않다는 것을 보여 주며 전쟁에서 패한다.

나폴레옹과의 전쟁에서 승리를 거둔 영국은 유럽에서 점차 영향력을 넓히게 되고, 이는 바다 건너 남미에까지 닿아 영국군이 부에노스아이레스에도 주둔하게 된다. 이에 부에노스아이레스의 끄리오요들은 민병대를 조직하여 영국군을 몰아낸다.

나폴레옹의 패배와 함께 왕위를 되찾은 페르난도 7세는 왕위에서 물러나 있는 동안 손 놓고 있던 식민지에서 다시금 스페인의 영향력을 강화하고자 한다. 그러자 끄리오요들이 거세게 반발했고, 영국전 승리의 여세를 몰아 부왕령을 전복시킨다. 1810년 5월 25일, 라쁠라따 부왕령의 끄리오요들은 마침내 스페인으로부터 독립을 선포한다.

슈퍼스타의 정체

그러나 스페인 정부로부터 파견된 관리를 해임했다 뿐이지 아직은 완벽한 독립이라 할 수 없었다. 게다가 라쁠라따 부왕령은 독립선언 이후 두 세력으로 나뉘었다. 라쁠라따 통합 정부를 주장하는 중앙집권주의자와, 각각의 독립 후 라쁠라따 연합주를 결성하자는 연방주의자 간의 싸움이었다.

혼란에 혼란이 가중되던 때, 호세 데 산 마르띤이 스페인에서 아르헨티나로 귀국했다. 나폴레옹과의 전쟁에서 스페인군으로 참전한 뒤 돌아오는 길이었다.

산 마르띤은 아르헨티나 태생의 끄리오요이기에 스페인군에서 장군 이상의 계급으로 진급할 수 없었다. 이는 그가 스페인으로부터의 독립전쟁에서 선봉에 서게 된 하나의 계기가 되기도 했다. 그는 완전한 독립을 위해선 스페인군과의 일전을 피할 수 없음을 알고 여전히 스페인군이 주둔해 있는 이웃국 칠레와, 칠레가 속해 있는 페루 부왕령의 중심인 리마로 진격한다. 산 마르띤의 동상이 남미 어디엘 가도 있는 건 남미의 독립이 다 이런 식으로 얽히고설켜 있기 때문이다. 그러나 영국의 도움에도 불구하고 산 마르띤은 페루를 완벽하게 점령하는 데 실패한다.

영국이 남미의 독립을 도운 것은 당시 영국이 남미와의 무역에 꽤 깊이 발을 담그고 있기 때문이었다. 식민지 무역의 대부분은 이미 영국, 프랑스, 네덜란드 등 다른 유럽국들이 가로챈 상태였다. 남미가 스페인의 식민 지배에서 벗어난다면 그들은 더 효과적으로 남미의 경제를 장악할 수 있었다.

또 한 명의 독립 영웅, 시몬 볼리바르 ⓒ가재

스페인은 신대륙에서 유입된 금은을 축적하지 않고 흥청망청 소비하기만 했고 이는 결국 다른 유럽국들의 배만 불려 주는 결과를 가져왔다. 스페인은 식민지를 얻음과 동시에 3백 년간 승승장구한 듯 보였지만 사실 쇠퇴의 길을 걸어온 것이었다.

페루를 점령하는 데 실패한 산 마르띤은 남미의 독립전쟁을 이끌던 또 다른 장군, 시몬 볼리바르를 에콰도르 과야낄에서 만난다. 누에바 그라나다(지금의 콜롬비아), 에콰도르, 베네수엘라를 해방시킨 뒤 이를 통합해 '그란 콜롬비아'라는 단일 국가를 세운 볼리바르는 남미를 하나로 묶는 강력한 대통령제를 실시해야 한다고 주장했다. 그러나 산 마르띤의 생각은 달랐다. 그는 소수가 강력한 권력을 갖게 되는 것을 견제해야 한다고 생각했기 때문이다. 결국 둘은 의견의 일치를 보지 못한 채 헤어졌다.

산 마르띤은 이 회담에서 볼리바르에게 독립과 관련된 모든 위업을 넘기고 본인은 독립전쟁의 전선에서 물러난다. 이후 볼리바르와 안또니오 호세 데 수끄레 장군이 알토 페루(지금의 볼리비아)까지 점령하며 스페인군에게 승리를 거두고 나서야 비로소 남미의 독립전쟁은 대단원의 막을 내린다.

TOP2만 사랑받는 세상

부에노스아이레스의 '7월9일 대로'는 세계에서 가장 넓은 그야말로 '대로'다. 그 이름은 1816년 7월 9일 산 마르띤 장군이 아르헨티나가 완전한 독립국임을 선포한 데서 비롯되었다. 그래서 이날은 아르헨티나의 독립 기념일이다. 남미 사람들의 원대한 꿈이었던 독립에 걸맞게 대로는 정말 크고 넓다. 무려 20차선이다.
남미의 독립을 이야기할 때 대부분의 사람들은 산 마르띤과 시몬 볼리바르를 비롯한 영웅들만을 이야기한다. 독립을 그 둘이서만 몽땅 이루어 낸 것도 아닐 텐데 말이다. 독립전쟁의 최전선에 섰을 민중들, 그들의 이야기는 다 어디로 증발해 버린 걸까?
사실 남미의 독립은 모두의 독립이 아닌 끄리오요만의 독립이었다고 볼 수 있다. 지배층이 뻬닌술라르에서 끄리오요로 바뀐 것뿐이었다. 그들은 사회의 꼭대기에 앉은 후, 늘 불만을 토했던(사실 동경했던) 뻬닌술라르가 했던 행동을 똑같이 반복했다. 자신의 기득권을 위협하는 어떠한 개혁에도 반대했고, 서로 다퉈 정치적 불안을 가져왔다. 까우디요. 독립 전쟁의 지도자로 많은 공을 세우고 군벌과 토지를 세력기반으로 둔 이들을 부르는 말이다.

까우디요들은 자신의 토지세력을 기반으로 허구한 날 정치 싸움을 벌였다. 어느 날은 까우디요 A가 우리 지역을 다스렸는데, 다음 날 아침이 되면 까우디요 B가 다스리는 식이었다. 라쁠라따 연합주를 주장하던 연방주의자들도 모두 거대 토지를 소유하고 있던 까우디요들이었다. 남미를 하나로 묶고자 했던 볼리바르의 계획이 무산된 것 역시 이들 까우디요의 반발 때문이었다. 이들은 중세 유럽의 봉건 영주들과 같아서, 자기 지방의 통치 권한을 중앙으로 위임하고 싶어 하지 않았다.

남미가 하나의 통합국이 되지 못한 배경엔 미국의 방해가 있기도 했다. 하나의 통합국이 아닌 남미는 결국 미국에 끌려가게 될 것이라는 볼리바르의 염려대로, 남미는 독립 이후에도 사실상 완전한 독립을 이루지 못하고 있다. 스페인과 포르투갈의 정치적 식민지에서 벗어났지만 다른 유럽국들과 미국의 경제적 식민지로 남게 된 것이다.

스페인 식민 3백 년은 남미에 극심한 빈부 격차, 미숙한 국가의식, 공포 정치 등의 잔해를 남겼고 그 고통을 고스란히 짊어진 건 다름 아닌 민중들이었다.

그림 속 그들

7월 9일이 독립 기념일이라면, 5월 25일은 1810년 라쁠라따 부왕령을 전복시켰던 날로 혁명 기념일이다. 마침 부에노스아이레스에 머물던 중 날이 겹쳐 그날은 5월광장으로 나갔다. 하얀색과 하늘색이 섞인 아르헨티나의 국기가 여기저기서 펄럭였다. 아르헨티나의 분홍 대통령궁 까사로사다는 그런 국기 색과 대조를 이루었다.

까사로사다는 휴일에만 입장 가능한데, 운 좋게도 그날이 공휴일이었다. 한참을 줄을 서 안으로 들어섰다. 제법 많은 인물화가 중앙 홀에 걸려 있기에 번호표의 순서를 기다리며 천천히 둘러보았다.

혁명 기념일을 맞아 국기를 두른 시민 ©하루

중앙 홀에 걸린 그림 중엔 후안 도밍고 페론도 있었다. 아르헨티나의 전 대통령인 그는 쿠테타로 권력을 장악한 강력한 군벌 지도자였다. 강력한 독재자에 의한 개인 통치는 까우디요로부터 비롯되어 지금까지도 남미 정치의 큰 특징 중 하나로 여겨지고 있다.

빈곤과 정치 불안. 남미 하면 흔히 떠오르는 키워드들. 남미를 여행하며 나는 너무나도 화려한 모습과 절대빈곤을 동시에 목격했고, 그 모습은 유럽인들이 처음 이곳에 닻을 내리던 순간과 겹쳐 보이곤 했다. 산 마르띤은 2백 년 전 자유를

대통령궁 까사로사다

외치며 독립전쟁을 이끌었지만, 내가 걸은 오늘날의 남미 거리엔 여전히 최루단이 디지고 총성이 울려 퍼졌다. 그런 밤이면 나는 한참을 뒤척이다 겨우 잠들곤 했다.

페론의 그림은 홀 정면에 걸려 있었고 오른쪽 벽면으로는 환하게 웃는 금발 여인의 그림이 자리하고 있었다. 그녀 역시 페론이었다. 사실, 후안 페론보단 이 이름으로 페론을 먼저 알았다. 에바 페론(Eva Perón). 그녀는 후안 도밍고 페론의 아내로, 아르헨티나의 영부인으로, 그리고 에비따로 널리 알려져 있다.

서지현 ● 여치

라보까 항구 건물 발코니에 서 있는 아르헨티나 3대 스타. 왼쪽부터 마라도나, 에비따, 땅고 음악가 까를로스 가르델 ©바리

신데렐라 그 후

전설의 에비따

거리를 따라 대리석 건물들이 들어서 있다. 온갖 조각들이 화려한 자태를 뽐내며 시선을 사로잡는다. 하늘 높이 솟은 십자가와 성상들이 거대한 크기로 보는 이들을 압도한다. 하나같이 파리나 밀라노에서 수입해온 고가의 작품들이다. 광장을 중심으로 뻗어 나간 도로에는 그러나 인기척 하나 없이 이따금 고양이 한 마리 지나갈 뿐이다.

경계의 도시. 이승도 저승도 아닌 곳. 부에노스아이레스의 가장 좋은 땅에 위치한 레꼴레따는 부자 중에도 최고로 손꼽히는 갑부만이 입주할 수 있다는 억 소리 나는 묘지다. 그러나 화려한 망자의 집은 어느덧 찾아오는 이 없어 낙엽이 뒹굴고 먼지가 앉고 거미줄이 덮여 있다.

그런데 단 한 곳, 끊어질 듯 말 듯 소리 없는 행렬이 이어진다. 꽃을 들거나 카메라를 쥐고, 책을 안거나 아이 손을 잡고, 계속되는 발길 그 끝

1년 내내 꽃이 사라지지 않는 에비따의 묘 ⓒ도로롱

에 그녀가 있다.

에비따. 아르헨티나의 영원한 퍼스트레이디. 20세기 중반 대통령직에 재임했던 페론과 함께 대통령궁의 안주인이자 큰손 노릇을 했던 영부인이다. 지금까지도 그녀를 사랑해 마지않는 민중들이 다녀간 자리에는 늘 꽃다발 몇 송이 싱그럽게 남아 있다.
단정한 그녀의 묘는 주변의 위용에 비하면 단출하기 짝이 없지만, 양쪽 빼곡하니 달려 있는 묘비에는 누구보다 파란만장했던 생애가 적혀 있다. 'EVITA'라고 커다랗게 새겨진 글귀와 그 옆으로 예쁘장한 얼굴이 나란히 박힌 모습은 브로드웨이 한복판에 걸린 뮤지컬 광고 같다.
실제로 그녀의 생애는 영화로 만들어지기도 했다. 분홍빛 대통령궁 까사로사다 2층 발코니, 마돈나가 열창했던 '돈 크라이 포 미 아르헨티나(Don't cry for me Argentina)'는 누구나 한번쯤 들어 보았을 만큼 유명한 노래다.

흔한 드라마, 에바 두아르테

원더우먼보다 옹골찬 파워 지니고 마리아보다 놀라운 기적 행하고 다녔다는 그녀. 작은 시골 마을 사생아였다. 여느 위인들이 그렇듯 가난하고 비천한 출신이었다. 백마 탄 왕자님과 결혼할 거야, 는 모든 소녀들이 갖는 꿈이었지만 그녀는 남달랐다. 강렬한 열망을 한시도 잊지 않고 구체적으로 실현해 갔다.

꽃다운 열다섯, 마을로 공연 온 땅고 가수에게 사정사정해 그를 따라 대도시 부에노스아이레스로 상경했다. 이후 10년 가까이 지속된 무명배우 시절 동안 거듭된 좌절과 굶주림에도 굴하지 않고 사진사, 편집장, 감독, 대령 등 원하는 걸 줄 수 있는 남자들을 통해 소망하는 바를 하나씩 이루어 갔다.

꿈은 이루어진다더니, 모두가 설레설레 고개 내젓던 바람이 현실이 되었다. 정치계의 떠오르는 샛별, 페론을 만나 결혼한 것이다. 비루한 시골뜨기 출신의 일개 무명 여배우가 한 나라의 국모 자리를 꿰찼다는 사실에 고위 권력층은 아연실색했다. 바닥이나 쓸고 닦던 신데렐라가 정말이지 왕자와 결혼한 셈이다. 그리고 행복하게 잘살았습니다, 끝나 버렸다면 그녀는 뻔한 동화 속 여주인공에 불과했을 것이다.

그러나 그녀는 다른 길을 택했다. 돈이 없어 배우지 못하는, 공장에 다니는, 길거리에 나앉은, 천대받는 이들을 찾아 다녔다. 그리고 그들을 자기처럼 만들기 위해 발 벗고 나섰다. 연일 잡지 1면을 장식하고 세간의 시선을 사로잡으며 온몸으로 외쳤다. 여러분들도 나처럼 될 수 있어요! 바로 이 시기에 하나의 구호이자 브랜드와 같은 이름, 에비따가 만들어졌다.

화장실 갈 시간을 아끼려고 다리를 꼬거나 딱 붙이고 앉아 업무를 보았다는 그녀는 하루에 18시간씩 일하는 기염을 토하면서도 늘 시간에 쫓겼다. 공식적인 직함은 없었지만 사실상 보건장관, 노동장관의 일을 도맡아 했다. 몇 천 개의 병원과 학교, 고아원, 양로원, 기타 자선단체를 세웠다. 그때 지은 병원 수가 그전까지 아르헨티나에 있던 수보다 많다고 한다. 의료 혜택은 거의 무료로 제공됐다. 아이들의 건강상태와 생활실태를 파악하기 위해 에비따 축구 선수권대회를 개최하고 약사와 사회복지사를 파견하기도 했다. 노인들에게는 생활 보조금을 지급했

가난한 이들의 성녀! 에비따는 이름이고 구호이고 브랜드였다.

퍼스트레이디 시절의 에비따

다. 직업도 집도 없는 여성을 위한 합숙소를 만들어 오갈 데 없는 여자들을 돌봤다.

하루 1만 통 이상의 편지가 대통령궁으로 날아왔다. 사회복지사들이 읽고 답장을 써서 요청 물건과 함께 배달해 주었다. 대통령의 집 한켠은 나날이 쌓여 가는 생필품으로 발 디딜 틈 없었다. 에바가 밤새 그것들을 일일이 분류하고 포장했다.

그녀의 자선사업은 국외로까지 뻗어 각종 재해지역을 구호하는 데 앞장섰다. 한편 정부기관들에게는 강제로 기부금을 걷었고, 대지주의 목장을 거두어 민중을 위한 공원을 조성했다. 모든 것을 독점하다시피 살아왔던 소수 특권층에게 에바는 어디서 굴러왔는지 모를 모난 돌이고 골칫거리였다.

민중의 정치를 표방한 페로니즘은 그런 에바와 함께 완성되어 갔다. 귀한 집 아들로 한 번도 배고픔에 허덕여 본 적 없는 페론에 반해 고단한 세월을 거쳐 온 그녀는 민중에게 친근감을 자아냈다. 무뚝뚝하고 경직된 표정의 페론 곁에서 에바는 환하고 따뜻하게 미소 지었다. 심한 건성으로 닿기만 해도 쉽게 벗겨지는 피부를 지녔던 페론을 대신해 에바는

부에노스아이레스 곳곳에서 볼 수 있는 에비따의 모습 ⓒ바리

사람들과 손을 잡고 부둥켜안았다.
뒷자리에 서 있을 뿐이던 그녀가 점차 단상에 서는 일이 늘어나면서 그녀 안에 잠재되어 있던 감각과 욕망이 고개를 들었다. 오래 지나지 않아 에바는 호소력 짙은 목소리로, 뜨겁고 단호한 연설로, 사람들의 마음을 뒤흔들고 모아 갔다. 마침내 남편조차 질투를 느낄 만큼 아르헨티나에서 가장 강한 파급력과 영향력을 행사하는 인물이 되었다. 페로니즘의 페론보다 주목받고 인기를 끌고 위엄을 지녔던 에바는, 주인공을 넘어서는 새로운 주인공이 되었다.

에바가 에비따가 되기까지

페론을 만난 후 재단사에게 말했단다. "여배우이자, 정치가의 아내에 걸맞은 옷 만들어 줘요."
바로 그 점이 그녀 생의 본질이다. 모순. 우아하게 쪽진 머리를 하고 하층민 특유의 천박한 발음과 억양을 구사했다는 것. 화려한 보석으로 치장하고 주린 이들을 위해 애썼다는 것. 소박한 말과 행동으로 꾸밈없으면서 자신의 과거에 관한 기록을 말소하고 조작했다는 것. 아무런 유감 없이 헌신하면서 자신을 신성시하기 위해 각색된 자서전을 의무교육에 포함시켰다는 것. 출생부터 죽음까지, 일상부터 업적까지, 물과 기름이

뉴욕 브로드웨이 극장에 내걸린 뮤지컬 에비따 ⓒ여치

섞인 듯한 모습에 사람들의 호기심은 극에 달한다. 그런 그녀를 두고 '부유한 자들의 창녀, 가난한 자들의 성녀' 라는 말이 생겨났을 정도다. 부를 독점했던 귀족들에게 그녀는 분수를 모르는 야망을 지니고, 기부와 희생 운운하며 자신들의 재산을 빼앗고, 온갖 자극적인 말로 사람들을 선동해 아르헨티나의 전통과 평화를 교란시키는 악랄하고 천박한 여자였다. 그러니 그들에게 에바는 탐욕에 눈이 멀어 육체를 미끼로 이 남자 저 남자 꾀어 권력을 움켜쥔 희대의 창녀로 보였을 것이다.
반면 민중에게 그녀는 용기와 담대함으로 부당한 관습을 깨뜨리고, 말만 할 뿐 실제로는 실현된 적 없는 재분배를 추진하고, 정직하고 꾸밈없는 연설로 희망과 정의를 외치는 놀랍고도 위대한 여자였다. 그러니 그들에게 에바는 궁핍에 찌든 자신들을 구하기 위해 하늘에서 내려온, 살아 있는 성녀였을 것이다.
하지만 그런 이중적인 잣대만으로는 그녀를 바로 보기 어렵다. 신데렐라가 되고 나면 스륵 자취를 감추는 여느 여주인공과 달리, 그녀는 이후의 삶을 또렷하게 드러내며 신화 속 인물로 거듭났다. 닳고 닳은 전개로 치닫던 드라마를 보란 듯이 틀어 버린 것이다.

지칠 줄 모르고 나아가던 그녀의 생애는 그러나 짧게 막을 내렸다. 서른셋, 그녀는 암으로 세상을 떠났다. 소식을 전해 들은 민중은 비통함에 눈물을 흘리며 가슴을 쳤다. 거리는 죽음을 애도하는 인파로 거대한 물결을 이루었다. 밀랍인형처럼 썩지 않는 미라로 만들어진 그녀의 모습을 보기 위해 줄을 선 사람들은 추위로 벌벌 떨면서도 열 시간을 기다렸다. 여파는 금방 사그라지지 않았다. 이름 하나로 사람들을 웃고 울게, 모이고 흩어지게 만들었던 그녀는 죽어서도 권력의 정점에 머물렀다.
그리하여 그녀의 유해는 16년간 이탈리아에 은닉되기도, 스페인에 망명 중이던 페론에게 인도되기도, 이후 그가 재집권에 성공함에 따라 본국으로 송환되기도 하며 굴곡 많은 여정을 겪었다. 정치적 소용돌이에 휩싸여 오랫동안 쉬지 못했던 그녀는 비로소 이곳, 레꼴레따에 이르러서야 편안히 눈을 감았다. 생전의 화려했던 모습은 온데간데없이, 작고 평범한 그녀의 자리는 연일 찾아오는 손님들로 인산을 이룬다.

문득 고개를 들어 하늘을 바라본다. 구름이 가득하더니 가랑비가 옷을 적신다. 매끄러운 대리석에 방울방울 빗물이 어린다. 자리를 뜨지 못하고 서성이는 사람들 사이로 찰칵거리는 카메라 소리가 적막하게 울려 퍼진다. 먼 곳에서 서늘한 바람 한 줄기 불어와 몸을 스치고 지나간다. 하지만 비석 너머 그녀의 공간에는, 뜨거운 공기 가득할 것 같다.

김민지 • 고담

시들지 않는 꽃, 시들지 않는 이름

since 1977! 부에노스아이레스 5월광장의 목요 시위 ©바리

광장과 공원 사이

5월광장

남미의 도시를 여행할 땐 항상 중앙광장에서 시작했다. 허허벌판 광활한 신대륙을 발견한 유럽 사람들은 네모난 광장을 짓고 그 주위로 교회, 총독부, 병원, 시장 등을 세워 나갔다. 유서 깊은 대성당을 둘러보고 오래된 골동품 시장을 구경하고 화려한 대통령궁을 방문하고 싶은 여행자라년 광장에서 여행을 시작하는 게 맞다.

아르헨티나의 수도 부에노스아이레스에 도착한 후 곧장 향한 곳도 5월광장이었다. 5월광장은 핑크색 대통령궁, 오래된 대리석으로 벽을 마감한 대성당, 지금은 박물관으로 재단장한 옛 총독부 건물이 옹기종기 모여 있는 정치 · 종교 · 역사의 중심지다.

마침 목요일이어서 광장에는 시위 준비가 한창이었다. '5월광장 어머니회'의 목요 시위는 과거 군사정부 시기에 시작됐다고 가이드북에 소개

깃발 속 하얀 손수건은 어머니들의 상징 ⓒ바리

돼 있었다. 광장에 모인 백여 명 남짓한 사람들은 손에 파란색 깃발을 들고 있었다. 할아버지와 할머니부터 엄마의 손을 잡고 온 앳된 소년까지 광장엔 다양한 연령대의 사람들이 눈에 띄었다. 그들은 왁자지껄했지만 일사불란했다. 하얀 버스가 광장에 들어오자 사람들은 일제히 박수를 치고 손가락으로 휘슬을 불고 환호성을 질렀으며, 버스에서 할머니들이 내리자 모두 할머니 뒤로 줄을 맞췄다.

할머니들은 곱게 빗은 머리 위에 하얀 수건을 쓰고 있었다. 사람들을 거느린 채 할머니들도 대열의 맨 앞에 서서 커다란 현수막을 나눠 들었다. 할머니의 얼굴에선 긍지와 함께 어떤 단호함이 느껴졌다.

누군가의 구호가 광장을 뒤덮었다. 시위대는 5월광장의 하얀 탑을 중심으로 돌기 시작했다. 나도 조심스럽게 할머니들과 발을 맞췄다.

자식 찾아 35년

1940년대, 아르헨티나는 제1, 2차 세계대전을 살벌하게 치르던 유럽 시장에 공산품을 공급하며 엄청난 외화벌이에 성공했다. '에비따'로 상징되는 노동자를 위한 복지정책은 아르헨티나의 전후 경제성장 덕분에 가능했다.

그러나 전쟁특수가 끝나고 아르헨티나는 가파르게 경기침체 속으로 빠져들었다. 수출 감소, 외환 위기, 살인적인 인플레이션 그리고 친노동자 복지정책을 유지하기 위한 적자재정으로 지속적인 경제 불안 상황에 놓이게 됐다. 전국적인 총파업, 그리고 극단적 이념을 내세운 테러조직들. 1976년의 군사쿠데타는 사실상 일찌감치 예견된 것이었다.

국민들은 군부가 사회적 혼란을 종식하고 새로운 국가를 건설할 거라고 기대했으나 그들을 기다리고 있던 건 공포와 폭압정치였다. 경제를 회복할 방안을 찾지 못한 채 권력을 잡은 군대의 장성들은 내부의 적을 상정하고 폭력을 휘두르는 뻔한 방식으로 국가의 위기를 타개하고자 했다. 임금 좀 올려 달라고 말하는 노조 지도자, 대학에서 마르크스의 책을 읽었던 학생과 교수, 빈민촌에서 하나님의 사랑을 전파하던 목사, 군부가 내린 보도지침을 따르지 않은 신문기자, 그리고 앞서 붙잡힌 사람들을 위해 청원활동을 한 변호사까지 모두 잡아들였다. 체포가 아니라 법적 절차를 깡그리 무시한 납치였다.

멀쩡한 사람들이 공산주의 무장테러 공작원이라는 죄목으로 끌려가자 대다수의 국민은 침묵에 돌입했다. 귀를 막고 눈을 감고 입을 닫아야 살 수 있던 흉흉한 시절. 그러나 그럴 수 없는 사람들이 있었다. 납치된 사람들의 어머니! 납치된 이들은 대부분 35세 미만의 청년들이었다. 군사독재의 서슬이 퍼렇던 1977년 5월, 열네 명의 어머니들이 자식을 찾아 달라고 호소하는 편지를 들고 5월광장에 모였다. '5월광장 어머니회'가 결성된 최초의 순간이자 목요 시위의 시작이었다.

5월광장 어머니회는 매주 5월광장에 모여 시위를 벌였다. 시간이 지나면서 자식을 잃은 어머니의 마음에 공감하고 강압적인 군부독재에 회의를 느낀 국민들도 시위에 함께했다. "내 아들, 내 딸 살려 내!"라고 통곡하던 날도, 그냥 담담히 행진하던 날들도 지나갔다. 군부가 물러나고 새로운 세상이 온 지금, 여전히 자식들은 생사를 알 수 없는 '실종자'로 남아 있다.

영원히 잊을 수 없는 사람

많은 남미 관련 서적에서는 1976년부터 1983년까지를 '더러운 전쟁' 시기라고 불렀다. 군부는 맘에 안 드는 인사들과 학생들을 잡아서 고문하고 집단살인을 자행한 후 라쁠라따(부에노스아이레스를 가로지르는 강) 강물에 시체를 유기했다. 임산부가 잡혀 와 아기를 출산하면 불임 가정에 강제 입양까지 시켰다니 말 그대로 더러운 전쟁이었다. 내부의 적을 통제한 군부는 외부의 적 영국으로 눈을 돌렸지만 '말비나스 전쟁'에서 패하면서 독재를 지속할 명분을 잃었다.

5월광장의 어머니들은 새롭게 정권을 잡는 대통령이 실종자에 대한 정확한 진상 규명을 마치고 가해자인 군부에게 냉혹한 처벌을 내릴 것으로 기대했다. 5만여 쪽에 달하는 실종자 진상 규명 보고서 '눈까 마스(Nunca Mas, 더는 안 돼)'를 내놓으며 한동안 기대에 부응하던 첫 민주화 대통령 알폰신은 이내 수월한 국가 운영을 위해 군을 처벌하기보다 군과 타협하려고 했다. 기소를 60일 안에 마쳐야 한다는 기소종결법, 그리고 상관의 명령에

담벼락에 나붙은 '눈까 마스!' 포스터

어느덧 할머니가 된 5월광장의 어머니들(위)
자식들은 돌아오지 않았고 어머니들의 시위 역시 끝나지 않았다.(아래) ©바리

따른 고문과 살인에 대해서는 죄를 묻지 않겠다는 법안이 마련되며 결국 가해자 대부분이 사면된다.

알폰신 대통령은 실종자 어머니들을 위한 유화책도 동시에 냈지만, 5월광장 어머니회는 가해자 처벌 없는 정치적 화해를 용납할 수 없었다. 어머니들은 정부가 추진하는 실종자 유해 발굴 작업, 피해자 가족에 대한 보상금 지급, 실종자 추모공원 건립에 대해 모두 반대 의사를 밝혔다. 유해 발굴 작업보다 정확한 진상 규명이, 보상금 지급보다 가해자 처벌이, 어설픈 추모공원보다 고문이 자행된 해군기술학교를 그대로 보존해 후대에 남겨 주는 게 자식들을 진실로 위하는 길이라 여겼다.

알폰신 정부와 뒤이은 정부들의 과거사 청산은 비겁했다. 앞에서는 실종자를 추모하는 척하고 뒤에서는 살인자들의 편의를 봐줬다. 군부와 민선정부는 '더러운 전쟁' 시기를 역사로 만들려 했지만, 5월광장 어머니들은 이 어마무시한 일이 2백 년 전 식민지 독립처럼 먼 과거로 인식되지 않기를 바랐다. 지나간 과거로 보기엔 자식들의 모습이 너무 생생했다.

할머니가 된 지금도 그녀들은 5월광장에서 외친다.

"산 채로 돌려 달라!"

"죄를 범한 자 모두를 처벌하라!"

탑골공원

5월광장 어머니회의 시위에 참석하면서 문득 교과서로 배운 우리나라의 현대사가 떠올랐다. 비슷한 시기, 한반도에도 이념적 대립을 빌미로 조금 다른 생각을 가진 사람들에게 폭력을 휘두르던 군사정부가 존재했다. 1980년 광주에서 많은 사람이 피를 흘리며 죽어갔지만 군사정권의 독재는 이어졌고, 수많은 사람들이 공안기관에 끌려가 고문을 받다가 죽고 나서야 대통령을 국민 손으로 뽑는다는 민주주의의 상식이 이 땅에 뿌리를 내리게 됐다.

한국으로 돌아와 5월광장 어머니회처럼 군사정권에 의해 피해를 입은 청년들의 어머니들이 모여 있는 단체를 알게 됐다. 민주화실천가족운동협의회. 흔히 민가협이라고 줄여서 부르는 이 단체는 1985년 군사정권 시절 구속학생 어머니들이 모여서 아들딸의 석방을 요구하고 자식과 함께 민주화를 외치면서 시작됐다. '문민정부'라던 김영삼 정부가 과거 정치범들을 잡아들이던 국가보안법 폐지에 미온적이자 1993년부터 매주 목요 집회를 시작했다고 한다. 2012년 9월, 벌써 9백 번이 넘는 목요 집회를 탑골공원 앞에서 하고 있다는 소식도 알게 됐다.

목요일 2시 탑골공원으로 친구들과 함께 나갔다. 이제 할머니가 되신 어머니들은 "아르헨티나의 5월광장 어머니회가 민가협 집회에 참석한 적 있었다"며 반가워하셨다. 실제로 1994년 여름, 5월광장 어머니회가 군부독재에 맞서 싸우는 가족운동의 세계적 연대를 모색한다는 목적으로 방문한 적이 있다고 한다.

할머니들과 함께 목요 집회에 섰지만 5월광장처럼 많은 인파는 찾아볼 수 없었다. 힐끔힐끔 종로를 지나다니는 사람들은 어쩐지 의심의 눈초리를 보내는 것 같았고 스무 명 안팎의 사람들이 조촐하게 집회를 열었다.

탑골공원 안에는 3.1운동 기념부조가 있었다. 백 년 전 누군가는 일본의 식민지로부터 벗어나기 위해 여기서 "대한독립 만세!"를 외쳤고, 몇 십 년 전 누군가는 대통령을 국민 손으로 뽑아야 한다는 대의를 위해 거리로 나섰다. 지금은 너무나 당연한 일들인데 그때는 왜 그렇게 목숨을 걸고 싸워야 했는지, 그때 태어나지 않은 나는 이해하기 쉽지 않다.

내가 지금 서 있는 이 자리의 편안함이 누군가의 피와 땀과 고통으로 이루어져 있다는 것. 힘든 일상과 여행에서 잊기 쉬운 그 사실을 광장과 공원에 가서 새삼 다시 떠올렸다. 세상 곳곳에선 여전히 누군가가 아직 해결되지 않은 문제들을 위해 싸우고 있다. 5월광장과 탑골공원 사이, 살짝 가슴이 두근거렸다.

서정현 ● 가재

since 1993! 탑골공원 목요 집회(왼쪽)와 어머니의 보랏빛 수건(오른쪽) ©바리

남미로 몰려드는 유럽인들의 관문이었던 아르헨티나의 항구 도시 라보까

도움글

아르헨티나 근현대사: 풍요와 번영에서 냄비시위까지

손혜현 ● 한국외국어대학교 중남미연구소 초빙연구원

20세기 초, 새로운 강대국으로 도약하다

스페인으로부터 독립한 직후인 1810년부터 1850년까지 아르헨티나는 세계경제에 편입되기 위해 당시 최고의 산업국가였던 영국과 손을 잡았다. 영국과의 관계는 섬유제품 생산을 위한 양털 수출부터 철도와 기차 같은 사회기반시설 그리고 상업은행과 차관에 이르기까지 다양했다.

이밖에도 영국은 아르헨티나를 1900년대 초 세계 5대 부국으로 발돋움하게 만든 냉동선 개발과 설치에 기여했다. 이전까지만 해도 유럽인들은 소금에 절인 고기만 먹었으나, 냉동선 개발 이후 진공 포장된 소고기가 수출 가능해지면서 신선한 고기를 맛볼 수 있게 되었다. 유럽, 특히 영국에서 아르헨티나 소고기에 대한 수요가 급증하면서 수출도 크게 증가하였다. 드넓은 팜파스 대초원과 수많은 소들은 아르헨티나의 가장 큰 자원인 동시에 부의 원천이었다.

그런데 당시 아르헨티나는 면적에 비해 인구가 턱없이 부족했기 때문에 농축산업에 종사할 노동력이 절대적으로 필요했다. 이에 정부는 "통치는 곧 인구를 늘리는 것"이라는 슬로건을 걸고 보조금과 선전으로 이민을 장려하였다. 주로 이탈리아와 스페인 등 남부유럽 출신의 이민자들이 아르헨티나로 몰려들었다. 그 결과 1869년 2백만 명에 불과했던 인구가 1920년경에는 9백만 명을 넘어서게 되었다. 부에노스아이레스 시의 경우 거주자의 절반 이상이 외국인일 정도였다.

번영 속에서 싹튼 위기

1892년부터 1913년까지 농축산물 수출은 5배로 증가했고 냉동 소고기, 소고기 통조림 등 농목경제와 결합된 새로운 산업부문이 성장하였다. 하지만 땅과 부를 찾아 머나먼 아르헨티나로 온 이민자들은 농촌에서 땅을 소유할 수 없었다. 이미 소수의 대지주들이 대부분의 땅을 점유하고 있었고, 수출 붐으로 땅값이 상승하면서 임대료가 급상승하자 이민자들은 농촌을 떠나 도시로 이주했다. 그러나 도시에서도 가난한 이민자들은 빈곤을 면할 수 없었고, 도시 하층민으로 전락하였다.

이렇듯 도시화는 많은 사회적 문제를 양산했다. 중남미 다른 국가들과 마찬가지로 아르헨티나 역시 다양한 인종과 문화의 혼합(mestizaje)을 사

20세기 초, 풍요롭던 부에노스아이레스 풍경

회적으로 통합하는 문제를 안고 있었으나, 원주민 문명과 유럽 문명의 혼합이 아닌 다양한 유럽 국가들 간의 혼합이라는 차이점이 있었다.
정부는 공공교육을 강화하여 이민자 2세들에게 애국심을 고취시키는 정책을 추진했고, 국가의 경제적 번영은 이들에게 국가적 정체성과 자부심을 갖도록 함으로써 사회통합에 기여했다. 그러나 유럽 이민자들과 함께 무정부주의, 사회주의, 조합주의 등 유럽을 휩쓸던 정치사상이 함께 유입됨으로써 사회적 불안과 혼란이 계속되었다. 이민자들은 주로 상업과 전문직에 종사하면서 경제적 권리를 누렸지만 제한된 정치적 권리에 불만이 컸기 때문에, 사회적 기득권층과 보수세력의 지배에 반대하여 등장한 아르헨티나 최초의 근대정당인 급진당(UCR. Unión Cívica Radical)을 지지했다.
1912년 보통선거와 의무선거를 법으로 보장하는 '사엔스 페냐 법'이 제정됨으로써 정부 수립 이후 지주와 농축산업에 기반을 둔 과두제 정치의 시대가 막을 내렸고, 중산층에 기반한 포퓰리즘의 시대가 시작되었다. 1916년 사엔스 페냐 법이 처음 적용된 공정한 선거에서 급진당(UCR)이 59년 만에 정권교체를 이룸으로써 아르헨티나 민주주의는 진일보했으나, 제1차 세계대전의 영향으로 사회적 경제적 위기에 직면했다. 곡물 수출 감소와 투자 위축으로 인한 높은 물가 상승, 실질임금 하락 그리고 실업 증가는 사회적 폭력과 갈등을 심화시킴으로써 심각한 사회적 위기를 초래하였다.

전쟁과 공황의 그늘

제1차 세계대전과 대공황은 아르헨티나의 경제적 번영에 제동을 걸었다. 수출, 해외자본, 노동력 그리고 농업에 의존적인 아르헨티나 경제구조의 취약성은 국제경제가 복잡해지고 미국이 부상하면서 한층 심화되었다. 유럽이 전쟁 후 복구에 몰두하는 동안 미국으로부터의 자동차, 트럭, 라디오, 농기계, 산업기계 수입과 산업투자가 급증했고 미국은 시장에서 기존의 영국의 역할을 대신하였다.

경제위기 지속과 심화로 인한 사회적 폭력과 갈등의 증가는 정치 무대에 보수주의자들을 다시 등장시키는 원인을 제공했다. 1928년부터 1932년까지 지속된 경제공황은 세계 개방경제에 심각한 타격을 가했다. 영국은 보호무역주의로 돌아섰고, 아르헨티나 역시 경제에 대한 정부의 개입을 확대하였다.

경제적 번영의 종결, 관세, 외화 부족은 그동안 경제적 번영으로 형성되었던 수입품 시장을 국내생산으로 대체하도록 만들었다. 특히 영국의 경제적 부진으로 육류 수출이 감소했고, 뉴질랜드가 대체시장으로 등장하면서 아르헨티나 축산업은 큰 타격을 입었다. 미국산 상품 수입의 급증으로 인한 외화 부족은 아르헨티나 경제에 큰 부담이 되었으며, 대규모 파업 등 급진적 노동세력과 정부와의 충돌이 끊이지 않았다.

페로니즘과 에비따

끊임없는 정치적 소요와 사회적 저항을 진압하기 위해 결국 군부가 또 다시 정치무대로 등장했다. 1943년에 민족주의 성향의 젊은 장교들이 일으킨 쿠데타는 대령이었던 후안 페론(Huan Domingo Perón)이 아르헨티나 정치의 핵심적 인물로 등장하는 계기가 되었다. 권력을 장악한 군부는 공산주의와 노조의 활동을 금지시켰고 노동자총연맹(CGT)을 해체했다.

페론과 에비따

유럽과의 교역은 감소했으나 섬유, 의류, 식품과 음료, 신발, 화학제품 등의 역내무역이 증가하면서 국내산업이 급속도로 성장했다. 이에 따라 산업노동자의 숫자도 폭발적으로 증가하였다. 뿐만 아니라 농업수출 부문이 약화되면서 일자리를 찾아 대도시로 몰려든 농촌 노동자들은 대부분 도시빈민층을 형성하였다. 이러한 이유로 사회보장 정책의 필요성이 제기되었고, 노동정책을 전담하는 정부 부서가 개설되었다.

노동부 장관에 임명된 페론은 노동자들의 규모와 조직력에도 불구하고 법적 · 사회적 지위가 낙후되어 있다고 판단했고, 빈약한 정치적 기반을 강화하기 위해 그들의 정치적 잠재성을 이용했다. 1946년에 실시된 선거에서 그는 미국과 군부의 강력한 견제에도 불구하고 노동자들의 전폭적 지지에 힘입어 대통령에 당선되었다.

당시 아르헨티나는 사면초가 상태였다. 2차대전 때 추축국에 반대하지 않고 중립을 표방한다는 이유로 미국은 아르헨티나에 대해 경제적 보이콧을 실시했고, 수입대체 산업화를 위한 원자재 수입을 방해했을 뿐만 아니라, 1948년부터 유럽경제 복구를 위해 지원된 마샬플랜 자금이 아르헨티나와의 교역을 위해 사용되는 것도 금지했다. 유럽경제가 회복되고 세계시장에 달러 지원금은 넘쳐났으나 아르헨티나의 세계시장 참여는 급속히 감소하였다.

그럼에도 불구하고 페론은 노동자 권익 신장을 위한 새로운 노동법을 제정하고 적극적인 사회보장 정책을 실시했다. 임금은 인상되었고, 고용은 보장되었고, 처우가 개선되었다. 또한 경제5개년계획을 통해 공공사업, 교통, 공공교육, 의료 등 사회 전반적인 인프라를 구축하였다. 당시 아르헨티나는 라디오, 전화, TV, 냉장고 등의 보급률이 남미 최고 수준이었다.

정부는 노조의 협상창구를 단일화하고 정부의 통제 아래 두었다. 노동자총연맹(CGT) 지도부는 페론과 개인적 친분이 있는 인물들로 채워졌다. 관대한 노동 정책과 사회보장 정책으로 집약되는 '페로니즘'은 노동자의 권익을 향상시켰지만, 동시에 노동에 대한 정부의 통제력도 그만큼 강화되었다.

1948년부터 사회적 지원은 영부인이었던 에바 페론이 운영하는 사설기관인 에바 페론 재단(Fundación Eva Perón)을 통해서 이루어졌다. 이 재단은 국가 보조금을 통해 운영되었다. 병원과 약국을 지원하고 식품과 옷을 정기적으로 나누어 주고 재난 원조를 제공했으며, 학교를 짓고 양로원과 고아원을 설립하고, 성탄절에 선물을 나눠 주고, 관광과 생활체육을 촉진했다.

에비따의 장례식에 몰려든 끝없는 인파(1952)

대중들에게 에바 페론은 '가난한 이들의 성녀(聖女)'로 불렸으며 사려 깊은 복지국가의 화신으로 인식되었다. 1952년에 그녀가 병으로 사망했을 땐 장례식이 한 달간 계속되었고, 수많은 국민들이 광적으로 '에비따(에바 페론의 애칭)'의 죽음을 애도했다.

페론의 몰락과 망명

페론 정부는 노조는 물론 기업, 교회, 대학, 전문가 집단을 포섭하며 점차 권위주의적 독재로 변질되었다. 1947년 이후엔 사법부, 입법부, 행정부 그리고 언론을 모두 페론의 통제하에 두었다. 대통령 재선을 허용하고 여성에게 투표권을 부여하는 선거법 개혁을 통해 페론은 1951년에 62%라는 절대적 지지를 받으며 재집권에 성공했다.

그러나 국제시장에서의 곡물가격 및 육류가격 하락, 수입에 의존한 산업화의 취약성은 아르헨티나 경제상황을 악화시켰고, 사회적 혼란을 피하기 위해 정부는 제2차 경제5개년계획을 추진했다. 물가상승률 감소를 위해 소비를 낮추고, 각종 지원에 대한 정부보조금을 철폐하고, 수출을 위해 국내 육류 소비를 제한하였다. 반면 국내 산업화에 필요한 외화를 확보하기 위해 농업 부문에 대한 특혜와 지원을 확대하고, 외국 투자를 활성화했다.

경제적 성과는 어느 정도 있었지만 정부 정책에 대한 노조와 군부 그리고 교회의 반감은 날로 커져 갔고, 정부는 무력을 동원하여 반항세력들을 탄압했다. 결국 1955년에 군부가 페론 암살을 시도했고, 페론은 절대적 지지기반이었던 군대로부터 완전히 소외된 채 대통령직을 사임하고 스페인으로 망명하였다.

임시로 권력을 장악한 군부는 기존의 페론주의 기구들을 폐지하고, 페론주의 활동을 금지하고 노조의 활동을 통제했다. 군부 강경파는 단기간 내에 페론주의를 제거할 수 있을 것이라 생각했지만, 페론주의자들의 표 없이 선거에서 승리한다는 것은 불가능했다. 이후 권력은 급진당(UCR) 민선정부로 넘어갔지만, 급진당은 노동자 계층과의 연대를 의식하여 임금인상, 가격동결, 연금증액, 공공요금 인하 및 일부 노조활동 허용을 주장하는 타협적 UCR과 페론주의와의 단절을 주장하는 비타협적 UCR로 분열되었다.

거듭되는 쿠데타

페론의 망명 이후 아르헨티나의 정치는 반(反)페론주의로 특징지어진다. 그러나 무역수지 악화로 인한 페소화 평가절하, 보조금 중단, 임금하락, 최저생활비 인상 등으로 파업이 확대되었고, 쿠바 혁명(1959)의

대통령궁을 장악한 탱크. 아르헨티나에서 군부는 가장 강력한 정치 세력이었다.

영향으로 급진적 좌파들의 활동이 강화되었다.

타협적 UCR은 페론 지지자들의 표를 통해 정권 획득에는 성공했지만 페론주의자들이 의회를 지배한 결과 정부의 입법 활동은 제한을 받았고, 결국 1966년 쿠데타를 통해 군부가 다시 정치에 개입하게 되었다. 그러나 급진좌파 세력과 대학생 그리고 노조들이 선동하는 폭동과 게릴라 집단(Montonero)의 저항으로 통치 불능 상황에 이르렀고, 군부의 경제정책은 물자 부족과 육류 수출 저조로 인해 성장과 안정화에 실패했다. 이 시기 경제정책의 수혜자는 오직 외국 자본뿐이었다.

사회적 폭력과 혼란 속에서 군부는 페론의 복귀를 허용했다. 1973년 페

페론을 승계했던 이사벨 정권 역시 군부에 의해 붕괴되었다.

론은 62%의 높은 지지율로 재집권에 성공했으나 1년 후인 1974년에 사망했고, 부통령이자 부인인 이사벨 페론이 대통령직을 승계했다. 이후 국제유가 상승으로 인한 수입품 부족, 기업의 생산비용 상승, 물가 상승과 공공요금 인상, 이사벨 정부의 정통주의 경제정책으로의 전환 등으로 노조의 파업과 게릴라 집단들의 저항이 잇따르자 1976년 군부는 이사벨 정권을 붕괴시키고 '아르헨티나 재건'이라는 슬로건을 표방하며 또다시 정권을 장악하였다.

‘더러운 전쟁’과 민주화

군부정권이 당면한 과제는 경제위기 극복과 사회적 폭력 제거였다. 우선 경제위기 극복을 위해 자유주의 안정화 정책을 추진했다. 노조를 강하게 억압했고, 자유화 정책으로 인해 경상수지 적자가 누적되었고, 해외자본 유입으로 외채가 급증하였다. 게다가 1979년 제2차 유가 폭등으로 인한 이자율 상승으로 외채상환 부담이 상승하면서 심각한 경제적 위기에 봉착하게 되었다.

군부는 쿠바혁명 이후 급속히 증가한 좌익세력과 게릴라 테러집단을 제거하기 위해 ‘아르헨티나 반공연맹(AAA 또는 트리플A. Alianza Anticomunista Argentina)’이라는 우익조직을 통한 대대적인 소탕 작전에 나섰다(일명 ‘더러운 전쟁’). 겉으로 내세운 명분과는 달리 실제로는 반정부 활동에 대한 탄압의 성격이 강했다. 1976년부터 1982년 사이 3만여 명의 정치인, 지식인, 사회운동가, 심지어는 임산부와 어린아이들까지 납치와 고문에 의해 죽거나 실종되었다. 이러한 만행은 실종자 어머

‘더러운 전쟁’이 낳은 희생자들과 실종자들

니들로 구성된 '5월광장 어머니회(Madres de Plaza de Mayo)'에 의해 국제사회에 낱낱이 고발되었다.

군부는 경제상황 악화, 재정위기, 군부독재에 대한 사회적 불만 등을 해결하기 위한 방편으로 1982년에 영국과 말비나스 전쟁(포클랜드 전쟁)을 벌였으나 패배했다. 결국 군부는 패전, 내부 갈등, 노조의 활동 재개, 인권 탄압에 대한 진실 규명 요구 등으로 인해 권력에서 물러날 수밖에 없었다.

1983년, 민주선거를 통해 급진당의 알폰신(Alfonsin)이 압도적인 표차로 페론당을 물리치고 정권을 장악했다. 이는 아르헨티나 역사상 공정한 선거에서 페론주의를 이길 수 없다는 철의 법칙을 깬 첫 번째 선거였다.

페론당의 부활과 냄비시위

민선정부는 경제 안정화와 권위주의 잔재 청산이라는 과제를 안고 출발했다. 알폰신 정부는 실종자 문제 해결, 인권 탄압 책임자 처벌 등 과거청산 작업을 통해 민주주의 정부의 정통성을 인정받았으나, 이전 정부로부터 떠안은 외채 해결을 위한 경제정책은 성공적이지 못했다. 의회를 장악한 페론주의자들이 정부의 입법을 방해했기 때문에 정부의 경제정책은 정통주의와 비정통주의를 오가며 번번이 실패했다.

연 4천%가 넘는 사상 최악의 물가 상승률에 허덕이면서 민심을 잃은 알폰신 정부는 결국 1989년 선거에서 페론당의 메넴(Menem)에게 패해 정권을 이양했다. 민주화 이후 이루어진 평화적 정권 교체였다.

집권 후 메넴은 선거공약과는 반대로 개방, 규제 완화, 사유화 중심의 신자유주의 정책을 펼쳤으며, 인플레이션을 잡기 위해 페소의 환율을 달러에 고정시키는 태환정책을 추진했다. 이러한 경제개혁은 일시적으로나마 성공적으로 물가를 안정시켰으며 경제 성장을 가져왔다. 개혁의 고통은 일반 국민들의 몫이었고, 초기에는 경제만 안정된다면 일시적인 고통과 희생은 감수하겠다는 사회적 합의가 있었다.

그러나 환율 고평가로 인한 수출경쟁력 약화와 역내외 금융 위기의 파급 효과, 채무 위기, 자본 이탈로 인해 최악의 경제 위기가 엄습했고, 정치인들의 부패는 국민들을 더욱 분노케 했다. 2001년 급진당의 데 라 루아(De la Rua) 정부가 자본 이탈을 막기 위해 취한 예금 동결 조치는 결국 분노한 국민들을 거리로 뛰쳐나오게 만들었고, 데 라 루아는 12월에 대통령직에서 사임했다. 이후 아르헨티나에서는 2주 동안 다섯 명의 대통령이 줄줄이 사퇴하는, 세계 역사상 유례가 없는 일이 일어났다.

2002년 초 입법의회에 의해 임시 대통령이 된 에두아르도 두알데는 채무불이행(default)을 선언하고, 신자유주의 정책의 상징이었던 태환정책을 폐지하여 우선적으로 물가를 안정시키는 정책을 추진했다. 2003년 집권한 페론당의 키르츠네르(Kirchner) 정부는 중국과 인도의 높은 경제 성장과 맞물려 국제경제 환경이 유리하게 작용한 결과 연간 7~8%대의

크리스티나를 비난하는 구호(위)와 반정부 시위대(아래)

높은 경제성장률을 이루었다.

2011년에 재선된 크리스티나 대통령

경제적 성공은 페론당의 재집권을 허용했고, 2007년 크리스티나 키르츠네르가 대통령에 당선됨으로써 세계 역사상 최초로 부부 대통령이 탄생했다. 2011년에는 재선에 성공함으로써 선출직 여성 대통령의 재선이라는 기록도 세웠다.

크리스티나 정부는 급진적이고 보편적인 복지정책을 통해 노동자와 하층민들의 절대적인 지지를 받고 있다. 그러나 최근 과도한 권력 집중, 삼선 개헌, 부패, 경제의 탈(脫)달러화, 강도 높은 세금 추징, 시민의 기본권 제한, 치안 불안 등으로 국민들의 불만이 고조되었고, 급기야 성난 시민들이 다시 냄비를 들고 거리로 뛰쳐나와 "K의 권위주의와 독재 반대", "모두 꺼져라(Que se vayan todos)!"를 소리 높여 외치고 있다.

남미의 식탁으로 초대합니다

전채 요리

잉카의 쌀을 넣은 영양만점 **끼노아 스프(Sopa de Quinoa)**

끼노아 이야기

어딘가 닮아 있다 우유니 투어 첫날. 점심을 먹으러 오라는 소리에 하얀 눈밭 같은 소금사막을 질주하듯 달려갔다. 아저씨가 냄비 뚜껑을 열자 고슬고슬한 끼노아가 담겨 있었다. 기장이나 조처럼 생긴 것이 색은 누르스름했다. 그릇에 듬뿍 담고 반찬들과 함께 먹었다. 입에서 톡톡 터지는 식감은 집에서 먹었던 현미밥과 비슷했다.

녀석을 제대로 본 건 띠띠까까 호수 근처였다. 한창 추수 중이던 붉은 끼노아는 마치 한 송이 꽃 같았다.

끼노아의 고향 안데스 끼노아는 남아메리카의 주요 작물들 중 하나다. 비유하자면 남미의 쌀이다. 하지만 쌀보다 몇 배의 영양소를 가지고 있어 슈퍼 그레인(Super Grain)으로 꼽힌다. 척박한 안데스 고원에 사는 원주민들이 건강을 유지하는 건 끼노아 덕분이라고 한다. 관광객들에게 많이 소개되는 것은 물론이고 해외로도 수출되어 새롭고 다양한 요리법들이 생겨나고 있다. 특히 채식주의자들에게는 둘도 없는 최고의 단백질 공급원이기 때문에 수요가 늘고 있다.

스페인군이 남아메리카를 지배하기 시작하면서 원주민들은 밀 재배를 강요받았다. 기억과 일상에서 점점 잊혀 가는 듯했으나 최근 과학자들의 연구로 끼노아의 영양성분이 주목을 받고 있다. 농가에 보급되고 품종 개량을 거치며 페루, 볼리비아 등의 주요 수출품목으로 자리 잡았다.

receipe1

인내심을 준비하세요. 끼노아 스프

재료 : 끼노아(대형마트에서 구할 수 있어요), 당근, 양파, 감자, 단호박, 식용유, 소금, 물

1 끼노아는 체에 밭쳐서 씻고 당근과 양파는 길게, 단호박은 작게, 감자는 큼직하게 썰어요.
2 팬에 기름을 약간 두르고 감자, 당근, 단호박, 양파 순으로 넣고 볶아요.
3 물을 넉넉히 붓고 한 번 끓어 오르면 씻은 끼노아를 넣고 모두 익을 때까지 약한 불로 끓여요. 끼노아가 말랑해지려면 20분 정도 걸린답니다. 저어 주는 거 잊지 마세요.

4 끼노아가 다 익으면 간을 하고 불에서 내려 주세요.

5 그릇에 담아 따뜻할 때 호호 불며 드세요.

메인 요리

아빠(Papa)가 아니라 감자(Papa)! **빠빠레예나(Papa Rellena)**

감자 이야기

빠빠레예나의 사촌동생 로꼬또 레예노 로꼬또 레예노 역시 감자로 만든 음식이다. 처음 맛본 곳은 꾸스꼬에서 묵었던 숙소였다. 그곳의 호스트께서는 매일 아침을 차려 주셨다. 그날도 어김없이 졸린 눈을 끔벅이며 자리에 앉자 조그만 그릇에 요놈이 담겨 있었다. 으깬 감자

가 속을 채운 피망을 감싸고 있었다. 피망 안에는 다진 야채와 고기가 간 맞춰 들어 있었고, 살짝 매콤해서 아침에 입맛을 돋우기에 제격이었다. 졸음이 번쩍 달아났다.

남미의 거의 모든 음식에는 감자가 함께한다. 길거리에서 쉽게 볼 수 있는 저렴하고 맛있는 안띠꾸쵸의 꼬치 맨 위에도 감자 한 덩이가 푹 꽂혀 있다. 감자를 한 입 베어 물고 꼬치를 먹어야 고기의 짠맛을 달랠 수 있다. 또 땅콩 소스에 닭고기를 찢어 넣어 밥과 함께 먹는 아히데갈리나에도 감자 반 덩이가 함께 나온다. 밥과 감자를 함께 곁들이면 그보다 더 든든한 점심이 없다.

불멸의 감자 추뇨 안데스가 고향인 감자는 3천 종 가까이 된다. 보들보들한 감자부터 얼굴 크기만 한 감자, 생강처럼 생긴 감자, 보라색 감자, 감자와 고구마의 중간 맛이 나는 감자까지 아주 다양하다. 척박한 땅에서도 잘 자라는 감자는 고원지대의 주된 식재료였다. 하지

만 수확철이 한정되어 있고 쉽게 곯는 한계가 있었다.

원주민들은 감자를 장기 보존하기 위해 온갖 방법을 만들어 냈다. 추뇨도 그중 하나다. 안데스 고원의 큰 일교차를 이용해 밤새 감자를 밖에 내다 놓아 서리를 맞혀 얼린다. 이것을 짚에 싸서 발로 살며시 눌러 물기를 빼낸 후 햇볕에 바짝 말린다. 이렇게 몇 번을 반복해 수분이 완전히 빠진 감자는 색깔은 거뭇하지만 부피는 가벼워진다. 이것을 냉동건조 보관법이라고 하는데 10년 보관도 거뜬하다. 천 년 전의 무덤에서 발굴될 정도다.

감자 없이는 세계사를 논하지 마라 어릴 적부터 감자는 항상 곁에 있었기에 감자의 원산지는 당연히 강원도인 줄 알았다. 여름에는 한 솥 쪄서 설탕에 찍어 먹기도 하고, 감자탕이나 닭볶음탕도 알 굵은 감자를 듬뿍 넣어 먹는다. 시골 할머니 댁에서 감자를 포일에 싸서 불이 꺼져 가는 아궁이에 은근하게 익혀 먹는 재미도 쏠쏠했다. 이렇게 한국 토종인 줄 알았던 감자가 실은 지구 반대편에서 왔단다.

남아메리카에서 감자가 자라기 시작한 건 워낙 오래전 일이라 추측

밖에 할 수 없지만, 경작하기 시작한 것은 약 3천 년 전부터라고 한다. 스페인군이 남아메리카에 들어오면서 조용히 살던 감자는 파란만장한 세계일주를 시작한다. 금을 찾아 떠나온 스페인군은 고원지대에서 엘도라도를 찾아 헤맸고, 이들의 주식은 감자 이외엔 딱히 없었다. 자연스레 스페인군의 손에 들어가게 된 감자는 유럽으로 가는 배에 오른다.

감자의 세계일주는 안데스에서 출발해 스페인에 도착한 후 두 갈래로 나뉘었다. 한 갈래는 북유럽을 거쳐 북아메리카로, 나머지 한 갈래는 인도를 거쳐 남아시아로, 이후 우리가 사는 동북아시아에 도착하게 된다.

한국에 감자가 들어온 시기는 1824년 즈음이라고 기록되어 있다. 즉 감자가 재배된 것은 2백 년도 채 되지 않은 것이다. 오! 감자.

recipe2

섬세함과 정성으로, 빠빠레예나

재료 : 감자, 양파, 당근, 다진 고기, 완두콩, 빵가루, 식용유, 소금

1 감자를 쪄서 따뜻할 때 껍질을 벗기고 으깨 놓으세요. 계란은 삶아서 반 자르고, 양파와 당근은 다져요.

2 팬에 기름을 두르고 양파, 당근, 완두콩을 넣고 볶다가 다진 고기를 넣고 간을 해서 완전히 익혀요. 불에서 내린 후 완전히 식혀 주세요.

3 으깬 감자를 한 주먹 정도 손에 올리고 넓적하게 편 후 2와 삶은 계란 반쪽을 넣고 감싸듯 여며요.

4 야무지게 모양을 잡아 주세요. 단단하게 뭉친 후 빵가루를 입혀 주세요.

5 깊은 팬에 4가 퐁당 담길 수 있도록 기름을 넉넉히 채우고, 달아오르면 4를 조심히 넣어 골고루 갈색빛이 나도록 튀겨요.

6 넓은 그릇에 밥, 샐러드와 함께 올려요. 취향에 따라 케첩이나 마요네즈를 뿌리세요.

7 한 손에는 나이프, 한 손에는 포크를 쥐고 (남미 스타일은 이렇답니다) 우아하게 빠빠레예나를 썰어 드세요.

후식

그대 모습은~ 보랏빛처럼~ **치차모라다**

옥수수 이야기

옥수수의 나라 UAC를 떠나는 날이었다. 가을에 접어드는 날씨 때문

인지 정든 곳을 떠나야 한다는 슬픔에서인지 코가 약간 찡했다. 자주 가던 매점에서 마지막으로 아침을 먹었다. 얇게 튀긴 빵과 따뜻하고 걸쭉한 보라색 차를 마셨다. 옥수수차였다. 빵과 함께 조금씩 마시니 찡했던 코도 괜찮아지는 것 같았다. 싱숭생숭한 마음에도 불구하고 큰 잔에 가득 담겨 있던 옥수수차 한 잔을 싹 비워 버렸다.

옥수수를 씹다 뱉은 것? 옥수수는 해발 3천m 이상에서는 자라지 않는다. 남아메리카의 주요 문명들은 옥수수가 자라기 힘든 고원지대를 중심으로 번성했고, 저지대에서만 자라고 수확철도 아주 잠깐인 옥수수는 귀할 수밖에 없었다.

치차는 옥수수를 발효시켜 만든 페루의 전통 음료다. 안데스의 옛 여인들이 옥수수를 씹다 뱉은 것이 발효되어 만들어졌다고 한다. 하지만 옥수수가 그렇게도 귀했던 시절, 꼭꼭 씹어 영양보충을 해도 모자랄 판에 어느 부유한 여인이 그걸 씹다 뱉었겠는가. 마치 그리스 신화의 술의 신 디오니소스가 뒷걸음질치다 포도를 밟은 것이 발효되어 포도주가 생겨났다고 하는 것과 같은 이야기 아닐까.

아직도 메이저가 아닌 마이너 옥수수 역시 감자와 비슷한 시기에 유럽으로 전파되었으나 제대로 보급된 것은 얼마 되지 않았다. 유럽의 기후 조건과 맞아 잘 자랐지만 밀과 달리 글루텐이 거의 없어 유럽인의 주식인 폭신한 빵을 만들 수 없었다. 옥수수를 접한 초기에는 이교도들의 음식이라 여겨 종교적으로 식용을 금지하기도 했다. 지금도 유럽과 북미의 드넓은 밭의 옥수수들은 대부분 사람이 아닌 소들을 살찌우기 위해 재배되고 있다.

간식, 하나
마추픽추는 내가 지었다! **잉카 파워 코카캔디**

코카 이야기

만병통치약 인천에서 출발한 비행기는 뉴욕과 리마를 거쳐 볼리비아의 수도 라빠스에 도착했다. 첫 여행지라는 설렘이 찾아오기도 전에 어지럼증이 먼저 엄습했다. 눈을 꾹 감았다 떠 보기도 했지만 여전히 눈앞의 모든 것들은 빙빙 돌고 있었고, 귀에는 내 심장 소리밖에 들리지 않았다. 이 상태는 사나흘 정도 계속됐다. 계단을 다섯 칸만 올라가도 뇌가 뒤통수로 빠져나올 것처럼 아팠고 시도 때도 없이 숨이 가빴다. 나한테는 오지 않을 거라고 장담했던 요놈, 말로만 듣던 고산병이었다. 라빠스 공항은 해발 4,100m, 세계에서 가장 높은

곳에 위치한 공항이다.

고산병에 시달리는 나를 보고 UAC의 친구가 코카차를 권했다. 이 감잎차 같은 이파리가 얼마나 소용이 있겠나 싶었지만 생각보다 차 맛이 좋아서 홀짝홀짝 한 잔을 다 마셨다. 머리가 약간 맑아지는 듯했고, 코카차 때문인지는 확실하지 않지만 고산병은 나았다.

그냥 그렇고 그런 이파리가 아니야 안데스 원주민들에게 코카는 여러 용도로 쓰인다. 종교의식을 거행할 때에도 코카를 사용하고 밭에 일을 갈 때도 코카를 한쪽 볼 가득 넣고 씹는다. 코카잎을 넣는 주머니 츄스파(Ch' uspa)를 늘 가지고 다니다가 친구를 만나면 서로의 코카를 한 줌씩 교환하기도 한다. 잉카 사제의 후예들은 코카잎으로 미래를 점치기도 한다. 코카는 이들에게 없어서는 안 되는 존재다.

코카 역시 남아메리카가 원산지다. 화폐로도 쓰였을 정도로 굉장히 귀한 작물이었고, 국가가 직접 코카밭을 관리하기도 했다. 코카에는 환각작용과 마취성분이 있어서 힘들거나 배고플 때 씹으면 허기를 달랠 수 있고 고산증이 왔을 때 먹으면 고산증을 완화해 준다. 잉카 시대에는 마취제로도 사용했다고 한다.

스페인군은 남미 대륙에 와서 노예를 부리듯 원주민들에게 일을 시켰는데, 그들에게 밥 대신 코카를 씹게 하며 허기를 달래게 했다고 한다. 당시의 고된 노동으로 많은 원주민들이 목숨을 잃었다. 코카 속에는 그들의 한이 담겨 있다.

간식, 둘
남미의 만두, **엠빠나다(Empanada)**라고 불러 주세요

조금 다른 문화, 인종, 음식 엠빠나다는 아르헨티나 음식이다. 아르헨티나는 볼리비아, 페루와는 조금 다르다. 볼리비아는 원주민 비율이 45%, 페루는 30%다. 잉카의 역사를 공유하고 있고 안데스 고원을 중심으로 한 음식이 발달해 있다.
하지만 아르헨티나는 백인 비율 95%에 거대하고 드넓은 초원이 국토의 대부분이다. 소와 말이 자유롭게 뛰어다니고, 이를 관리하는 가우초(남미의 카우보이) 문화를 중심으로 음식이 발달했다. 이들은 이탈리아나 스페인 등 유럽에서 온 이민자들이다. 때문에 거리에는 파스타와 피자, 핫도그 등 유럽식 식당이 즐비하다.

만두 없는 나라, 어디 한번 나와 보라 그래
짐작건대 이 지구상에 만두가 없는 나라는 없을 것이다. 비슷한 것 같으면서도 제각기 다른 모습의 수많은 만두들이 있다. 볼리비아에는

뚜꾸마나와 살떼냐, 페루에는 빠빠레예나, 그리고 아르헨티나에는 엠빠나다.

엠빠나다를 파는 곳은 거리에서도 쉽게 찾을 수 있다. 유서 깊은 엠빠나다 가게는 언제나 사람들로 붐빈다. 저렴한 가격에 두세 개면 한 끼가 거뜬하고 속도 꽉 차 있고 종류도 많아서 골라먹는 재미가 쏠쏠하다.

receipe3

취향에 따라 골라골라. 엠빠나다

재료 : 파이지-밀가루, 버터, 소금, 설탕, 물
속재료 : 야채+원하는 고기, 또는 햄+치즈

1 냉장고에서 막 꺼낸 버터를 잘게 썰어서 밀가루, 소금, 설탕, 물을 넣고 반죽해요.
2 랩에 싸서 냉장고에 30분 정도 식혀요.
3 속재료를 볶아 충분히 식혀요.
4 반죽을 떼어 동그랗게 굴린 후 밀대로 얇게 밀어, 한 김 식은 3을 올려 주세요.
5 반죽을 반으로 접고 예쁘게 꼬집어 봉한 후 오븐 팬 위에 올려요.
6 계란물을 살짝 바르고 180도로 예열된 오븐에 15분간 구워 주세요.
7 다 구워진 엠빠나다를 살짝 식혀 따끈하게 드시면 맛있답니다.

김도연 ● 도로롱

공정무역!
세상을 바꾸는 길

마을공동체가 탄탄해야 그 구성원들이 편안한 삶을 꾸려 나갈 수 있다. 아프면 바로 병원에 갈 수 있고, 아이들은 몇 시간씩 걸어 물을 뜨러 가는 대신에 학교에 가서 공부를 할 수 있다. 여성들은 가사 일에만 얽매여 있지 않고 새로운 일자리를 구할 수 있다. 농부와 그의 가족이 행복하면 농작물 역시 행복하고, 그것을 먹는 우리 역시 조금 더 행복해진다.

체리를 닮은 커피 열매. 빨간 열매보다 맛과 향이 뛰어난 노란 열매도 있다. ⓒ랏차

멀고 먼 길을 돌아, 커피

하루의 시작

아침밥을 먹고 주전자 가득 물을 끓인다. 그라인더에 원두를 넣고 손잡이를 돌린다. 갈린 원두를 필터 위로 옮기고 끓인 물을 포트에 담아 온도를 맞춘다. 숨을 크게 들이마시고 원두에 물을 떨어트린다. 집 안 가득 커피향이 퍼지며 하루의 시작을 알린다. 텀블러에 담아 학교로 향하는 길은 내내 향기롭다.

처음 마신 커피는 어릴 때 엄마가 마시던 인스턴트 커피였다. 엄마는 항상 커피를 천천히 마셔서 그사이에 나도 한 모금씩 맛보곤 했다. 중학교 때 우연히 핸드드립을 접했고 원두로 내린 커피를 맛보았다. 커피의 맛보다는 핸드드립이 재밌어 원두커피를 마시기 시작했다.

그리고 지난 5월, 커피를 마시지 않고 먹었다. 커피 열매를 입에 넣고 굴리고 연녹색 생두를 질경질경 씹고 바삭한 원두를 아작거렸다. 지구 반대편의 볼리비아에서.

전 세계를 사로잡은 맛

남미 여행의 첫 도착지인 볼리비아의 원주민 대학교 UAC에서 지낼 때였다. 노르 융가스 자락에 위치한 UAC에서는 농학과 학생들이 커피 농사를 짓는다. 일손을 도울 겸 노작시간에 커피를 따러 나갔다.

한 알 한 알, 한참을 따니 손가락이 아파 왔다. 우거진 커피나무 사이에 앉아 농땡이를 피우며 이런저런 이야기를 하다가 커피체리를 옷에 슥슥 문질러 입에 넣었다. 신기하게도 커피 열매 과육은 달콤했다. 그 맛이 너무 짧아 또 한 알을 넣고 오물거렸다. 과즙만 먹고 뱉어 보니 미끈한 연녹색의 콩이 두 개 들어 있었다. TV 광고에 나오던 반쪽짜리 갈색 콩의 본래 모습이었다.

콩의 껍질을 까고 까고 깠다. 여러 겹을 벗겨 내니 내가 보아 온 생두와 비슷한 녀석이 나타났다. 이놈, 이리도 꽁꽁 숨어 있는데 사람들은 어찌 이걸 까서 말리고 볶고 갈고 끓여 그 물을 마실 생각을 한 걸까.

커피가 어디서 어떻게 발견되었는지에 대해서는 여러 설이 있다. 지금도 에티오피아와 예멘은 자기들이 커피의 원산지라며 투닥거리고 있다. 역사학자들의 주장 덕에 널리 유명해진 건 에티오피아의 이야기다. 염

볼리비아 원주민 대학교에서 커피 열매를 따고 있는 떠별들 ⓒ도로롱

소 한 마리가 밤에 잠을 사시 않고 흥분해 날뛰는 모습을 본 염소치기가 몇 날 며칠을 관찰해 보니 어떤 열매를 먹은 날 꼭 그랬는데, 그 열매가 바로 커피였다는 거다.

원산지에 대한 주장은 에티오피아가 유력하지만 커피 문화를 활성화시킨 일등공신은 예멘이다. 술을 마시지 않는 이슬람교도들은 커피를 접하고 아낌없는 사랑을 쏟았다. 특히 수도사들은 야간기도 시간에 쏟아지는 졸음을 쫓으려 커피를 마시기도 했다. 어느새 커피는 이슬람의 중심 메카까지 도착했고 이후 이슬람 군대를 따라 유럽, 아프리카 그리고 인도까지 전해졌다.
유럽의 가톨릭교도들은 처음엔 이교도들의 음료라며 입에 대지 않았지만 우연히 맛을 본 교황이 그 맛에 반해 커피에게 세례를 내리면서 커피 사랑에 동참했다. 오스트리아의 비엔나 거리는 사람들이 카페에 앉아 커피를 홀짝이는 소리로 시끄러울 정도였다고 한다. 17세기 초, 유럽 대륙까지 재패한 커피는 최고의 전성기를 맞는다.

점점 가난해지는 농부들

이후 유럽 사교의 중심에는 늘 커피가 있었다. 거리에는 하루가 다르게 커피하우스가 생겨났고 집집마다 커피 볶는 냄새가 풍겨 왔다. 그 수요를 감당하기에 커피는 턱없이 부족했다. 유럽인들은 아프리카, 아시아, 남아메리카 등에 플랜테이션을 만들어 커피를 대량생산하기 시작했다. 가격이 높아 귀족들만 마실 수 있던 커피는 생산량이 많아지고 가격이 낮아지면서 서민들도 부담 없이 마실 수 있게 되었다.
하지만 이 평화는 잠시뿐이었다. 농장주들은 더 많은 돈을 벌기 위해 더 많은 커피나무를 심었지만 과도한 생산은 커피 값을 낮추기만 했다. 특히 1989년 국제커피협정(1962년에 커피의 수급 조절과 안정화를 위해 수입국과 수출국에 의해 만들어진 협정)이 깨지면서부터 커피 재배 농민들의 삶은 더욱 어려워졌다. 이전까지는 국제커피협정 덕분에 어느 정도 안정적인 가격이 유지되었지만, 가입국들의 불만과 미국의 탈퇴 선언이 잇따랐다. 결국 국제커피협정은 유명무실해졌고 커피 값은 끝없이 추락했다. 이제 커피 값을 정하는 건 오로지 유통업자들의 손에 달려 있었다. 농부들은 매일 일해도 가난했다. 곡식과 생필품을 사기도 빠듯했고 아이들을 학교에 보내는 건 꿈꾸기조차 힘들었다.
더 이상 빈곤이 악화되는 걸 두고 볼 수 없었다. 유통업자들을 거치지 않고 생산자들에게 정당한 대가를 지불하겠다는 사람들이 생겨나면서 커피 공정무역이 본격화되었다.

너와 나, 우리 모두를 위한 무역

공정무역은 1950년대 말에 영국의 빈민구호단체 옥스팜이 중국 난민들의 수공예품을 판매한 데서 시작되었다고 한다. 1964년엔 세계 최초의 공정무역기구 '옥스팜 페어트레이딩'이 탄생했고, 1967년엔 네덜란드에서 '페어트레이드 오가니사이티에'가 설립되어 커피와 사탕수수 공정무역을 시작했다.
1987년에는 유럽 9개국의 유럽공정무역연합(EFTA)이, 1989년엔 70개국 3백여 조직을 회원으로 하는 세계공정무역연합(IFAT)이 설립된다. 이어

공정무역 인증 마크(왼쪽)와 세계공정무역연합(IFAT) 로고(오른쪽)

1994년 유럽 3천여 가게들이 가입한 유럽공정무역가게협회(NEWS!)가, 1997년엔 공정무역 제품들의 표준규격을 정하고 생산자 단체를 지원하는 세계공정무역상표기구(FLO)가 각각 발족되었다. 1998년엔 이들 4개 기구의 첫 글자들을 딴 연합기구 FINE이 결성되어 활동 중이다.

공정무역은 중간유통 과정을 최대한 줄여 직거래를 한다. 중간유통업자들에게 지불되는 불필요한 비용을 생략하고, 생산자들이 기본적인 생활을 할 수 있도록 최소가격을 보장한다. 하루에 세 끼를 먹고 아이들을 고등학교까지 보낼 수 있는 최소한의 비용 말이다.

가격책정에는 사회적 초과이익이라는 것도 포함되어 있다. 이것은 공동체에 도움이 되는 일에 두루 쓰인다. 예를 들어 학교가 멀리 떨어져 있는 경우에는 마을에 학교를 짓고, 병원이 필요한 마을에는 병원을 짓는다. 농사에 필요한 농기구를 구입하거나 생산품 운반이 원활하도록 도로를 놓는 데도 쓰인다. 또한 여성들에게 재봉틀을 마련해 주기도 한다. 물고기를 잡아 주는 게 아니라 물고기를 잡는 법을 알려 줌으로써 그들이 스스로 자립할 수 있도록 힘을 보태는 것이다.

마을공동체가 탄탄해야 그 구성원들이 편안한 삶을 꾸려 나갈 수 있다. 아프면 바로 병원에 갈 수 있고, 아이들은 몇 시간씩 걸어 물을 뜨러 가는 대신에 학교에 가서 공부를 할 수 있다. 여성들은 가사 일에만 얽매여 있지 않고 새로운 일자리를 구할 수 있다. 농부와 그의 가족이 행복하면 농작물 역시 행복하고, 그것을 먹는 우리 역시 조금 더 행복해진다.

너와 나 우리 모두를 위한 무역

우리는 페루의 리마에서 공정무역기업 코클라를 방문했다. 이야기를 시작하기 전에 우리에게 커피와 간단한 샌드위치를 주셨다. 모두들 손에 커피를 한 잔씩 들자 방 안에 커피향이 가득 채워졌다. 분위기는 한층 편안해졌고, 곧바로 홍보 담당자의 설명이 시작되었다.

1967년 페루 꾸스꼬의 작은 조합으로부터 시작된 코클라는 현재 산하에 23개의 조합을 두고 있는 공정무역기업이며 주요 품목은 커피, 카카오, 차, 꿀 등이다. 농부들은 지역의 조합으로 커피를 보내고, 코클라는 조합으로부터 생산품을 받아 선별 가공 후 포장해서 판매하는 일을 한다.

코클라의 커피는 대부분 유럽, 미국, 일본으로 가지만 일부는 페루 내에서도 소비되며 카페도 운영하고 있다. 공정무역 직영 카페인 셈이다. 다국적 프랜차이즈 카페보다 규모도 작고 드문드문 있지만 소비자들에게 다가가 공정무역을 알릴 수 있는 곳이다.

코클라의 슬로건은 '야니(YANI)'다. 안데스 지방 께추아 족의 언어인 께추아어인데, 영어로는 'Today for you, Tomorrow for me'라는 뜻이다.

코클라는 농민들에게 커피를 잘 키울 수 있는 기술을 교육한다. 자연과 인간을 더불어 생각하기 때문에 최대한 친환경적인 방식으로 농사를 짓는다. 예를 들면 커피나무 옆에 키가 큰 바나나나무를 심어서 잡초가 자라지 않게 하고 땅을 비옥하게 해 주는 '그늘식 재배'를 하거나, 화학농약을 사용하지 않고 유기농 퇴비로 건강하게 커피를 키울 수 있도록 여러 가지 방식들을 개발한다.

소비자에게 '의미가 좋으니 공정무역 제품을 사라'고 강요하지 않는다. '공정무역이면 뭐해, 맛이 없는데'라는 반응이 나오지 않도록 언제나 최고의 품질을 유지한다. 코클라의 상표가 붙은 커피의 질이 향상될 수 있도록 생산자들과 함께 노력한다.

코클라 커피 ⓒ도로롱

그리하여 코클라는 페루에서 잘 나가는 다국적기업 커피회사들과 어깨를 나란히 하고 있다. 코클라의 힘만으로 모든 빈곤을 해결할 수는 없지만, 빈곤을 해결할 수 있는 여러 가지 길 중 하나라는 것만은 분명하다.

농장에서 1차 가공 중인 커피(위) ⓒ바리
1차 가공을 마친 생두(아래) ⓒ도로롱

여행 후

여행이 끝나고 한동안은 커피를 마시지 못했다. 커피에 대한 불편한 진실들을 너무 많이 알아 버렸다. 아쉽게도 한국에 돌아와서는 코클라의 커피를 맛볼 수 없었다. 예전에는 아름다운커피에서 트윈트레이딩(영국의 공정무역기업)을 통해 코클라의 커피를 들여왔지만 지금은 그렇지 않기 때문이다.

유난히도 더웠던 올 여름엔 난생처음 생두를 볶겠다며 있는 땀 없는 땀

죄다 흘렸다. 페루에서 들렀던 또 하나의 공정무역기업 나랑히요에서 사 온 생두였다(나랑히요 조합은 한국의 아름다운커피와 거래하는 곳이다. '안데스의 선물'이 바로 그것이다). 마음이 편했다. 하지만 내 실력은 커피전문점의 맛을 따라가기에는 당연히 부족했다. 그렇게 두 달, 커피는 바닥을 드러냈다.

일상에서 공정무역 커피를 찾아 마시는 건 힘든 일이었다. 공정무역 인스턴트 커피가 있기는 하지만 가끔은 커피전문점에서 파는 따듯한 커피를 마시고 싶기도 했다. 커피가 '땡길 때' 손 닿는 곳에 프랜차이즈 카페가 아닌 공정무역커피 카페가 있으면 얼마나 좋을까. 커피 한잔을 마시기 위해 어딘가로 가야만 하는 건 너무나도 귀찮은 일이었다.

"에이, 이럴 거면 그냥 안 마시면 안 돼?"

그깟 커피가 뭐라고, 안 마시면 죽는 것도 아닌데 없이 살면 안 되나. 이렇게 따스한 카페에 앉아서 지구 반대편의 사람들이 한 알 한 알 힘들게 키운 커피를 편안히 마셔도 되는 걸까. 한 달간 괴로운 고민에 시달리다가 문득 나의 커피 잔을 바라보았다.

지금까지 이 잔을 스쳐 간 커피들은 아주 많았다. 내가 좋아하는 케냐 AA, 커피의 여왕이라는 이르가체프, 하와이 여행에서 사온 코나커피……. 마지막으로 나랑히요의 커피. 그곳에서 맛본 달콤한 커피 열매와 농장에서 만난 사람들의 모습이 아른거렸다. 앞으로 나의 커피 잔에 어떤 커피를 담을 것인지는 이미 정해졌는지도 모른다.

김도연 ◦ 도로롱

페루 나랑히요에서 사 온 생두를 한국에서 볶아 내려 마셨다. ⓒ도로롱

건조 중인 카카오 ⓒ도로롱

초콜릿의 달콤쌉쌀한 생애

달콤한 기억, 씁쓸한 기억

11살 때 밸런타인데이는 내 생일만큼이나 두근거리는 날이었다. 그날은 새 학기 새로운 친구들과 치르는 첫 번째 인기투표 날이라 할 수 있었다. 빈손으로 왔다가 양손 가득 초콜릿을 안고 가는 애가 있는가 하면, 가방 가득 가져와서 빈털터리로 돌아가는 애도 있었다. 짝꿍이었던 그 애는 나에게 ABC초콜릿을 건네며 천 원짜리 가나초콜릿을 달라고 졸랐다. 못 이기는 척 한입에 쏙 넣은 그 조그마한 초콜릿은 날 달콤한 상상 속에 빠뜨렸다.

이제 막 연애의 짜릿함에 눈뜬 16살, 남자 친구에게 초콜릿을 만들어 준다고 초콜릿 DIY세트를 샀다. 불에 녹이고 붓고 짜서 냉동실에 넣어 둔 초콜릿은 어정쩡한 포즈로 굳어 있었다. 못생겼지만 사랑을 담았으니 괜찮다고 스스로를 다독이며 남자 친구에게 건넸다. 깜짝 놀라며 감동

할 모습을 상상했으나 고맙다고 웃음만 짓는 그의 반응에 좀 씁쓸했다. 세상 물정이 보이기 시작한 18살, 남미로 여행을 떠나게 되었다. 그리고 페루의 작은 도시 띵고마리아에서 나를 달콤씁쓸하게 했던 초콜릿의 원료 카카오와 만났다.

초코의 어머니를 만나다

농장의 풍경은 우리나라 과수원과 크게 다르지 않았다. 1m당 나무 한 그루가 심어져 있었고 크기는 사과나무만 했다. 숭덩숭덩 아무렇게나 달려 있는 빨갛고 노란 열매는 돌연변이 호박 같았다. 그 열매가 바로 카카오였다.

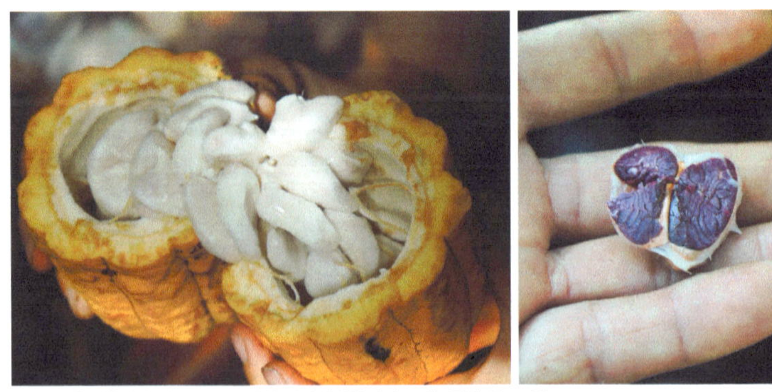

망고스틴을 떠올리게 하는 카카오 과육(왼쪽)과 씁쓸한 카카오 씨(오른쪽) ⓒ도로롱

카카오 농장(왼쪽) ⓒ바리
떠별들을 위한 카카오(오른쪽) ⓒ도로롱

열매를 반으로 쪼개 보니 속에는 하얀 과육이 가득 차 있었다. 알맹이를 입 안에 넣고 오물거리자 열대과일 특유의 단맛이 났다. 과육은 새콤달콤했지만 정작 초콜릿으로 만들어지는 씨는 너무 써서 씹을 수가 없었다. 카카오 씨 위에 바나나 잎을 덮어 발효시키면 초콜릿 특유의 시큼한 향이 생기고, 발효된 씨를 일주일 넘게 햇볕에 말리면 카카오 원두가 된다고 했다. 그다음엔 가공공장으로 옮겨져 여러 가지 제품으로 만들어진다.

우리는 카카오가 초콜릿이 되는 과정을 보기 위해 띵고마리아의 나랑히요 조합을 방문했다. 나랑히요는 띵고마리아의 카카오를 가공해 수출하는 공정무역기업이다.

공장 안으로 들어가자 시큼한 초콜릿 냄새가 진동했다. 〈찰리와 초콜릿 공장〉에 나오는 초콜릿 폭포와 사탕이 열리는 나무를 기대했으나 번쩍거리는 기계들뿐이었다. 이것들이 쓰디쓴 카카오 콩을 천상의 맛 초콜릿으로 만드는 마법의 기계들이다.

껍질이나 모래 같은 불순물을 제거하고 130℃ 불에 들들 볶는다. 이때 카카오 고유의 맛과 향이 생기게 된다. 볶은 원두를 분쇄해 입자가 고운 반죽으로 만들어 압축기로 카카오 매스와 카카오 버터를 추출한다. 그 다음엔 설탕이나 우유 등 첨가물을 넣어 밀크초콜릿과 다크초콜릿 종류를 나눈다.

액상으로 만들어 찬찬히 저어 주면 남아 있던 쓴맛은 사라지고, 부드럽고 윤기 나는 초콜릿으로 변한다. 마지막으로 예쁘게 성형을 시켜 준다. 판 틀에 부으면 판형 초콜릿이 탄생하고 충전물을 넣으면 봉봉 같은 초콜릿 과자가 만들어진다.

우리가 먹는 초콜릿에서는 카카오 본래의 맛을 찾기 어렵다. 이리저리 볶이고 섞여 '초콜릿'이라는 새로운 맛이 탄생하기 때문이다. 쓰디쓴 카카오 본래의 맛을 즐긴 사람들은 중앙아메리카에 문명을 꽃피웠던 올메까 족과 그 후손인 마야 족, 아즈떽 족뿐이었다.

초코가 태어나기까지

3천여 년 전, 당시 카카오나무는 중남미에서만 자라는 식물이었다. 마야와 아즈텍 사람들은 카카오에 으깬 옥수수와 고추, 바닐라를 섞어 걸쭉한 음료로 마셨다. 이 음료를 '카카후아틀'이라 불렀다.

마시면 힘이 솟고 성적 흥분까지 불러일으키는 카카후아틀은 왕이나 귀족들만 마실 수 있었다. 평민은 오직 제물로 바쳐질 때만 마실 수 있었다. 제물은 신성해야 한다며 '신들의 음식'이라고 불리는 카카오를 먹였기 때문이다.

서기 1500년, 아즈텍은 중앙아메리카의 모든 부족들을 통치했을 만큼 막강했으나 황금을 찾으러 온 유럽인들에 의해 멸망했다. 제국주의자들은 황금뿐 아니라 아즈텍 족의 '갈색 금'이었던 카카오까지 앗아 갔다. 그들이 처음 카카후아틀을 맛보았을 땐 깔끄러운 맛에 구역질을 했지만 입맛에 맞춰 설탕과 후추를 넣어 마시며 점점 중독되었고, 16세기 유럽에서는 왕가를 중심으로 초콜릿이 유행했다.

당시 초콜릿은 맛있는 과자가 아니라 약국에서 파는 만병통치약이었다. 소화 촉진, 기력 회복에 기분까지 좋아지는 카카오 음료는 귀족들만 마실 수 있었다. 19세기 중반 판 하우턴이 기름 덩어리인 카카오 버터를 분리하는 압착기를 개발하면서 지금의 달달하게 녹아 드는 초콜릿이 탄생했다. 그 후로 캐드베리, 허쉬, 마스 같은 기업들이 초콜릿을 대량으로 찍어 내며 세계는 빠른 속도로 이 매력적인 과자에 빠져들게 된다.

검은 손에 자라난 초코

유럽인들이 아즈떽을 정복하면서 원주민들은 학살과 천연두 같은 질병으로 인해 원래 수의 10%만 남게 되었다. 세계는 카카오를 점점 많이 찾고 있는데 카카오를 재배할 원주민들이 줄어들자 농장주들은 아프리카로 눈을 돌렸다. 수많은 흑인들이 노예선을 타고 아메리카에 도착했다. 남미에 흑인들이 살게 된 건 이렇듯 카카오의 역사와 관련이 있다.

생산을 담당할 노동자들이 도착했지만 이번엔 나무가 문제였다. 아메리카의 카카오나무는 과잉 생산과 서투른 관리로 각종 질병에 시달리게 되었다. 1800년대 중반 카카오 거래상들은 카카오나무가 적도 남북 20km 범위 안이라면 어디서든 잘 자란다는 사실을 알고 서아프리카로 옮겨 심기 시작했다. 아프리카에 도착한 배 안에는 노예로 끌려갔던 흑인들이 아니라 카카오나무가 실려 있었다.

나무는 옮겨졌지만 카카오 생산자들의 상황은 나아지지 않았다. 현재 서아프리카는 카카오를 가장 많이 생산해 세계인의 초콜릿 수요를 책임지는 곳이 되었지만, 여전히 흑인들은 카카오 플랜테이션에서 노예처럼 살고 있다.

"초콜릿은 어떤 맛인가요? 분명 천국의 맛이겠죠?"

카카오 농장에서 일하는 12살 소년 에브라임 킨도의 말이다. 소년은 6년째 카카오 농장에서 일하고 있지만 초콜릿이 어떻게 생겼는지도 어떤 맛인지도 모른다. 그저 사람들이 이렇게나 많은 카카오를 먹으니 천국의 맛이겠구나 생각한다.

—「한겨레21」'지구를 바꾸는 행복한 상상 Why Not', 2009.1.30

카카오 최대생산국인 코트디부아르에는 총 60만 개의 카카오 농장이 있는데 그곳에선 약 30만 명의 아동들이 착취를 당하고 있다. 이웃 나라의 아이들이 인신매매단에 의해 카카오 농장으로 팔려 온다. 아이들은 굶다시피 하며 밤중에는 자물쇠를 걸어 둔 합숙소에서 자고 수시로 매를 맞는다. 초콜릿이 달콤하다고 생각하는 건 오직 북반구의 아이들이다. 아프리카 아이들에게 초콜릿이란 그저 쥐꼬리만큼의 돈을 벌 수 있는 수단일 뿐이다.

이러한 짓은 코트디부아르의 농장주들이 저지르는 악행이라 생각하기 쉽지만 조금만 더 넓게 보면 농장주들은 꼭두각시이고, 그 인형을 움직이는 건 다국적기업이다. 다국적기업은 각국 정부에게 수출작물에만 주력하고 자국 농업생산은 포기하도록 설득했다. 그렇게 되면 국가는 한 가지 수출작물에만 의존하게 된다. 코트디부아르는 그 작물이 카카오라 카카오 가격에 따라 나라가 휘청거렸다.

서아프리카에는 너무 많은 카카

"맛은 몰라요. 나는 카카오 노동자일 뿐."

오 플랜테이션이 있다. 한창 카카오 가격이 높을 때 남는 땅을 다 카카오 농장으로 개간했는데, 오히려 너무 많은 생산으로 가격이 하락해 버렸다. 농부들은 돈을 더 벌기 위해 카카오 생산을 2배로 늘렸고 당연히 똑같은 상황이 반복되었다.

카카오 시장을 독점하고 있는 허쉬, 마스, 카길과 같은 대기업은 수확량을 최대한 늘리기 위해 촘촘하게 심을 수 있는 새로운 종을 개발했다. 이러한 재배엔 많은 화학비료와 살충제가 필요한데 농부들의 돈으로는 어림없었다. 농부들은 대출을 하기 시작했다. 그런데 카카오 가격이 계속 떨어지기만 하니 이자만 점점 불어났다. 그 돈을 충당하기 위해서는 값싼 노동력이 필요했다. 악순환의 연속이었다.

초코, 전환기를 맞다

카카오 공정무역은 1990년대 초반 영국기업 그린&블랙스에 의해 시작되었다. 코트디부아르의 톨레도 지역 농부들이 화학비료 사용으로 빚에 허덕이고 있을 때 그린&블랙스는 카카오 재배를 유기농 생산방식으로 바꿀 수 있게 도와주었다. 유기농 초콜릿이라 가격을 더 높게 받을 수 있고 화학비료 값도 들지 않으니 일석이조였다.

농민들은 항상 변동하는 카카오 원두 가격 때문에 제대로 된 계획을 세

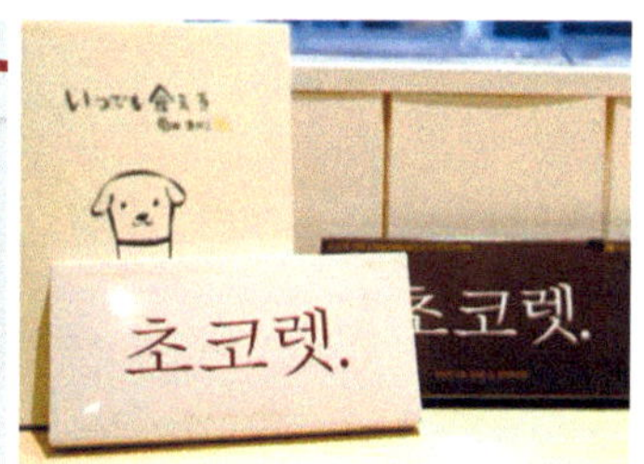

나랑히요 협동조합 로고(왼쪽) ⓒ도로롱
정직한 '초코렛.'(오른쪽, 출처: 아름다운커피 홈페이지)

우지 못하는 상황이었다. 그린&블랙스는 최저가격을 정해 놓고 시장가격이 더 아래로 떨어져도 그 가격을 지불했다.

공정무역 초콜릿은 대성공을 거두었다. 이제 막 떠오르던 건강식품과 유기농의 유행을 탔고 맛도 더 좋았기 때문이다. 농민들은 이제 빚에 허덕이지 않게 되었고 아이들은 학교에 다닐 수 있었다.

우리가 방문한 나랑히요 협동조합도 공정무역기업이다. 나랑히요는 띵고마리아 농부들에게서 중간상인을 거치지 않고 커피와 카카오를 사들인다. 띵고마리아 농부들은 유기농 카카오 재배로 수익을 올리고, 직접 제조공정에 참여해 노동 임금을 받는다. 그리고 사회적 초과이익으로 얻은 수익은 다양한 기술 트레이닝과 마케팅 프로그램에 쓰이게 되어 더 질 좋은 제품을 만들 수 있게 되었다. 이런 프로젝트 결과로 연간 2백%나 생산이 증가했고 농부들은 경제적 자립을 이룰 수 있게 되었다.

나랑히요의 초콜릿은 미국과 유럽, 일본 그리고 한국으로 수출한다. 아름다운가게의 '초코렛.'과 '핫초코.'가 바로 여기서 만들어진 제품이다.

내가 보았던 띵고마리아의 카카오는 튼실했고 과육 맛도 아주 좋았다. 공장 안은 위생관리가 철저했으며 기계들도 깨끗했다. 내 두 눈으로 직접 '초코렛'의 정직함을 확인하고 왔으니, 아름다운가게의 초콜릿은 한국에서 파는 어떤 초콜릿보다 믿을 수 있는 초콜릿이라 장담할 수 있다.

공정무역은 일반무역과 다르다. 내가 제품을 사면 대기업이 아니라 전 세계의 가난한 사람들에게 이익이 간다. 이건 단순한 자선도 아니다. 기부를 하는 게 아니라 거래를 하는 것이다. 몸에 더 좋고 맛도 좋은 제품을 제 가격에 사는 것이다.

힘없는 사람들에게 공정무역은 국제시장에 걸 수 있는 유일한 희망이다. 신자유주의는 국가가 시장에 간섭하지 않고 기업의 자유로운 활동을 중시한다지만 이것은 올림픽에서 심판이 없는 것이나 마찬가지이며, 레슬링 경기에서 100kg급 선수와 60kg급 선수를 붙게 하는 것이다. 결과는 너무 뻔하다. 오직 힘센 자가 시장을 차지할 것이다. 이런 시스템이 부자는 더욱 잘살고 가난한 자는 더욱 가난해지게 만든다.

올림픽을 즐길 수 있는 건 페어플레이를 하기 때문이다. 무역도 페어트레이드(Fair Trade, 공정무역)를 하면 생산자에겐 카카오를 키우는 즐거움이 생기고, 소비자에겐 이 초콜릿이 어디서 왔고 누구에게 이익이 가는지 알 수 있는 즐거움이 생긴다. 공정무역이 1%만 증가해도 1억 2천8백만 명의 극심한 빈곤층이 혜택을 입게 된다고 한다. 공정무역 제품을 사는 작은 노력은 공정하지 못한 이 세상을 바꿀 수 있는 하나의 길이 된다.

정직한 초코, 정직한 나

언제나 공항은 북적인다. 떠나가는 사람, 떠나오는 사람, 기다리는 사람들로. 집으로 돌아가는 사람들은 면세점을 지나치는 법이 없다. 세계에서 유명한 것들은 다 모아 놓은 곳. 돈 없는 나도 비행기 타기 전 면세점 한 바퀴는 기본이다. 화장품 코너에 가면 엄마가 살짜쿵 떠오르고, 와인 코너를 지나칠 땐 아빠 생각에 가격을 한번 쓱 본다. 그러곤 초콜릿 코너로 직진한다. m&m, 토블론, 허쉬 등 유명한 초콜릿들이 화려하게 진열되어 있다.

예전 같으면 동생들 생각에 m&m 인형을 하나 집어 들었을 테지만 이번엔 아니다. 사랑하는 사람에게 초콜릿을 주려면 착취가 아닌 사랑으로 만들어진 초콜릿을, 어린이에게는 다른 아이를 아동노예로 내모는 초콜릿이 아니라 그 아이의 꿈을 키울 수 있게 해 주는 초콜릿을 줘야 진짜 의미가 있는 초콜릿 선물이 될 것이다.

그래서 난 빈손으로 비행기에 탑승한다. 공항에 있는 그 어떤 초콜릿보다 좋은, 한국에 있는 정직한 초콜릿을 선물할 것이다.

김지아 • 쟈기

얼굴보다 큰 카카오 열매들 들고 ©바리

5~14세 아동노동자 1억 2천5백만 명! 지구인 70명 중 1명이다.

도움글

생각이 바뀌면 운명이 바뀐다

이강백 · 한국공정무역단체협의회 상임 이사

나를 남처럼, 남을 나처럼

공정무역을 말하기 전에 어려운 이야기를 하나 해 볼까요? 인간이 영원히 병들지 않고 늙지 않고 고통스럽지 않고 죽지 않는 방법이 있을까요? 지구상에서 가장 지혜로운 사람들이 이 문제에 도전을 했습니다. 시간의 힘을 초월해야 하기 때문에 정말 어려운 일이었죠. 그러나 도전자들은 인류 역사에서 가장 뛰어난 존재들이었기 때문에 그 방법을 알아낼 수 있었습니다. 존재의 의미를 인식하는 순간, 인간은 시간의 힘을 초월할 수 있다는 것을 말입니다. 예수는 그것을 이렇게 말했습니다. "진리가 너희를 (시간과 고통과 질병과 노화와 죽음으로부터) 자유케 하리라."

또 하나의 위대한 도전자 붓다는 이렇게 말했습니다. "나를 좋은 벗으로 삼으십시오. 그러면 늙어야 할 몸이면서도 늙음으로부터 벗어날 수 있고, 병들어야 할 몸이면서 병으로부터 벗어날 수가 있습니다. 죽어야 할 몸이면서 죽음으로부터 벗어날 수 있고, 고뇌와 우수를 지닌 몸이면서도 고뇌와 우수로부터 벗어날 수가 있습니다."

붓다는 시간으로부터 자유로워지는 법은 '나'를 '나'로 생각하지 말고, '나'를 '나의 좋은 벗'으로 삼는 것이라고 말했습니다. 자기로부터 빠져나와 자기 자신을 관찰하는 사람이 되면 시간의 속도를 초월하여 고통이나 죽음에서 벗어날 수 있다는 뜻입니다.

인간의 가장 큰 능력은 생각을 생각할 수 있다는 것입니다. 나의 생각을 객관화시켜서 생각 자체를 관찰하는 능력이 '생각을 생각하기'입니다.

이기적 생각이란 자신의 감정이나 마음이나 생각을 객관적으로 관찰하지 않는 것을 말합니다. 이기적 생각은 독재자와 같아서 인간을 지배하려고 합니다. 이 독재자를 몰아내는 일이 생각을 생각하는 일입니다. 그것을 성찰이라고 합니다. 자기 자신을 관찰한다는 것은 자신의 생각을 관찰하고 자신의 마음을 관찰한다는 것입니다. '나'를 친구로 대하라는 말은 '나'를 객관화시켜 관찰하라는 말입니다.

붓다의 말의 핵심은 "'나'를 '남'(좋은 벗)으로 대하라"는 것입니다. 같은 말을 뒤집어서 예수는 이렇게 표현합니다. "네 이웃을 네 몸과 같이 사랑하라." 이 말은 "'남'을 '나'로 대하라"는 것입니다.

시간의 한계를 벗어나 죽지 않는 길이 바로 여기에 있습니다. 자신을 대할 때는 타인을 대하듯이 하고, 타인을 대할 때는 자신을 대하듯이 해야 한다는 것입니다.

이윤 뒤에 숨은 현실

공정무역(Fair trade)이란 이 법칙을 일상생활에, 그중에서 특히 가장 중요한 거래(Trade)에 적용하는 것입니다. 무역, 또는 거래에 대해 생각해 봅시다. 우리가 어떤 거래를 할 때 '거래'에 대한 우리의 생각은 '이익'입니다. 자본주의 사회에서 '거래'의 다른 말은 '이윤 추구'입니다. 그리고 세상의 무역은 오직 이익을 중심으로 이루어집니다.

이 생각이 점점 커지면서 오직 최대의 이익만을 추구하기 위해 인간은 어떤 짓이라도 할 수 있게 되었습니다. 가난한 나라의 생산자들이 피땀 흘려 지은 것들을 거의 약탈하는 수준이 되었고, 그들은 점점 가난해질 수밖에 없습니다. 심지어 어린아이들을 인신매매하여 아동노예 노동을 시킵니다.

믿기지 않겠지만 타이에서는 칵테일 새우의 껍질을 까기 위해 캄보디아나 라오스의 아이들을 인신매매하여 작업을 시킵니다. 믿기지 않는 일이지만 코트디부아르에선 우리가 먹는 초콜릿의 원료인 카카오 농장에서 20만 명의 아동노예 노동자가 일합니다. 믿기지 않겠지만 인도의 아쌈 지

아동노동 근절을 호소하는 포스터

역에만 캐슈넛 가공공장에서 일하는 8세 남짓 아동노동자의 숫자가 10만 명에 이릅니다. 믿기지 않겠지만 5세부터 14세까지의 아동노동자의 숫자는 1억 2천5백만 명입니다. 무역이라는 이름으로, 비즈니스라는 이름으로 이런 일이 자행되고 있고 우리는 그것을 사 먹고 있고, 빈곤은 더욱 심화되고 있습니다.
오직 이익을 위해서 유전자 변형 농산물을 만들고, 오직 이익을 위해 맹독성 농약을 치고, 오직 이익을 위해 아동노예 노동을 시키고, 오직 이익을 위해 정당한 대가를 생산자들에게 지불하지 않는 것입니다. 자신의 이익을 위해 타인의 이익을 침해하고 존엄을 파괴하고 있습니다.

생각 바꾸기

공정무역은 생각을 바꾸는 운동입니다. 생각을 바꾼다는 것은 '가치'를 바꾸는 것이고 '가정(假定)'을 바꾸는 것입니다. 생각이란 바로 그 사람 그 자체이고, 그 사람의 생각이 그 사람의 운명입니다. 생각이 운명이고 운명이 생각이면 다음과 같은 간단한 등식이 성립합니다. '생각이 바뀌면 운명이 바뀐다!'
그래서 우리는 '생각'을 생각해야 합니다. '생각'을 생각하기 위해서는 '생각'을 알아야 합니다. 자기가 하는 생각은 스스로 하는 것이라고 착각하지만 실은 외부에서 주입된 것들입니다. 생각의 대부분은 부모나 교사나 친구들을 통해 학습과 규칙과 법률과 문화를 통해 강요된 것입니다.

이것은 대단히 중요한 사실입니다. 왜냐하면 자신의 생각은 외부에서 주입된 것들이기 때문에 한번쯤 의심해야 한다는 것이고, 외부에서 강요된 것들이기 때문에 무조건 고집할 필요가 없다는 것입니다. 그래서 자신의 생각도 관찰하고 남의 생각도 관찰해야 합니다.

생각을 관찰할 때 생각의 두 가지 속성을 중심으로 살펴보아야 합니다. 생각에는 두 가지 속성이 있는데 하나의 속성은 '가치'이고, 다른 하나는 '가정'입니다.

생각에는 '좋다 나쁘다' 라는 판단이 들어가는데 그것을 가치라고 합니다. '가치'는 좋고 나쁜 것을 가르는 기준이 됩니다. 자신의 생각이나 마음을 관찰할 때 가장 중요한 것은 자신에게 좋거나 나쁘다는 감정을 개입시키지 않고 바라보는 것입니다. 그것을 균형감각이라고 하는데, 치우치지 않는 마음을 의미합니다.

이기적이라고 하는 것은 자기 자신에게 치우치는 것입니다. 어떤 사물을 바라볼 때 자신의 마음, 자신의 생각, 자신의 감정에 치우치는 것을 '이기적'이라 합니다. 자신에게 좋은 것과 나쁜 것, 자신에게 이익이 되는 것과 손해가 되는 것으로 나누는 것이 이기적인 마음이고, 이기적인 마음에서 선입견과 편견이 생깁니다.

자신의 생각을 고집하면 균형을 상실합니다. '나'를 '남'으로 대하고

'남'을 '나'로 대하는 것이 균형감각이고 다른 말로는 중용(中庸) 또는 중도(中道)라고 하는데, 이것이 시간의 한계를 초월하는 길입니다.

생각을 할 때 '좋다 나쁘다'로 나누는 것이 '가치'라면 '가정'은 이렇게 했을 때 저런 결과가 나온다는 믿음입니다. 이것은 불확실한 세계에 질서를 주고 의미를 부여해 줍니다. 자기가 자기 자신의 가장 좋은 벗이 되는 길은 "내 생각이 틀릴 수 있다"(I may be wrong!)는 것을 알려 주는 것입니다.

내 생각이 틀릴 수 있다는 말은 나의 가정이 틀릴 수 있다는 말과 같습니다. '인간이 하늘을 나는 것은 불가능하다'는 가정이 진리와 같은 대접을 받고 있을 때 레오나르도 다빈치는 이 가정에 도전했습니다. 그가 기존의 가정이 잘못되었다고 주장한 지 5백 년이 지나고 나서 인간은 자유롭게 하늘을 나는 비행기를 만들었습니다. 절대다수의 사람들이 천동설이라는 가정을 믿었을 때 코페르니쿠스나 갈릴레이는 지구가 돈다는 새로운 가정을 제시했습니다.

리카르도를 비롯한 당대의 수많은 경제학자들이 '절대왕정은 영원히 변치 않는 자연의 법칙'이라는 어이없는 가정을 믿었습니다. 자신들의 이익을 유지하기 위하여 '모든 경제활동은 통제되어야 한다'는 지주 귀족들의 가정에 맞서 아담 스미스는 '보이지 않는 손'이라는 혁명적 가정을 제시했습니다.

링컨은 노예제도가 당연하다고 하는 기존의 가정에 도전했습니다. 인종

인종 차별이라는 낡은 가정에 맞서 싸웠던 마르틴 루터 킹 목사

차별은 당연한 것이라고 사람들이 가정했을 때 마르틴 루터 킹 목사는 '모든 인간은 하늘 아래 평등하고 존엄하며, 차별 없는 공존의 세상은 가능하다'는 가정으로 도전했습니다. '한자만이 진정한 문자다', '한자 외에 다른 문자는 필요 없다'라는 기존의 가정에 세종대왕은 새로운 도전을 했습니다. 그가 만든 한글은 역사상 가장 위대한 발명품 중 하나가 되었습니다.

공정무역은 기존의 가정에 도전하며 새로운 가치와 새로운 가정을 제시합니다. 공정무역은 빈곤, 무지, 불평등의 문제에 맞서 싸우는 범세계적인 운동인 동시에 캠페인과 비즈니스를 결합시킨 사회적기업의 뿌리입니다.

공정무역운동이 바꿔 낸 낡은 생각들

빈곤과 무지와 불평등에 대한 기존의 가치와 가정은 무엇이었을까요?

빈곤이란 영원히 해결할 수 없는 자연의 법칙 같은 것이다.

빈곤은 개인의 책임이며 게을러서 생기는 문제다.

빈곤이란 국가도 해결할 수 없다.

공정무역운동은 여기에 정면으로 도전했습니다.

가난, 굶주림, 무지, 질병, 불평등은 인간의 존엄을 파괴한다.

이것은 인류의 양심과 인간존엄의 문제다.

빈곤은 개인의 게으름의 문제가 아니다.

저개발국가의 빈곤은 힘센 나라와 기업이 정한 불평등한 규칙 때문에 발생한다.

빈곤은 해결 불가능한 문제가 아니라 해결할 수 있고 해결해야 하는 문제다.

지속가능한 발전의 가장 중요한 동력은 빈곤을 제거하는 일이다.

빈곤은 국가도 해결하지 못하나 시민사회, 국가, 기업이 협력하면 해결할 수 있다.

원조는 빈곤의 문제를 해결할 수 없으며 공정한 거래가 해결의 방안이다.

비즈니스에서 가장 중요한 건 이익이 아니라 인간이다!

전통적 비즈니스의 가치와 가정은 이렇습니다.

> 비즈니스에서 가장 중요한 것은 이익이다.
>
> 이익을 목표로 하는 조직만이 생존할 수 있다.
>
> 이익만이 세상에서 가장 중요한 최고의 가치다.
>
> 대차대조표상의 당기순익을 위해서라면 무슨 짓을 해도 상관없다.

공정무역은 이러한 잘못된 가정에 도전했습니다.

비즈니스에서 가장 중요한 것은 이익이 아니라 인간이어야 한다.

이익을 목표로 하지 않고 관계를 중시하는 비즈니스도 생존할 수 있다.

세상에서 가장 중요한 가치는 인간의 존엄이다.

가난한 사람과 인간의 존엄을 위한 비즈니스는 가능하다.

당기순익을 위해 무슨 짓이라도 다하는 조직은 사라져야 한다.

네슬레는 생산자에게 커피 1kg을 몇 백 원에 사서 187배를 붙여 판매했습니다. 심지어 커피 농민으로부터 살 때 가격보다 7백 배나 비싸게 파는 기업들도 많습니다. 이런 구조하에서 생산자는 기아에서 벗어날 수 없고, 소비자는 터무니없이 비싸게 커피를 마셔야 합니다.

불공정한 거래의 문제만이 아닙니다. 커피에 뿌려지는 알드린, 엔드린, 리엘드린은 유럽에서 사용 금지된 농약입니다. 고엽제의 원료인 패러콰이사디는 인류가 만든 농약 중에서 가장 독합니다. 우리가 먹는 초콜릿의 원료인 코코아나무에 이것을 칩니다.

맹독성 농약의 문제만이 아닙니다. 커피와 코코아, 캐슈넛, 바나나를 생산하는 데 아동 노예노동을 동원합니다. 이들은 급여도 받지 못하고, 탈출하다 죽기 일쑤이고, 여자아이들은 성매매에 내몰리고 있습니다. 검증되지 않은 유전자 조작 농산물의 문제도 심각하기 그지없습니다.

공정무역운동은 지속가능함을 추구하는 운동이고 정의를 위한 운동입니다. 공정무역운동은 가난의 굴레를 벗어날 수 없게 만드는 거래 방식과 무역의 구조를 변화시키는 도전을 감행했습니다. 그리고 놀라운 성공을 거두었습니다. 공정무역은 기존의 가치와 가정에 도전해서 변화를 끌어냈습니다. 잘못된 가정을 바꾸어 낸 경이적인 운동입니다.

공정무역운동이 일궈 낸 놀라운 변화들

공정무역은 가난, 굶주림, 질병, 무지가 개인의 게으름 때문에 생기는 문제라고 단정하기보다는 구조적인 문제로 파악합니다. 실제로 저개발 국가들의 수많은 사람들이 아침부터 저녁까지 열심히 일하는데 그들의 대부분은 가난의 굴레를 벗어나지 못합니다.

그들에게 필요한 것은 원조나 자선이 아니라 공정한 거래입니다. 빈곤과 굶주림과 무지에서 벗어나기 위해서는 무역의 규칙이 바뀌어야 합니다. 현재의 규칙을 정하는 것은 선신국의 정부와 대기업들인데 이 규칙은 불공정하기 때문에 가난한 농부들을 더 가난하게 만들고, 그들은 빈곤의 악순환에서 벗어날 수 없습니다. 이 규칙을 바꾸려면 시민들의 참여와 행동이 필수적입니다. 변화의 힘은 서로 연결되어야 나옵니다.

공정무역은 캠페인의 역사상 가장 효과적으로 시민의 참여를 조직했습니다. 기업의 변화를 유도하고 정부정책의 변화를 끌어내고 있습니다.

공정무역은 빈곤에 대한 잘못된 가정을 바꾸고 비즈니스에 대한 새로운 가정을 만들면서 기존의 생각을 새로운 생각으로 대체하고 있습니다. 공정무역은 '비즈니스를 바꾸는 비즈니스', '시장의 규칙을 바꾸는 비즈니스', '가난한 사람들을 위한 비즈니스가 가능하다는 것을 보여 준 비즈니스', '비즈니스에서 최고의 가치가 이익이 아니라 인간임을 보여 준 비즈니스', '지난 10년 동안 70배의 성장을 이룩한 경이적인 비즈니스', '검증이 완료된 가장 강력한, 가장 성공적인 사회적 비즈니스'라는 평가를 받고 있습니다.

공정무역의 놀라운 성공은 생활 속에서 구매행위로도 참여가 가능하기 때문입니다. 구매하는 행위가 바로 운동에 참여하는 것입니다. 구매하는 것, 공정무역 제품을 선택하는 것은 대단히 쉬운 일이고 누구나 참여할 수 있는 일이지요. 누구나 선택할 수 있고 누구나 참여할 수 있다는 것이 이 운동을 성공시킨 가장 중요한 요인이라고 할 수 있습니다.

단지 내 돈을 가지고 내 마음대로 선택했을 뿐인데 그것이 세상에 공헌하는 일이 되고, 놀라운 변화를 만들어 냈습니다. 공정무역운동은 누구를 가르치려는 운동이 아니라 올바른 선택, 정의로운 선택을 할 수 있도록 대안을 제시합니다.

공정무역은 빈곤의 해결 방식에 대한 기존의 가정에 도전했습니다. 빈곤 제거를 목표로 하는 공정무역운동이 대중들의 열렬한 지지를 받은 것은 정말 놀라운 일입니다. 가난과 고통의 문제는 딱딱하고 복잡하고 어렵고 재미없는 주제이기 때문입니다. 빈곤이라는 말만 들어도 무겁고 부담스러운 느낌, 피하고 싶은 느낌이 들지 않습니까?

"공정무역을 지지합니다."

공정무역운동은 가난과 굶주림의 문제를 다른 방식으로 접근했습니다. '빈곤'이라는 무겁고 우울한 주제를 '소비'라는 즐거움의 소재로 전환시킨 것입니다. 머리의 변화가 아닌 생활의 변화, 인간 자체의 변화가 아닌 삶의 태도 변화, 내가 할 수 없는 영역의 변화가 아닌 구매의 변화를 요청했습니다. 운동을 비즈니스로 바꾸어 버린 것입니다. 가난과의 싸움을 즐거운 소비로 등치시켰습니다.

공정무역은 '이익을 추구하지 않는 비영리적 운동'과 '이익을 추구하는 비즈니스' 사이에 새로운 등식이 성립되게 했습니다. 운동과 비즈니스가 다르지 않다, 운동과 비즈니스는 하나다, 라고 말입니다. 공정무역은 시민사회의 캠페인을 비즈니스로 융합시키고, 동시에 영리기업들의 사업을 윤리적으로 변화시키고 있습니다.

공정무역의 성공은 새로운 시대의 영감을 제공했습니다. 운동과 비즈니스는 서로 시너지를 주면서 역동적으로 성장하고 있습니다. 공정무역은 모든 인간, 그중에서도 약자에 대한 존중과 사랑을 성공적 비즈니스로 전환시켰습니다.

아름다운 세상을 향한 첫걸음

우리는 '현재'라고 하는 현실태의 세상에 존재하고 있지만 다른 한편으로 '미래'라고 하는 가능태의 세상을 동시에 살고 있습니다. 그런데 미래의 가능태란 발생 가능한 모든 경우의 수를 말합니다. 이 수많은 경우의 수 중에서 무엇이 현실화될까요? 자신이 가정하는 경우의 수가 현실이 됩니다. 인간은 딱 생각한 것만큼만 이룰 수 있습니다. 생각과 의도를 포함하는 '가정'은 강력한 '생각의 에너지'입니다.

미래는 그래서 마치 거울과 같습니다. 내가 가정하는 것이 그대로 거울에 비칩니다. 내가 타인을 믿을 수 없는 존재로 의심하고 불신하면 그대로 실현됩니다. 내가 세상을 즐거운 소풍으로 가정하고 기대하면 실제로도 즐거운 소풍이 됩니다. 내가 세상을 적대적으로 가정하고 공격하고 짜증내면 꼭 그렇게 되지요. 내가 세상을 편안하고 우호적으로 바라보면 그 가정은 그대로 실현됩니다. 연대와 협력으로 세상의 가난과 굶주림을 제거할 수 있다고 가정하면 정말로 그리 됩니다.

세상은 이렇게 '내가 생각하는 세상'에 대해 전적으로 동의해 줍니다. 내가 어떤 가정을 하든 그 가정은 정답입니다. 내가 어떤 가정을 하든 우주는 실현시켜 줄 준비가 되어 있습니다. 세상이 우리를 향해 '나를 뭐라 생각해?'라고 물을 때 모든 사람의 대답은 다르지만 그 대답들은 모두 정답입니다. 인간은 모두, 세상이 어떠한지에 대해 정답을 맞히게 되어 있습니다. 세상은 각자가 생각하는 세상을 거울처럼 그대로 보여 주기 때문입니다.

'가정의 힘'은 무시무시합니다. 우주는 당신이 가정하는 대로 정렬합니다. 그래서 생각을 생각하는 일이 세상에서 가장 중요합니다. 생각이나 마음을 생각할 때 자기의 생각이나 마음을 고집하는 것은 최악의 선택입니다. 자기의 마음이 사라지도록 하는 무심은 최고의 선택입니다. 편견과 선입견에서 벗어나는 길입니다.

"나는 빈곤이 초래하는 극심한 고통을 느끼고 있는가? 나보다 더 고통스러운 사람을 위해 나는 무엇을 할 수 있을까?"

이런 질문이 공정무역의 근본적인 질문이고, 아름다운 세상으로 가는 첫걸음입니다.

세계 각국의 공정무역 포스터들

| 실전 학습 |

서울의 공정무역 샵을 찾아서

교과서를 기본으로, 예습복습은 필수로 하고, 선생님의 말에 답이 있으니 사교육 필요 없이 수업시간에만 집중하라는 수능 만점자들과 전교 1등들 얘기를 백날 천날 들어 봤자 내 성적은 늘 그 자리다. 내 성적이 달라지기 위해서는 내가 직접 교과서를 죽어라 밑줄 치며 읽고, 수업시간 5분 전과 5분 후에 진득하게 앉아 오늘 배울 것과 배운 것을 확인하는 시간을 갖고, 수업시간엔 꾸벅꾸벅 헤드뱅잉 대신 선생님 눈 똑바로 바라봐야 한다.

공정무역도 그렇다. 책 읽고 영상 보면서 끄덕끄덕, 암암 그렇지, 생산자에게 정당한 노동의 대가를 지불하는 게 중요하지, 세상이 이리 변해야지, 하면서도 파키스탄 아이들이 학교도 못 가고 만든 축구공으로 축구를 하고, 초콜릿을 단 한 번도 본 적이 없는 코트디부아르 사람들이 딴 카카오로 만든 초콜릿을 먹는다면 세상은 절대로 변하지 않는다.

그래서 준비했다. 공정무역을 통해 세상을 변화시키기 위한 발걸음을 이제 막 내디디려는 당신을 위해, 서울의 대표적인 (게다가 예쁘기까지 한) 공정무역 가게 세 곳을 소개한다.

페어트레이드코리아 '그루' www.fairtradegru.com

선선한 바람이 부는 가을. 시간마저 느릿하게 흘러가는 듯 조용한 안국동의 골목에 위치해 있는 '그루' 안국점을 찾았다. 문을 열자, 딸그랑, 경쾌한 종소리가 울린다. 한눈에 스캔 가능한 아담한 크기의 가게지만 다양한 종류의 물건들은 한눈에 스캔하기엔 조금 벅차다.

출입문으로 들어와 왼편에는 네팔에서 핸드메이드로 만들어진 조그마한 토끼며 부엉이 모양의 동전지갑과 필통, '안나푸르나에서 온 선물'이라는 사랑스런 이름의 브로치, 캄보디아의 폐모기장으로 만들어진 귀여운 휴대전화 고리 같은 작은 소품에서부터 멕시코와 동티모르산 커피며 베트남산 캐슈너트와 같은 식품, 향초, 장난감 등 말하기도 숨찰 만큼 다양한 공정무역 잡화들이 전시되어 있다.

각 제품에 태그로 달려 있는 생산자들에 대한 이야기와 공정무역 단체에 대한 소개를 읽는 것은 그루 가게를 구경하는 또 다른 재미. 그

오른편으로는 원피스, 조끼 등 그루가 제작한 의류들이 걸려 있다.

2007년에 브랜드 론칭을 하여 2008년 사회적기업 인증을 받고 이곳 안국점에 오프라인 매장을 오픈한 그루는 국내 최초의 공정무역 패션브랜드다. 국내에서 자체 디자인한 시안을 인도나 네팔, 방글라데시 등지로 보내 현지에서 의류를 제작하는 방식으로 옷을 만들어 내고 있다. 인도는 의류, 가방, 머플러 등에서 특히 강점을 보이고 네팔은 작은 소품이나 니트류, 방글라데시에선 봉제와 천연염색을 꼼꼼하게 잘한단다.

이러한 각국 특성에 따라 그루는 현재 23곳의 생산지와 협력하여 주요 프로젝트를 진행 중이다. 2012년엔 인사동 쌈지길과 대구에 2호, 3호점을 각각 열며 전국으로 매장을 확대하고 있다.

올해 새로 오픈한 쌈지길 그루는 안국동 그루와는 또 다른 분위기다. 안국동 그루가 아기자기하고 소담스런 매력의 가게라면, 늘 사람이 북적이고 생기 넘치는 쌈지길에 위치한 쌈지길 그루는 조금 더 세련된 느낌이다. 고객층도 다르다. 안국동의 주 고객층이 40~50대 여성들인 반면 쌈지길은 일본이나 서양인 관광객이 주로 방문한다고 한다.

"아무래도 서양이나 일본은 우리나라보다 공정무역에 대한 인식이 더 폭넓게 자리하고 있다 보니 '페어트레이드'라고 쓰인 문구를 보시고 찾아오는 분들이 많아요." 쌈지길 그루 매니저의 말이다.

"당신은 지금 누군가의 희망을 입고 있습니다." 쌈지길 그루 거울에 쓰인 문구다. 패션은 때로 신분의 상징이었고 부의 과시였으며 지금은 개성표현의 수단이 되었다. 하지만 그루는 지금 패션에 새로운 가치를 부여하고자 노력하는 중이다. 당신의 옷이, 패션이 누군가의 꿈과 희망일 수 있다고 말이다.

아름다운커피 www.beautifulcoffee.com

1초, 2초, 3초, 땡.

다시 1초, 2초, 3초, 땡. 1초, 2초, 3초, 4초, 땡…….

언제였는지 기억나진 않지만 어느 순간부터 거리를 걷다 보면 거의 3초마다 한 개의 커피전문점을 만나 볼 수 있게 됐다. 그만큼 커피는 많은 사람들이 사랑하고 즐기는 기호식품이고, 그 때문인지 공정무역을 대중적으로 알리는 데 큰 기여를 한 것도 커피였다. 내가 매일 마시는 한 잔의 커피에 얼마나 많은 이야기들이 숨이 있고 얼마나 다양한 사람의 손길이 녹아 있

는지 알게 되면서, 사람들은 '공정하게 커피를 마신다는 것'에 관심을 갖기 시작했던 것이다. 그 중심에 아름다운 커피가 있었다.

아름다운커피 안국점은 시내와 조금 떨어진 안쪽에 아름다운가게와 함께 조용하게 자리 잡고 있다. 테라스를 지나 카페에 들어서자 따스한 노란 조명과 원목가구들이 푸근하다.

페루 핫초콜릿과 라떼를 시키고 가게 내부를 둘러본다. 네팔 여자들이 입는 사리 비슷한 옷을 입은 여자와 가족들이 의자에 앉아 있고 그 주위를 빨간 커피콩이 달린 커피나무가 장식하고 있는 그림이 가장 먼저 보이고, 그 옆으로 '안데스의 선물'이나 '히말라야의 선물', '킬리만자로의 선물'로 대표되는 아름다운커피의 제품들과 페루산 핫초코 상품들이 보인다. 카페에서 단품으로도 구매 가능하다.

아름다운커피는 이러한 공정무역 제품들을 수입하여 판매하는 일에 그치지 않고 다큐멘터리 〈히말라야 커피로드〉와 포토에세이 『히말라야의 선물』 등의 문화적 작업을 통해 한국에 공정무역 시장을 알리고자 노력하고 있다. 뿐만 아니라 생산자들에게 품질 교육과 경제적 지원을 아끼지 않음으로써 더 나은 커피, 더 맛있는 초콜릿을 생산하기 위해 노력을 아끼지 않고 있다. 생산자들이 더 나은 품질의 제품을 생산하도록 하여 가난에서 벗어나 자립할 수 있도록 돕기 위해서다.

향긋한 커피 냄새가 카페를 가득 채우고 잠시 후 주문한 음료들이 나온다. 하얀 머그컵에 담겨 나온 따뜻한 음료를 한 모금 마시니 마음마저 푸근해진다. 페루에서 온 핫초코는 여느 카페들의 과도하게 달콤해 머리를 멍해지게 만드는 핫초코보다 덜 달았고, 씁쓸한 맛 없이 깔끔했다. 가격도 일반 프랜차이즈 카페보다 2천 원가량 저렴하다.

때로 오해와 편견은 얼마나 무서운 것인가. 공정무역 제품은 다른 것보다 더 비쌀 거라는 오해와 품질이 좋지 않을 것이라는 편견. 그런 오해와 편견을 넘어서기 위해 아름다운커피는 오늘도 달리고 있다.

메라하트 blog.naver.com/merahatt21

노랑 머리의 서양인, 연신 "가와이!"를 외치는 일본인들로 넘쳐나는 인사동. 형형색색 아름다운 빛깔의 복주머니며 한복을 입은 귀여운 인형들이며 하얀 실타래처럼 반짝이는 꿀타래 등의 가게들을 지나쳐 걸어가는데 반듯하고 환한 가게가 번쩍 눈에 뜨인다. 인사동 한복판에 자리잡은 메라하트다.

'나의 손'이라는 뜻의 메라하트는 패션브랜드 '이새'에서 설립한 공정무역 패션브랜드인 동시에 전 세계 공정무역 제품들을 모아 파는 국내 최초 공정무역 편집샵이다.

“이거 너무 예쁜데 공정무역 제품이기까지 하네” 하는 가게였으면 좋겠다는 대표님 말씀대로, 정말로 제품들이 너무 예쁘다. 비슷비슷한 옷과 신발들이 거리를 휩쓰는 요즘, 그중에서도 단연 눈에 띄는 선명한 색감으로 이루어진 디자인에 오가닉 코튼과 천연염색으로 만들어진 자연친화적인 제품들이다.

게다가 심지어 공정무역 제품이다. 삼청동이나 인사동의 여타 편집샵들과 비교해 보아도 손색없을 정도로 예쁜 가게라 오픈한 지 얼마 되지 않았음에도 불구하고 사람들로 북적인다.

“지나가다 가게 분위기가 좋아서 들어오셨다는 분들한테 저희 제품을 소개해 드리면서 공정무역의 의미까지 설명해 드리면 오히려 더 좋아하세요. 이 옷을 입으면 마음의 치유가 된다는 분들도 있구요.”

장은숙 홍보팀장의 말이다. 메라하트 역시 국내에서 디자인 시안을 작성하여 캄보디아나 태국 등 현지와 긴밀히 협력하여 생산하고 제작하는 방식을 채택하고 있다.

“지역마다 제품 특색이 달라요. 태국은 옷을 정말 잘 뽑아내구요, 특히 이 쪽빛, 정말 예쁘지 않나요? 캄보디아는 액세서리가 괜찮게 나와요.”

그밖에도 미국의 영부인 미셸 오바마가 착용했던 것이 인터넷으로 알려지며 유명세를 탄 아프리카의 볼가 바구니라든가 직접 핸드메이드로 짠 목도리와 장갑 같은 소품들, 오가닉 코튼으로 만들어진 인형 목베개와 같은 사랑스러운 소품들도 많다. 그중 내 맘에 쏙 들었던 건 아프리카에서 만든 초, 스와지 캔들이다. 팔랑이는 나비들이 가득하거나 금방이라도 사바나 초원을 달릴 듯한 얼룩말과 표범들이 그

려져 있는 초들은 인테리어 용품으로 사용해도 손색이 없을 정도다. 메라하트를 구경하며 언젠가 공정무역 책을 읽는 나에게 친구가 했던 말을 떠올렸나. 공정무역이 대인이 될 수 있을 거 같냐고. 사람들의 윤리의식이나 동정에 기대어 물건을 파는 것엔 한계가 있다는 게 그의 요지였다.

그때 나는 3초 정도 말문이 막혔었다. 하지만 이제 누군가가 내게 그리 묻는다면 메라하트에 가 보라고 말할 것이다. 여러분도 와 보시면 알 거다. 백문이 불여일견이다.

차민지 ● 미아

사진 출처 : 그루 홈페이지, 아름다운커피 홈페이지, 메라하트 블로그

공정무역 자기 주도 학습

책

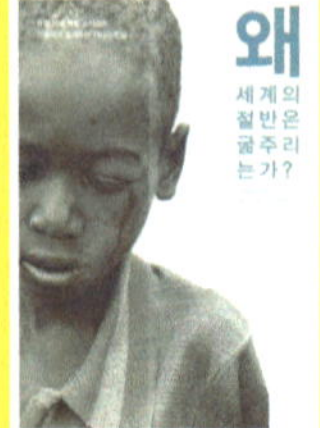

왜 세계의 절반은 굶주리는가?

(장 지글러, 2007, 갈라파고스)

힘없이 늘어진 팔다리와 애처로운 눈망울, 그 주위를 왱왱거리는 파리까지, 사랑하는 이도 매일 보면 질릴 텐데 아프리카의 이미지는 참 한결같다. 인간이라면 누구나 태어날 때부터 인권을 지니고 태어난다는 사실이 왜 그들에겐 해당되지 않는 건지. 불편한 마음으로 채널을 돌리는 것도 한두 번, 이쯤 되면 궁금하다. 아니 대체 왜, 수십 년째 기아는 사라지지 않고 있나요? 그들은 왜 늘 굶주리고 있어야 하나요? 이 물음에 단호하고 명확한 대답을 해 주는 책이다.

나쁜 초콜릿 (캐럴 오프, 2011, 알마)

사랑을 속삭이는 달콤한 초콜릿은 때로는 화폐로, 때로는 지배자에 대한 숭배의 표시로, 때로는 만병통치약으로 쉼 없이 모습을 바꾸며 성장해 왔고 앞으로도 탄탄대로로 성장할 예정이다. 하지만 우리가 잊지 말아야 할 것은 평생을 카카오를 따며 살아가지만 단 한 번도 초콜릿을 먹어 보지 못한 코트디부아르의 농민들, 그리고 당신의 초콜릿을 위해 죽어간 헤아릴 수 없을 만큼 많은 사람들이다. 이 책은 누구도 당신에게 속삭여 주지 않았던, 초콜릿에 얽힌 피와 눈물과 사랑과 배신의 이야기들을 낱낱이 들려준다.

인간의 얼굴을 한 시장경제, 공정무역

(마일즈 리트비노프 & 존 메딜레이, 2007, 모티브북)

혹자는 말한다. 언제까지 소비자의 동정심에 기대어 물건을 팔 것이냐고, 그것이 바로 공정무역의 한계라고. 이 책은 동정

심 말고도 당신이 공정무역 제품을 구매해야 하는 50가지 이유에 대해서 차근차근, 그러나 또박또박 이야기한다. 공정무역 제품을 왜 사야 하는지, 공정무역 제품이 왜 시중 제품보다 약간 더 비싼지 잘 모르겠다고? 이 책 한번 읽어 보시라. 공정무역이 동정심에서 비롯된 것이 아니라 우리가 다 함께 잘살고자 하는 시장경제임을 알게 될 것이다.

—— **다큐**

블랙골드 (프랜시스 & 닉 프랜시스, 2006)

길을 걷다 보면 3초마다 커피전문점을 볼 수 있는 나라에서 살고 있는 우리. 과연 커피는 어디에서 어떤 경로를 통해 오고 있는 것일까? 그리고 어쩌다 한 잔 커피값이 한 끼 밥값보다 더 비싸지게 된 것일까? 이 다큐멘터리는 그 해답을 찾기 위해 에티오피아의 커피 재배지부터 미국의 스타벅스 매장으로 이어지는 커피로드를 좇는다. 그 과정에서 우리는 우리가 지불하는 커피 값의 1%도 받지 못하는 커피 농부를 만날 것이고, 소비자와 생산자 사이에서 폭리를 취하는 다국적기업을 만날 것이다. 어떻게 그럴 수 있냐고? 다큐 〈블랙골드〉를 보면 알 수 있다.

히말라야 커피로드 (김영미, 2010)

세계의 지붕, 히말라야 그 깊은 숲속엔 말레라는 마을이 있다. 가파른데다 자갈로 거친 땅, 높은 산세 때문에 잘 들지 않는 햇빛, 농사짓기엔 최악의 조건을 갖추고 있는 마을. 그곳에 새로운 희망 하나가 둥실 떠올랐으니 바로 커피다. 최악의 영농 조건이 커피를 키우는 데 최선의 조건이 된 것. 남편을 저세상으로 떠나 보내고 혼자 네 명의 자식을 키워 내야 하는 젊은 엄마, 그리고 가족의 생계를 위해 학업도 포기하고 저 먼 도시로 떠나는 맏형. 커피나무에 소망과 희망과 기적을 담아 정성스레 돌보고 있는 그들의 이야기를 담았다. EBS 다큐프라임에서 3부작으로 방영되었던 이 다큐는 김영사에서 펴낸 책 『히말라야의 선물』로도 만날 수 있다.

차민지 ● 미아

환상과 현실을 넘나드는 마법의 언어

나는 여전히 불안해하고 두려워하는 중이다. 그러나 그럴 때마다 나 역시 아옌데의 양부가 그녀에게 해 주었던 그 한마디를 떠올린다. 나만 두려워하고 있는 것이 아님을, 누구나 헤매고 넘어지는 순간이 있음을, 삶은 원래 헤매고 넘어지는 순간의 연속이라는 것을. 질투어린 맘으로 읽던 아옌데의 소설은 어느새 제법 따뜻한 위로가 되어 있었다.

『백 년 동안의 고독』의 다양한 표지 디자인들

휘영청 보름달 뜬 밤, 이불 속에 파묻혀 귀를 쫑긋거린다. 한낮에 뛰놀던 언덕배기의 전설, 우연히 마주친 마을 사람에 관한 소문, 다락에서 찾아낸 잡동사니 따위에 얽힌 일화들을 할머니가 나직이 들려준다. 이야기꾼의 덤덤한 표정과 목소리에 가슴이 뛴다. 진짠가, 오들오들 떨면서도 눈을 빛내며 듣는다. 그러다 슬그머니 잠이 들면 못다 들은 이야기 꿈속에서 이어진다.

그런, 로망 있었거늘. 일 년에 두 번 찾아뵙는 할머니는 딴 방에서 주무셨다. 일하느라 바쁘신 부모님은 해가 지기 무섭게 코를 골며 주무셨다. 그렇게 난, 옛이야기 없는 세대가 되었다.

들어 본 적 없는 그리운 목소리를 성인이 다 된 나이에 책상 위에서 만났다. 가르시아 마르께스의 『백 년 동안의 고독』. 까마득한 시간들을 꺼내 놓듯 한 집안의 7대에 걸친 가족사를 풀어놓는다.

듣다 보면 피식 웃음이 나온다. 아이가 태어나면 가족 중 누군가의 이름을 따서 지어 주는데 그에 따라 운명이 갈리기 때문이다. 호세 아르까디오라 불리는 자들은 풍채가 장대하고 힘이 넘치며 행동에 거리낌이 없다. 아우렐리아노라 불리는 자들은 영민하고 지식을 탐독하며 사사로운 감정과는 거리가 멀다. 레메디오스들은 빼어난 미인이고 사랑과 관심 속에서 자라난다. 우르술라들은 생기발랄하고 애정이 넘치며 좌절하는 법 없이 강한 신념으로 삶을 꾸려 간다. 같은 영혼을 지닌 듯한 비슷한 인간들이 출현하면서 사건도 시간도 되풀이된다. 백 살이 넘도록 늙름한 우르술라가 중얼거린다. 모든 일이 쳇바퀴 돌듯 해.

1967년 발표된 이 소설은 셀 수 없이 재판되었고 유럽과 아시아 등 세계 각국의 언어로 번역되어 날개 돋친 듯 팔렸다. 소설은 죽었다, 흉흉한 소문이 나돌던 시기에 혜성처럼 등장한 '변방'의 소설은 20세기 최고의 대작으로 손꼽히며 세계문학에 한 획을 그었다. 곧잘 엇갈리곤 하는 비평가와 일반 대중들은 입을 모아 작품을 극찬했다. 각종 권위 있는 상들을 휩쓸며 영광을 더했다.

무엇이 그토록 사람들을 열광케 했을까. 소설 속에 특별한 사건이 벌어지는 것도 아니다. 지구 어디서나 볼 수 있는 인류 공통의 드라마다. 연애와 사랑, 복수와 번뇌, 문명과 종교, 자본과 전쟁, 학살과 혁명. 그런 얘기 하루 이틀도 아닌데, 이 책은 어찌하여 세상을 발칵 뒤집어 놓았을까.

그가, 마법을 부렸기 때문이다. 가브리엘 가르시아 마르께스. 그를 논할 때 빠지지 않고 등장하는 양식이 있다. 마술적 사실주의! 현실과 환상을 넘나드는 표현을 가리키는 이 말은 사실, 거추장스럽다. 구구절절 설명할 필요 없이 모든 것이 있는 그대로의 진실이기 때문이다. 의심할 데 없이 정직한 얼굴로 가르시아 마르께스는 이야기를 시작한다.

문명 바깥에 존재하는 외딴 마을 마꼰도에서 빼빼 마른 집시 멜끼아데스가 쇠막대기를 끌고 마을을 돌아다닌다. 그러면 근처 냄비와 솥을 비롯해 잃어버렸던 물건들이 유유히 나타나 쇠막대기 뒤를 쫓는다. 질겁한 주민들에게 집시는 말한다. 물건에도 생명이 있으며, 문제는 그 영혼을 일깨워 주는 일에 달렸다고. 호세 아르까디오 부엔디아가 아이들을 데리고 바다를 건너온 발명품을 구경하러 갔을 때 찬바람이 이는, '그 속에 석양빛이 갖가지 색의 별이 되어 무수한 꼬리를 끌며 흩어지는 투명한 큰 덩어리'를 보며 침착하게 말한다. 얘들아, 세상에서 가장 큰 다이아몬드란다. 그러자 지키고 있던 사나이가 발끈한다. 이봐요, 이건 얼음이라는 거요.

자석 그리고 얼음. 놀라울 것 없는 일상의 사물들이다. 그런데 미지의 것마냥 한없이 낯설어진다. 잘 안다 여겨 왔던 세상이 무너져 내리고 완고했던 벽이 허물어진다. 죽은 멜끼아데스가 다시 나타나 가르침을 전하고, 미녀 레메디오스는 이불을 널다 바람에 싸여 승천하고, 아마란따는 저승사자의 부름에 따라 제 수의를 정성스럽게 짓고, 일족의 멸망 직전 아우렐리아노는 이 집의 역사가 오래전부터 예견돼 있었음을 깨닫는다.

소설 속에 펼쳐진 세상은 뜻밖에도 낯설지 않다. 오히려 오랫동안 잊고 있던 기억처럼 따스하고, 반갑고, 익숙하다. 언젠가 다녀갔던 곳처럼.

어릴 적 시간들을 돌이켜 보면 꿈이었는지 현실이었는지 알 수 없는 일들이 많다. 그만큼 그 시절 내가 살던 세상은 나누어져 있지 않았다. 진실과 거짓, 실체와 환상, 안과 밖 할 것 없이 모든 것이 살아 숨 쉬고 나를 향해 은밀한 시선을 보냈다. 풍경과 냄새, 소리와 감촉과 맛은 먼 곳으로부터 건네진 장난과 수수께끼였다. 집과 담 사이에 난 통로, 한 번도 가 보지 않은 동네, 막다른 골목의 담 너머는 고스란히 환상의 길이 되어 펼쳐졌다. 바라는 일은 꿈속에서 했다.

바람 한 점, 잎새 한 점에도 비밀이 드리운 세상은 시간이 흐르며 엉뚱하고 순수한, 기발하고 어리숙한 유년의 공상으로 이름 붙여졌고 어느덧 나는 성숙하고 이성적인 '현실'을 살아가게 되었다.

책을 덮어도 짙은 여운이 가시지 않는다. 그때 그날들처럼, 다시 낯설게 둘러보고 싶은 향수에 휩싸인다. 들려주는 것으로 끝내지 않고 듣는 이들 속에 저마다 잠자고 있는, 또 다른 이야기꾼들을 살살 간지럽히는 가르시아 마르께스. 작가, 언론인, 대문호, 어느 호칭보다도 그에게 잘 어울리는 말은 역시 이야기꾼이다.

그가 말한다. 글로 쓴 것들 모두 자신이 직간접적으로 체험한 것들이라고. 새빨간 거짓말 같지만 7백 쪽에 달하는 새빨간 자서전에, 다 나온다. 그의 소설에 등장하는 인물들과 일화들이 곳곳에 흩어져 있다. 숨은그림찾기 하듯 알아보는 재미가 쏠쏠하다. 가장 믿기 힘든 승천 이야기를 비롯해 설마 했던 것들이 일상 깊숙이 녹아들어 있다.

마르께스의 새빨간 자서전 ⓒ고담

가장 허구적이라 여겨졌던 그의 작품들이 알고 보면 가장 사실적인 셈이다. 일말의 공상이 있다면 수치스러울 거라 말하는 그는 없던 것을 지어낸 것이 아니라 몸속에 떠돌고 있던 추억과 기억들을 주워 엮었을 따름이다.

가르시아 마르께스. 그의 인자하고도 짓궂은 얼굴이 새겨진 자서전까지 읽고 나면 『백 년 동안의 고독』은 다름 아닌, 자서전이라는 생각이 든다. 다만 돌아보고 풀이하고 각색한, 생애의 기록들.

삶에서 글은 나온다. 지금까지 살아온, 앞으로 살아갈 시간들이 쌓이고 교차하고 충돌하는 동안 무수한 이야기들이 생겨난다. 반복되는 일상 속에 날아든 씨앗 몇 톨은 오랜만에 만난 친구와의 수다에서, 우연히 손에 잡힌 책에서, 반쯤은 졸며 들은 강의에서, 마감에 쫓겨 겨우 해낸 과제에서, 천천히 싹을 틔우고 뿌리를 내린다. 먼 훗날 쓰이게 될 글은 그렇게 서문 한 토막 본문 한 토막, 모습을 갖추어 간다. 그러니 글을 쓰려면 단순히 책을 많이 읽고 기술을 갈고닦기에 앞서 주어진 매순간에 최선을 다할 일이다.

의심할 데 없는 이 명명백백한 진리에 문득, 간담이 서늘하다. 글을 쓴다며 청소를 미루고 외출을 피하고 만남을 꺼려 온 나는 정작, 가장 중요한 걸 놓치고 있었던 것 아닐까. 현실에 발 딛지 않은 채 써 내려간 글들은 공상이란 이름의 새빨간, 거짓말 아니었을까.

자주 가는 카페가 주요 배경으로, 마주 앉은 친구가 주인공으로, 일기장에 끼적인 내용이 극중 사건으로 등장하는, 미래에 쓰일 이야기를 지금 나는 살고 있다. 촉각을 곤두세워 섬세하게, 눈을 활짝 뜨고 세심하게 담아 두고 싶다. 언젠가 끌러 보일 내 삶의 풍경들을.

김민지 • 고담

언젠가 끌러 보일 삶의 풍경들 ©도로롱

스페인어판 『염소의 축제』 표지엔 르네상스 시대 화가 암브로조 로렌체띠의 '나쁜 정부의 알레고리'가 실려 있다. 한국어판도 동일.

기억과 소설 : 마리오 바르가스 요사의 『염소의 축제』를 읽고

덮고 있던 이불을 들추고 일어섰다. 밤이면 선명하게 들리는 울음소리 때문에. 목구멍을 사포로 박박 비벼 내는 것 같은 소리였다. 그 소리는 한밤중에 나를 염소우리로 향하게 할 정도였다.

우리에 도착하자 염소들은 내던 소리를 그쳤다. 나는 철창 너머로 염소들을 살펴보려고 했지만 까만 털이 덥수룩한 탓에 잘 보이지 않았다. 내가 돌아가자 염소들은 기다렸다는 듯이 다시 소리를 지르기 시작했다. 소름이 끼쳤다.

소설은 한 중년 여자의 휴가로부터 시작한다. 일주일간의 휴가 동안 35년간 가지 않았던 고향에 가서 그동안 연락하지 않았던 늙어 버린 아버지에게 과거(트루히요 독재 시절)를 얘기하며 상기하게 한다. 염소라는 별명을 가진 트루히요의 깐깐하고 규칙적인 일상생활, 그를 암살하기 위해 기회를 기다리고 있는 네 명의 암살자들 얘기가 번갈아가며 나온다.

트루히요가 암살당한 뒤에는 허수아비 대통령 발라게르를 주축으로 새로운 정권을 수립하는 과정, 암살자들의 도망과 최후 그리고 자신의 트라우마를 고백하는 우라니아의 이야기로 끝이 난다.

우리 집은 염소를 키웠다. 염소우리는 집 바로 옆에 있었는데 염소들은 자주 탈출했다. 철창을 훌쩍 뛰어넘거나 우리에 난 틈을 비집고 우르르 가는 곳은 대개 옆집 사과밭이었다. 그럼 집으로 전화가 울렸고, 전화를 받은 나는 부리나케 달려가서 손을 휘젓고 입으로는 큰 소리를 내면서 염소들을 우리 쪽으로 몰았다. 그 당시 나는 키가 150cm가 될까 말까였는데 염소 떼는 기다렸다는 듯이 곧장 우리로 되돌아갔다. 한심해 보이고 무기력해 보였다.
염소들의 운명은 우리에 있는 이상 정해져 있는 것이었다. 염소들은 끓는 물이 가득한 냄비 안에서 삶기거나 각종 한약재와 함께 약탕기에서 최후를 맞이할 거였다. 트럭에 실려 간 염소들 중 돌아온 염소는 한 마리도 없다는 것을 수없이 봐 왔을 텐데도 염소들은 우리가 텅 빌 때까지 도망치지 않았다.

소설에서 거의 언급되진 않지만 실제론 아주 중요한 역할을 맡고 있는 국민들을 생각하면 왜 트루히요를 31년 동안이나 독재를 하게 놔뒀을까 의문이 든다. 그들은 마치 우리에 갇혀 있는 염소들처럼 언젠가 잡혀갈 거라는 소리를 익히 들어 알고 있음에도 불구하고 어떠한 저항도 하지 않은 채 31년간 지내 온 것 같다. 결국 독재의 사슬을 끊은 것은 네 명의 암살자들이었다. 만약 그렇게 나서는 사람이 나타나지 않았더라면 그들은 트루히요가 늙어 죽을 때까지, 아니면 그 후에도 계속 독재를 당하고 있었을 것이다. 트루히요를 원했기 때문이었을까? 그건 아닐 것이다. 트루히요가 존재하는 한 국민들의 인권은 똥통에 빠진 휴지였기 때문이다. 그래서 새 정권이 들어서자마자 살해됐던 사람들, 실종자들, 감옥에 갇힌 사람들을 위한 시위와 편지가 물밀듯이 대통령 집무실로 들이닥친다.

독재자 트루히요

트루히요의 취미는 섹스다. 그럼으로써 그는 자신의 신체가 회춘함을 느끼고 활력을 되찾는다. 하룻밤을 같이할 상대는 관료들의 부인이나 딸이다. 관료들은 자신의 충성심을 증명하기 위해 자신의 부인이나 딸을 바친다. 그렇지 않으면 트루히요의 눈 밖에 나기 때문이다. 트루히요에게 거리낄 것은 없다. 그는 그런 일을 오히려 과시하고 관료들은 그런 그를 찬양하고 아부해 댄다.

그렇게 기세등등하던 트루히요에게도 약점이 있었으니 그건 늙어 가는 육체였다. 그래서 그는 자신이 아직 건재하다는 것을 보이기 위해 젊은 여자들과 하룻밤을 보냈던 건지도 모르겠다.

하지만 그는 딱 한 번 자신이 노쇠했다는 것을 인정할 수밖에 없는 상황에 놓인 적이 있었다. 그 일은 잠시 눈 밖에 났던 측근이 바친 딸과 함께 잠자리를 했을 때였다. 그날 그의 음경은 평소처럼 딱딱하게 서지 않고 축 늘어진다. 그는 비탄에 빠져 눈물을 흘린 뒤, 옆에서 떨고 있던 젊은 여자의 처녀막을 손으로 찢는다.

그 일은 혈기왕성할 때 벌어진 일이었는데 황당하기도 하고 당황스럽기도 했다. 자위를 몇 번째 연속으로 했을 때 일어난 일이었다. 평소처럼 주무르고 매만지면 딱딱해졌던 음경이 아무리 용을 써도 그대로인 것이었다.
순간 알 수 없는 공포를 느끼면서 내가 오늘 이걸 안 하고 자면 안 될 것 같은 기분으로 한동안 애를 쓰다가 결국 왠지 모를 열패감에 빠져서 잠이 들었다. 그래서일까, 트루히요의 당시 느낌을 조금은 이해할 수 있을 것 같다.

우라니아가 고향으로 가서 한 일은 늙은 아버지와 가족들을 만나 오랜 옛날 자신이 겪었던 고통을 고백하는 것이었다. 그녀는 35년간 그 일을 기억하고 있었고 어쩌면 그 일의 주모자였던 아버지가 한 행동 역시 기억하고 있었다.
아버지는 자신이 권력에서 밀려나는 것을 느끼고 (무슨 잘못을 했는지도 모른 채) 만회하기 위해 딸을 트루히요에게 바쳤다. 우라니아는 그 일 때문에 남자를 볼 때마다 역겨워졌다. 그래서 결코 사랑을 할 수 없는 처지가 되었다. 그녀는 이미 중년의 나이가 되었지만 마음에는 아물지 않는 상처가 남아 있는 것이었다.

상처가 깊을수록 흉터는 더 가혹하게 남는다. 남은 흉터는 두고두고 그 때를 떠올리게 하고, 어떨 때는 다시 터져서 더더욱 고통스럽게 상처가 될 때도 있다. 우라니아의 상처는 가늠하기 어려울 만큼 깊고 어두운 호수 같았다. 그 공포와 고통을 내가 어떻게 알 수 있겠는가. 오직 겪어 본 사람만이 아는 그런 고통일 텐데.

소설은 여러 가지 생각과 기억을 불러일으키는 것 같다. 꽤 괜찮았던 추억이 떠오르기도 하고, 전혀 기억하고 싶지 않았던 잊고 싶은 기억이 생생하게 떠오르기도 한다. 잊고 싶은 기억은 그대로 잊히면 좋겠는데 떠오르는 기억은 완전 복불복이라서 어떻게 할 수가 없다. 하지만 예전엔 부끄러웠던 기억이 나중엔 나름 좋았던 추억으로 느껴지기도 하니까 언제 기억나는지도 중요하다.

누군가 나를 기억하는 것도 큰 문제다. 부디 나를 좋게 기억해 줬으면 좋겠지만 내가 한 행동이 좋아 보이는지 안 좋아 보이는지는 사람에 따라 완전 제각각이기 때문에 어떻게 할 수가 없다. 트루히요의 추종자들은 이 소설을 매우 불쾌해하지만 내겐 완전 재밌는 것처럼 말이다.

조현우 ● 애매

부에노스아이레스 대형 서점에 진열되어 있는 이사벨 아옌데의 책들 ⓒ여치

페이스북을 탈퇴한 이유

: 이사벨 아옌데의 『영혼의 집』과 『운명의 딸』을 읽고

얼마 전, 페이스북을 탈퇴했다. 아예 그만둔 것은 아니다. 페이스북에는 '계정 비활성화'라고 하는 일종의 임시탈퇴 기능이 있기 때문에, 잠시 그만둔 것뿐이다.

친구들이 묻는다. 너 페이스북 탈퇴했더라. 왜 그랬어? 나는 페이스북에 너무 많은 시간을 뺏기는 것 같다고 답했다. 그리고 그건 어느 정도 맞는 말이다. 이 사람 저 사람 소식을 보다 보면 한두 시간이 금세 지나간다.

나는 곧 다시 할 거라고, 임시로 탈퇴한 것이기 때문에 언제든 맘만 먹으면 다시 할 수 있다고 얘기했다. 그러나 그게 언제가 될지는 나도 잘 모르겠다.

이사벨 아옌데를 만나다

그녀의 소설을 처음 접한 건 올 초 겨울의 일이다. 당시 나는 건강을 챙긴다며 단식원에 들어가 있었고, 굶는 것 외에는 딱히 할 일이 없었기에 평소라면 절대 읽지 않을 두 권짜리 장편소설을 단식원에 챙겨 들어갔다. 무료함을 달래기 위해 야금야금 읽던 책의 제목은 이사벨 아옌데의 『영혼의 집』. 난생처음 들어보는 작가의 소개란엔 '가브리엘 가르시아 마르께스를 잇는 라틴아메리카 최고의 작가'라는 화려한 수식어구가 쓰

『영혼의 집』과 『운명의 딸』 원서 표지

여 있었다.

그러나 책과 담장을 쌓고 살았던 나는 안타깝게도 가브리엘 가르시아 마르께스에 대해서도 잘 알지 못했다. 곧 남미에 갈 것이었기 때문에 얼핏 들어만 봤을 뿐. 어쨌든 한 대륙에서 최고의 작가라는 걸 보니 유명한 사람인가 보다 하며 책 읽기를 계속했다.

아옌데의 처녀작 『영혼의 집』은 복잡다단했던 칠레의 근대사를 4대에 걸친 한 집안의 역사에 담아 내고, 그 속에서 자신의 삶을 살아가는 여성들의 이야기를 그린 장편소설이다. 영험한 능력을 지닌 클라라, 인정받지 못한 사랑을 하는 블랑카, 혁명의 시대를 헤쳐 나가는 알바. 『영혼의 집』을 재밌게 읽은 나는 서울에 돌아와 아옌데의 다른 책도 찾아 읽기 시작했다. 두 번째로 접한 아옌데의 소설 『운명의 딸』은 얌전하던 요조숙녀 아가씨의 애인 찾아 삼만 리 여정을 담고 있었다.

알 수 없는 불편함

『운명의 딸』의 주인공 엘리사 소머스는 엄격한 영국인 가정에서 요조숙녀로 자라길 교육받는다. 바른 자세를 유지하기 위해 등에 쇠막대를 묶고 초경에 깜짝 놀라 실크로 가슴을 동여매던 이 아가씨는, 좋은 가문의 남자와 결혼시키겠다는 집안 어른들의 바람과는 달리 한 국영물류회사의 말단직원 호아킨과 불 같은 사랑에 빠진다. 그러나 호아킨은 골드러시에 휩쓸려 엘리사의 만류에도 불구하고 캘리포니아로 훌쩍 떠나 버리고, 엘리사는 뱃속의 아기와 함께 칠레에 남겨진다.

소설은 엘리사가 호아킨을 찾아 캘리포니아를 헤매는 여정을 다룬다. 애인을 찾겠다는 목적 하나로 무작정 캘리포니아행 범선 밑바닥에 숨어든 엘리사는 누가 봐도 무모했다. 혼자도 아닌 몸으로 오랜 시간의 항해를 버틸 수 있을지도 의문이었고, 무사히 도착한다 해도 그 넓은 캘리포니아에서 호아킨을 찾을 수 있는 가능성은 거의 없었다.

그러나 엘리사는 일단 냅다 뛰어들었다. 얌전한 숙녀로 자라 좋은 가문의 남자와 결혼하는 인생을 살고 싶진 않았다. 진정한 사랑이라 믿었던 호아킨과 결혼하고 싶었고, 그래서 그를 찾는 여정에 올랐다.

그리고 찾게 된다. 호아킨이 아닌 뜻밖의 어떤 것을. 안전한 울타리였던 동시에 폐쇄된 세계였던 소머스 가문을 벗어난 엘리사는 처음으로 자유를 맛본다. 꽉 끼는 코르셋이 아닌 헐렁한 바지 사이로 술술 들어오는 바람은 시원하기 그지없었다.

떠나간 애인에 대한 미련을 버리고 완전한 자유를 찾은 엘리사를 끝으로, 책을 덮었다. 책 한 권을 다 읽었다는 뿌듯함, 재밌는 소설을 읽은 데서 오는 만족감이 밀려왔다. 그러나 그와 함께 알 수 없는 불편함 또한 스멀스멀 올라왔다.

아옌데의 소설은 나무랄 데 없이 재밌었지만, 그녀의 소설을 읽고 나면 나는 항상 어딘지 한구석이 불편해졌다. 『운명의 딸』은 『영혼의 집』보다 그 감정이 더했다. 이게 뭘까. 애꿎은 책모서리만 꼬깃꼬깃 접어 댔다.

나는 자꾸만 넘어지는데

인정하기 싫었지만 그 감정은 질투심 비슷한 거였다. 그러니까 나는, 아옌데의 소설 속 여주인공들이 영 못마땅했다. 특히 『운명의 딸』의 엘리사. 기존에 정해져 있던 길, 제도를 벗어나 종횡무진하며 마침내 자유를 얻은 그녀의 모습에, 나는 기가 죽었다. 제도를 벗어났지만 늘 어딘가에 얽매여 있고 헤매고 넘어지기만 하는 내 모습이 그런 엘리사 위로 오버랩되었기 때문일까.

고등학교를 그만둔 내게는 잘살아야 한다는 강박 같은 것이 있었다. 잘 산다는 거. 그게 뭔지는 잘 모르겠지만 내가 선택한 길이 잘못되지 않았다는 걸 보여 주고 싶었던 것 같다. 여행학교 다니면서 이런 것도 하고 저런 것도 했다고 보여 주고 싶고, 대학도 괜찮게 가야 한다고 생각했다. 나는 '학교를 나온 이상 뭔가를 보여 줘야만 한다'는 것에 집착했다. 넘어지거나 길을 헤매는 모습 같은 것은 남에게 별로 보여 주고 싶지 않았다.

그러나 몸은 마음을 따라 주지 않았다. 넘쳐나는 시간을 어떻게 해야 할지 몰랐고, 지금 내가 이렇게 여행을 다녀도 되는 걸까 불안했다. 첫 번째와 두 번째 학기에 작업했던 결과물이 연이은 혹평을 듣자 움츠러들기 시작했고, 나만 빼고 다른 동료들은 다 한 뼘씩 성장하는 것 같아 초조했다. 난 왜 이렇게 헤맬까. 이러다 계속 헤매기만 하는 건 아닐까. 무엇보다 나를 무겁게 짓누르는 것은 '나 빼고 다 잘사는 것 같다'는 열등감이었다.

그래서 길 위에서 자신의 삶을 멋지게 살아가는 듯 보였던 아옌데의 소설 속 여주인공들이 마냥 부러웠고, 그 감정이 더 나아가 질투로 번지기까지 했다. 난 왜 저러지 못하는 걸까. 난 왜 끊임없이 남의 시선을 의식하는 걸까. 아옌데의 소설 속에는, 나처럼 헤매고 넘어지는 주인공은 없는 걸까.

다른 사람들은 너보다 더 두려워하고 있단다

있었다. '라틴아메리카 최고의 작가'라는 찬사 뒤로 오랜 망명생활, 결혼 실패, 딸의 죽음이라는 감당 못할 시련을 겪어야 했던 그녀는 다름 아닌 이사벨 아옌데 그 자신이었다.

삼촌 살바도르 아옌데 대통령이 쿠데타에 의해 실각한 뒤 군사정부의 블랙리스트에 오른 그녀는 베네수엘라로 망명을 떠날 수밖에 없었다.

망명생활은 외로웠고, 그 과정에서 남편과 갈등의 골도 깊어졌다. 망명지에 고립될 것 같은 불안함, 이혼에 대한 사람들의 손가락질. 그러나 아옌데는 그 모든 두려움과 불안함을 떨쳐 내고 일어섰다. 최고의 작가가 되고, 남부러울 것 없이 살아갔다.

이사벨 아옌데

그러던 그녀에게 또 다른 시련이 찾아온다. 사랑하는 딸 파울라의 죽음이었다. 식물인간이 된 딸을 아옌데는 1년 넘게 곁에서 지켜봐야 했다. 그리고 그녀의 간절한 바람에도 불구하고 파울라는 끝내 세상을 떠나고 만다. 아옌데는 좌절했다. 왜 신은 자기에게만 이런 고통을 주는 걸까 원망스러웠고, 다시 일어설 수 없을 것 같았다.

그러나 아옌데는 서서히 다시 일어섰다. 도저히 쓸 수 없을 것 같던 파울라의 이야기를 책으로 내고, 더 깊은 절망에 빠진 사람들을 북돋우며 한 발짝 한 발짝 걸어갔다. 어디서 그런 힘이 난 것일까. 그 밑바닥에는 그녀의 양부가 어린 그녀에게 해 주었던 한마디가 굳건히 자리하고 있었다.

"다른 사람들은 너보다 더 두려워하고 있단다."

그녀는 알았다. 넘어지고 헤매는 건 자신뿐만 아니라 세상 모두가 겪는 일임을. 외로움과 열등감, 다시 일어서지 못할 것 같은 두려움은 세상 모두가 겪는 감정임을. 그래서 두려운 순간이면 항상 마음속에 되새기고는 했다. 다른 사람들은 나보다 더 두려워하고 있다고.
그런 아옌데를 알고 나자 그녀의 소설 속 주인공들이 조금씩 다르게 보이기 시작했다. 『운명의 딸』의 엘리사가 캘리포니아행 범선 밑바닥에 숨어들기까지 겪었던 갈등, 애인을 찾지 못하게 될까 봐 느꼈던 초조함. 전에는 그녀의 영웅적인 면모만 보느라 알아차리지 못했던 것들이 하나둘 눈에 들어왔다. 그녀도 나처럼 헤매던 순간이 있었음을 알았다.

페이스북을 탈퇴한 이유

페이스북을 탈퇴한 이유는 간단했다. 다른 사람과 끊임없이 비교하며 불안해하고 있는 나를 발견했기 때문이다. 헤매고 넘어지기만 하는 나와는 다르게 다른 사람들은 다 잘살고 있는 것 같아 보였고, 거기에 계속 연연하게 되었다. 친구들이 어디 대학에 수시를 넣었네, 누가 어디서 상을 받았네 하는 내용들이 끊임없이 뉴스피드에 업데이트 될 때마다 나는 자꾸 그들과 나를 비교하고 뒤처지고 있다는 생각에 초조함을 느꼈다. 페이스북을 한 번 들여다볼 때마다 내 자신이 한없이 초라해졌고 앞으로 잘할 수 있을까 두려움이 앞섰다.
아옌데는 나보다 더하면 더했지 덜하진 않았을 것이다. 결혼에 실패했을 때 다른 이들의 손가락질이 두려웠을 것이고, 베네수엘라로 망명했을 때는 세상으로부터 고립되었다는 느낌에 외로웠을 것이다. 그리고 파울라의 죽음 앞에선 다시 일어설 수 없을 것 같았다. 그러나 그녀는 그런 순간마다 양부가 해 주었던 그 한마디를 되새겼다.

"다른 사람들은 너보다 더 두려워하고 있단다."

나는 여전히 불안해하고 두려워하는 중이다. 그러나 그럴 때마다 나 역시 아옌데의 양부가 그녀에게 해 주었던 그 한마디를 떠올린다. 나만 두려워하고 있는 것이 아님을, 누구나 헤매고 넘어지는 순간이 있음을, 삶은 원래 헤매고 넘어지는 순간의 연속이라는 것을. 질투어린 맘으로 읽던 아옌데의 소설은 어느새 제법 따뜻한 위로가 되어 있었다.

> "클라라는 세상은 눈물의 골짜기가 아니라, 신의 우스갯소리에 불과하다고 생각했다. 신도 심각하게 받아들이지 않는 것을 우리가 괜히 심각하게 받아들이는 것은 어리석은 짓이라고 믿었기 때문에 그녀의 주변에는 늘 환한 웃음이 그치질 않았다…."
>
> — 이사벨 아옌데, 『영혼의 집』 중

서지현 ● 여치

누구나 넘어지는 순간이 있다, 그녀처럼

영화 〈거미 여인의 키스〉 중 한 장면

브라보 마이 라이프 : 마누엘 푸익의 『거미 여인의 키스』를 읽고

어머나!

몰리나는 털이 보송보송한 다리를 쭉 뻗는다. 꽃무늬 민트색 목욕가운 사이로 삐져나온 다리는 발레리나의 발가락처럼 바닥과 묘한 긴장을 자아낸다. 그는 영화 속 프랑스 여배우의 목욕 장면을 따라하는 중이다. 뇌쇄적이라고 말하면서 치켜세운 발끝에선 세싱 끝에 선 떨림 같은 게 느껴진다.

미국 배우 윌리엄 허트는 영화 〈거미 여인의 키스〉에서 매끈하게 게이 연기를 해 내고 말았다. 그는 1987년 아카데미 시상식과 칸느 영화제에서 남우주연상을 차지하며 세계적인 연기파 배우로 거듭났다.

영화로 더 많이 알려진 『거미 여인의 키스』는 마누엘 푸익이 쓴 네 번째 소설이다. 주인공 몰리나는 같이 감방에 수감된 발렌틴에게 영화 이야기를 들려주는 게이로, 이 작품의 스토리를 끌고 가는 핵심인물이다. 사

마누엘 푸익

랑스럽고 섹시한 몰리나는 자주 볼 수 없는 소설 속 게이 캐릭터로 오랫동안 사랑받고 있다.

동성애를 중점적으로 다루는 소설을 통상 '퀴어(Queer) 문학'이라고 한다지만 난 이런 구분법이 별로 맘엔 안 든다. 그래도 궁금해지긴 한다. 이걸 쓴 사람은 혹시 게이가 아닐까.

호기심 반 의심 반으로 읽기 시작한 『거미 여인의 키스』는 마누엘 푸익의 다른 소설도 찾아 읽게 만들었다. 그러나 대부분의 작품들이 『거미 여인의 키스』와 달리 남녀의 사랑 이야기, 성적으로 자유분방한 남자와 여자의 관계를 다룰 뿐이었다. 풀이 죽었다. 게이면서 세계적으로 유명한 작가는 없을까. 그러던 찰나, 나는 무심코 눈길을 준 작가 소개란에서 비밀스럽게 숨 쉬고 있는 한 문장을 발견했다.

'동성애자이자 망명 작가이고 할리우드 고전영화에 광적으로 매료되었으며 스스로 영화감독이 되고 싶어 했던 것으로 알려진 이 남자는 1932년 아르헨티나의 헤네랄 비예가스에서 태어났다.'

얘, 글은 아무나 쓰니?

내 나이 열아홉 시절, 불과 몇 년 전이지만 그때만 해도 나는 마누엘 푸익처럼 게이라고 커밍아웃을 하지 못한 상태였다. 다른 친구들처럼 대학에 들어가기 위해 수능을 준비하며 독서실을 열네 시간씩 오가고, 입학사정관제가 시행되자 다른 스펙 좀 키워 볼까 하고 여러 단체의 체험활동 프로그램들을 기웃거릴 때, 우연히 서울시 청소년 직업체험센터의 '창의적 글쓰기'라는 모임을 발견했다.

글을 본격적으로 쓰기 시작한 건 그해 여름부터였다. 땀을 삐질삐질 흘리면서 처음 써 간 글에 다들 혹평만 쏟아 냈다. 모임의 선생님과 친구들은 느끼하다, 설부르다, 징징댄다, 뭘 말하고 싶은지 모르겠다며 평소 글은 좀 쓴다고 자부하던 나를 무참히 깨뜨려 주었다.

'창의적 글쓰기'에 나가면서 내가 배우고 익힌 건 삶의 거의 전부였다고 말할 수 있다. 매주 다른 주제로 성실히 글을 쓰고, 함께 모여서 다른 친구들의 글을 열심히 읽고, 혹평 속 한 줄기 칭찬에 다시 다음 주를 기대하는 식이었다.

그렇게 여름이 지나, 당연히 가을이 오고, 마침내 겨울이 왔을 때 나는 대학에 가기를 미루고 다른 배움을 더 해 보기로 했다. 순전히 글을 잘 쓰려고 노력했을 뿐인데 삶을 바라보는 시선과 살아갈 힘 같은 것이 생기는 게 신기했다.

열아홉 살의 내가 배운 글쓰기는 두 단계로 집약될 수 있다. 1단계, 멋진 이야기를 써 보겠다고 픽션을 시도하지 말고 자신의 경험을 멋지게 쓴다. 2단계, 고통스러운 순간에도 자기연민에 빠지지 말자. 그러니까 자기 자신과 거리를 두어야 한다. 말이야 쉽지만 솔직한 자기 이야기를 이미 지나온 기찻길을 바라보듯 담담하게 쓰는 일은 여러모로 용기와 내공이 필요했다.

얼마 안 가서 나는 첫사랑을 만났다. 그 전에도 숱하게 가슴 떨려했던 남자들은 많았지만, 공식적으로 그를 첫사랑이라고 부른다. 커밍아웃과 함께 사랑 고백을 하지 않으면 입이 간지러워 죽을 수도 있다고 생각했고, 누굴 좋아한다는 일이 고결함이나 낭만과는 거리가 멀다는 사실을 처음 깨달았기 때문인데, 첫사랑의 대상은 나보다 두 살 연하였다.

그는 어느 날 새로운 별자리(뱀주인자리)가 생겼다고 반말로 얘기했다. 종종 크고 빨간 보름달을 성미산 언덕에서 보았다고 문자를 보냈고, 달이 매일 1시간씩 늦게 뜬다는 사실도 알려 주었다. 그때마다 올려다본 밤하늘은 가슴 시리게 아늑했고, 난 그때마다 얘가 왜 나한테 이렇게 다정하게 밤하늘에 대해 얘기하나 싶어 가슴 설레고는 했다. 혹시 나를 좋아하는데 얘기할 용기가 없어서 괜히 별과 달로 환심을 사려는 게 아닐까.

결국 그 애에게 "널 심각하게 좋아해" 하고 먼저 용기를 내서 고백을 한 건 나였다. 당연히 그가 다른 여자를 좋아하고 있다는 사실은 그 이후에나 알게 됐다.

'창의적 글쓰기'에서 그가 남자인지 여자인지 숨기고 글의 소재로 삼았다. 그때 선생님은 이런 혹평을 날렸다. "글이 엄청 재미없네. 자기연민에 빠져 있어. 작가가 자기를 불쌍하게 그리는데 어떤 독자가 작가의 상황에 공감하겠어?"

첫사랑에게 차이고 시련에 빠져 있던 나는 스스로 게이는 신의 저주라는 피해의식에 빠져 있던 중이었다. '왜 난 남자를 좋아할까. 하필. 왜 나만.' 단지 A4 한 장짜리 짧은 글 때문에 내 마음을 전부 들켜 버린 기분이 들어 괜히 부끄러웠다.

그러고 나선 밝아지려고 노력했다. '나 게이야. 여자들은 툭하면 게이 친구 하나 생겼으면 하던데. 나랑 놀자. 난 누구보다 행복해. 저 봐라, 유명한 디자이너들도 다 게이야.' 이런 마음가짐으로 썼던 글들도 모두 이유 없이 들떠 있다고 혹평을 들었다. 게이가 특별한 것도 아닌데, 하지만 뭔가 특별하다는 마음도 없지 않았기 때문에 괜히 얼굴을 붉히며 고개를 숙이고 가만히 앉아 있었다.

집으로 가는 지하철에서 게이가 글을 쓴다는 게 뭔지 고민했다. 게이라면 꼭 게이라고 밝혀야 하나? 진짜 내 이야기를 하려면 하긴 해야겠지. 그럼 난 당장 '창의적 글쓰기' 친구들한테 밝힐 수 있나? 아니, 아직 난 못 해. 가슴 떨려서 심장마비로 죽어 버릴지도 몰라. 근데 게이라고 밝히더라도, 자기를 불쌍하게 여기지 않으면서 자기를 특별하게 여기지도 않고 글을 쓰려면 얼마나 힘들까.

자신과 거리 두기……. 근데 실제로 '게이 작가'가 있기는 한 거야?

게이, 글을 쓰다

문장 맨 앞에서 동성애자라는 단어를 발견하고 눈을 반짝였다. 어딘가 분명히 있을 거라 믿으며 20년 동안 기다린 백마 탄 왕자님이 갑자기 나타난 것처럼 반가웠다. 찬찬히 마누엘 푸익의 작가 소개란을 읽어 보았다. 책의 맨 뒤, 연보도 읽었다. 이 분, 꽤 파란만장한 삶을 살았다는 사실을 단박에 알 수 있었다.

1940년대 할리우드 영화 속 여배우들에 매료된 소년은 영화감독이 되기를 꿈꿨다. 여러 영화의 조감독과 번역 일을 하면서 밥벌이를 위해 접시닦이도 함께 해야 했다. 하지만 그는 끝내 영화 쪽에서 두각을 보이지 못한다. 에어프랑스에서 잠깐 일하던 중 우연히 탈고한 첫 소설이 프랑스 「르 몽드」 지의 주목을 받으면서 혜성처럼 문학계에 입문한 게 서른 중반, 그러나 노후의 평화롭고 풍요로운 시간은 찾아오지 않았다. 세 번째 소설에 등장한 동성애 묘사가 문제가 되면서 책이 판매금지 조치를 당했고, 그는 아르헨티나를 떠나 멕시코 미국 브라질을 전전하며 살았다. 망명생활을 하며 그가 처음 쓴 소설이 바로 게이 몰리나의 고군분투 사랑 이야기 『거미 여인의 키스』였다.

무미건조한 작가 소개와 연보를 읽었지만 나는 눈꺼풀이 떨렸다. 마치 내 앞에 다가오는 거대한 운명을 마주한 것 같은 기분이랄까. 한 사람이 태어나고 죽을 때까지, 날짜별로 사건이 빼곡한 연보는 마치 그리 정해져 있었던 운명 같았다. 영화를 좋아하던 중학생이었다는 말에서 게이라는 열등감에 혼란스러워하는 모습도 보이고, 첫 소설이 상을 탔을 때는 의기양양 세상을 바꿀 수 있을 거라고 기대에 부푼 표정도 상상이 됐다. 얼마 전 '공간 민들레' 선생님을 만나 같이 살고 싶다는 이야기를 힘겹게 꺼냈다. 엄마 아빠에게서 독립해야 한다는 강박이 조금 섞여 있었다. 나는 게이라는 사실을 팔았다.

"방 하나 비면, 저 살게 해 주세요! 저 게이라는 거 밝혀지면 집에서 쫓겨날 수도 있단 말예요."

떠듬떠듬 얘기를 꺼내면서, 난 내가 게이라는 사실이 독립에까지 영향을 주는구나 싶었다. 내 20대의 과제는 이건가. 내가 쓰고 싶은 것을 쓰려면 마누엘 푸익처럼 망명을 해야 할까. 아니, 현재로선 여기에 남고 싶은데.

『거미 여인의 키스』는 운명의 망망대해에 떠 있는 부표 같았다. 나는 그걸로 동서남북 방향을 가늠하고, 앞으로 바다에 뭐가 나타날지 예상하고, 누군가도 이곳을 무사히 지나갔다는 사실에 잠시 안도했다. 게이 작가와 이성애자 작가라는 구분법은 별로 맘에 들지는 않지만, 게이 작가가 더 많아졌으면 좋겠다. 『거미 여인의 키스』는 그 신호탄이다.

아르헨티나 국립도서관에서 찾은 푸익의 책들 ⓒ가재

영화 〈일 포스티노〉 중 한 장면

길 위의 친구들 : 파블로 네루다 시집을 읽고

모닝, 네루다

> 한 여자의 육체, 흰 언덕들, 흰 넓적다리,/ 네가 내맡길 때, 너는 세계와 같다./ 내 거칠고 농부 같은 몸은 너를 파들어가고/ 땅 밑에서 아들 하나 뛰어오르게 한다. //…// 벗은 몸, 이끼의, 갈망하는 단단한 밀크의 육체!/ 그리고 네 젖가슴 잔들!/ 또 방심(放心)으로 가득 찬 네 눈!/ 그리고 네 치골의 장미들!/ 또 느리고 슬픈 네 목소리!
>
> — 네루다, 「한 여자의 육체」 중

격정적이고 관능적이다. 소리 내어 읽기엔 혓바닥이 부담스럽다. 연거푸 입안에서 굴린다. 느낌표가 품은 정열에 쉬이 손댈 수 없지만, 은근하게 가슴이 요동친다. 파블로 네루다와의 첫 만남이었다.

한 학기 내내 네루다의 시를 읽었다. 시 모임을 주관하는 사람이 시를 선택하고 낭송하고 의견을 나누고 함께 소리 내어 읽고, 모임은 끝이 났다. 네루다가 이야기하는 방식은 종종 당혹스러웠다. 시를 낭송하다 자주 그의 호흡을 놓쳤다.

> 내가// 소금// 의// 목소리를 들었을 때// 나는 그// 고독// 속에서 몸을 떨었다.
>
> — 네루다, 「소금을 기리는 노래」 중

이런 식으로 두 페이지가 넘게 시가 이어졌다. 시인지 산문인지 모호할 만큼 시구를 늘어뜨리기도 했다. 낯설었지만 시집 한 권을 모두 읽었다. 노트에 베끼거나 시집 모퉁이를 세모지게 접어 놓거나 줄을 쳐 놓은 시가 모두에게 한 편씩은 생겼다. 종강하던 날 각자 좋았던 시를 읊었다. 삐끗하던 시 낭송은 적절한 호흡으로 부드럽게 이어졌다. 그만큼 그에게 친숙해졌다.

남미에도 다녀왔고, 네루다와 꽤 오랫동안 만나기도 했으니 그에 대한 글을 쓰기로 했다. 파블로 네루다. 천재적인 재능으로 열아홉 살에 첫 시집을 출간, 남미 전역에서 인기를 얻고 세계적인 시인으로 거듭난다. 나와 비슷한 또래에 칠레 영사로 활동했다. 말년엔 노벨문학상도 수상했다. 심지어 여자도 많았다. 뭐 하나 모자랄 것 없는 인간 같았다.
태생부터 나와는 다른 네루다에 대해 쓰자니 별 볼 일 없는 내가 한층 초라해 보여 내키지 않았다. 하지만 남미 문학에서 파블로 네루다를 빼놓을 순 없었기에, 자서전을 읽고 시중에 나온 시집들을 읽어 나갔다.

나에게 네루다는 연애시로 강렬하게 각인됐지만 그건 초기의 시일 뿐이었다. 전 생에 걸쳐 그의 시는 변했다. 사랑했고 이별했고 우울하고 방황하고 좌절했으며 절망했다. 그러다 스페인 내전을 겪으며 꽝 머리를 부딪히고 세상과 사람들을 만나러 나섰다. 끝내 그는 모든 걸 노래했다. 뿐만 아니라 그도 한때 찌질했고 소심했고 가난했다.

나는 안도했다. 파블로 네루다도 이런 시절이 있었구나. 나는 네루다만큼 소심하지도 가난하지도 않지만 묘한 동지애를 느꼈다. 그때부터 그의 시집을 읽고 또 읽었다. 그의 청년시절이 나의 지금과 같고 후의 삶이 내가 살아갈 삶이지 않을까, 하는 마음에서. 그러다 한 구절이 나를 애써 외면했던 과거로 끌어당겼다.

파블로 네루다(위)
남미 헌책방에서 찾은 네루다 시집(아래) ⓒ아띠

그 무렵 나는 수도에 도착했다, 가볍게/ 안개와 비에 젖어서. 그것들은 어떤 거리였던가?/ 1921년의 옷은 가스, 커피 그리고/ 벽돌들의 불쾌한 냄새 속에서 증식되고 있었다./ 나는 이해하지 못하는 채 학생들 사이를 걸었다./ 내 속의 벽들을 드러내지 않은 채, 매일같이/ 나뭇가지들을 위해, 빗방울과 잃어버린 달을 위해/ 내 보잘것없는 시를 찾으며./ 나는 그 속으로 깊이 들어갔다, 매일 밤

— 네루다, 「길 위의 친구들」 중

길 위의 친구들

그 무렵 나는 대학교 1학년, 신입생이었다. 입학식에는 유명한 가수들이 왔다. 대학교 로고가 박힌 티셔츠를 입고 꺅꺅거리며 열광했다.
OT에 갔고, 소주 일곱 잔에 취해서 노래 한 곡을 부른 것 같고, 몇몇 애들과 친해졌다. 한 달 새에 새로운 얼굴 수십 명을 만났고 통성명을 하고 전화번호를 나눴다. 너무나 쉽게 안녕안녕 인사를 하고 농담을 던졌다. 거리는 예쁘장하게 차려입은 여대생들과 카페와 파스타집, 분식집과 옷집으로 넘쳐 났다.
나는 그 사이를 둥둥 떠다녔다. 누구에게나 친근하게 굴었지만 누구와도 연결되어 있지 않았다.
수업은 대개 따분했다. 듬성듬성 학교를 나가다 아예 나가지 않았다. 아무것도 하지 않고 방구석에 처박혀 있고 싶었다. 수능을 다시 보겠느니

어쩌니 핑계를 댔다. 휴학을 했다. 소원대로 방바닥에 눌어붙었다. 밤에는 과거 속으로, 내 안으로 침잠하며 되는대로 끄적였다.

> 허나 돈은 모자라고-/ 못이 모자라고,/ 손잡이, 자물쇠, 대리석도./ 그렇지만 집은/ 계속 솟아오르고/ 무슨 일이 생긴다, 그/ 동맥 속에서 시작되는 고동.
>
> — 네루다, 「'라 세바스티아나'에게」 중

그즈음 내 또 다른 취미는 친구를 만나 커피 한 잔을 시켜 놓고 대학이 얼마나 구린 곳인지 몇 시간이고 떠드는 일이었다. 방구석 처지를 합리화라도 하려는 듯 여느 신문기사처럼 논리적으로 비판하고 맹렬히 비난하며, 그곳은 도저히 다닐 가치가 없는 곳이라고 열변을 토했다. 그러다 침묵이 찾아오고, 세상 다 그렇지 뭐 하는 씁쓸한 웃음과 깊은 한숨으로 대화는 끝이 나고, 터벅터벅 집으로 돌아왔다.

그럼에도 대학을 관둘 수 없었던 건 '자퇴'라는 단어가 내게 너무나 거대했고, '휴학생'이나 '대학생' 신분이 당장 알바 자리를 구하는 데도 유리했기 때문이다. 무엇보다 대학을 관둔다 해도 그 후에 내가 할 수 있는 일이 없었다. 공부를 한다면 대학에 가야만 한다고 생각했고 그 외의 길은 상상할 수 없었다. 대학은 졸업해야 한다는 사회적 시선을 무시하는 것도 힘겨웠다. 그래서 나는 대학을 옮기고(전에 다니던 대학 친구들의 얼굴을 다시 보는 게 창피했으므로) 조금 더 흥미 있는 전공을 선택했다. 한 달 후면 개강이었다. 이번에는 잘 다녀 봐야지, 스스로를 타일렀지만 마음이 싱숭생숭했다. 새벽녘 잠을 설치다 컴퓨터를 켰다. 등록금을 빼돌려 세계여행을 가 볼까. 순전히 충동이었고, 다가올 상황을 피하려는 필사의 노력이었다. 무작정 검색을 했다.

그러다 로드스꼴라를 알게 됐고, 거기에 가겠다고 고집을 피우다 맨발로 쫓겨났고, 정면승부가 매우 피곤했던 나는 철든 딸로 변신해 아빠를 설득했다. 공무원 시험을 준비한다고 했다. 아빠는 손수 문제집까지 사다 주셨지만, 나는 옷장 깊숙한 곳에 문제집을 숨겼다.

> 저녁에 계류해 있는 부두는 슬프다./ 내 삶은 피곤하고 목적도 없이 굶주린다./ 나는 내가 갖지 않을 걸 사랑한다. 너는 너무 멀리 있다./ 내 혐오는 지루한 황혼녘과 씨름한다./ 그러나 밤은 오고 나에게 노래 부르기 시작한다.
>
> — 네루다, 「여기서 나는 너를 사랑한다」 중

그때는 대학에 가지 않고 로드스꼴라에 가야 할 이유가 A4 두 장쯤은 됐지만, 사실 도망친 거였다. 길 위에서 배우고 논다는 환상적인 여행학교로. 대학도 싫고 집구석도 싫고 혼자 여행하는 건 무섭고 아무것도 안 하자니 불안했던 터여서, 도망치되 내가 잠시 속할 집단이 필요했다. 고등학교도 대학교도 아닌 로드스꼴라는 어떻게 공부할지 궁금하기도 했다. 막상 와 보니 와장창 환상이 깨지는 순간들이 몇 번 찾아왔다. 15살부터 21살의 청소년들은 나이의 경계를 허물고 서로를 닉네임으로 불렀지만 분명한 간극이 존재했고, 수업은 생각만큼 판타스틱하지 않았다. 완도와 청산도를 도보로 여행하고 스물한 명이 한집에서 3주간 복닥복닥 살았던 시간은 때로 끔찍했다. 여행 후 했던 첫 작업은 거의 말아먹다시피 했다.

한 학기 만에 나는 갈등했다. 계속 다녀야 하는 것일까. 남모를 후회와 갈등의 시간이 없어진 건, 3학기에 두 달간 남미를 여행하고 난 후였다. 그제야 지난 1년 반 동안 내가 무엇을 해 왔고 그 과정에서 어떤 것들을 얻었는지 뚜렷이 보이기 시작했다.

> 나는 모든 걸 물었다/ 혹시 그게/ 뭔가 더 갖고 있지 않은가,/ 모양과 형태 이상의 뭔가 갖고 있지 않은가,/ 그리고 나는 어떤 것도 공허하지 않다는 걸 알았다 -/ 모든 건 함의가 실려 있는/ 하나의 상자, 기차, 보트이며,/ 길을 걸은 모든 발자국은/ 돌에 씌어진 전보를 남겼고,/ 빨래하는 물속의 옷들은 / 그들의 전 존재를 뚝뚝 떨어뜨렸음을.
>
> — 네루다, 「조사調査」 중

로드스꼴라의 교육과정은 이렇다. 각 학기별로 주제를 잡고, 그에 관해 책도 읽고 강의도 들으며 공부를 한 뒤 여행을 떠난다. 돌아와서는 공부했던 것들과 여행에서의 경험을 토대로 공동작업 혹은 개인작업을 통해 다양한 작업물을 만들어 낸다.

나는 글쓰기에 주력했다. 여행에세이를 써서 문집으로 엮고, 잡지 「로드스꼴라」 창간준비호와 창간호를 만들었다.

내 손으로 무언가 완성해 나가며 발바닥부터 차곡차곡 힘이 쌓여 갔다. 작업이란 도대체 뭔지 혼란스러웠지만, 함께 만든 것에 점점 애정이 생겼다. 완성한 작업물을 손에 쥘 때면 정말 기분이 좋았다. 징글징글하게 얼굴을 맞대며 함께 작업해 온 떠별들에 대한 애정과 신뢰도 끈끈해져 갔다. 나는 그들이 정말로 좋았고, 함께 있는 게 행복했고, 같이 작업하는 건 괴로우면서도 즐거웠다.

'공동작업자의 품성을 기르고 스토리텔러의 능력을 함양한다.'

로드스꼴라 교육목적에 쓰여 있던 말이다. 머나먼 저 단어를 이제 내 몸이 안다. 우리는 수많은 이야기를 듣고 읽고 보았고, 이야기가 있는 곳으로 발품을 팔았고, 전해 들은 이야기들이 내 안을 휘저었고, 끙끙대며 나도 몰랐던 혹은 모른 척해 왔던 나의 이야기를 끄집어냈다. 동네 할머니와 백 년 전 살았던 소녀와 저토록 무심한 바위가 내게 이야기를 건넸다. 나는 들었고, 기억했고, 글로 썼다. 그 과정에서 수없이 나와 마주해야 했고, 나를 겹겹이 둘러싼 것들을 한 꺼풀씩 벗겨 냈다.

이제는 질질 짜지 않고 내 이야기를 할 수 있게 됐다. 대학에 가도, 가지 않아도, 삶은 끝장나지 않는다는 걸 안다. 홀딱 벗고 다 보여 줘도 부끄럽지 않을 사람들이 생겼다. 천지에 널린 이야기를 주우러 다니고 싶어졌고 그 길을 함께 걷고픈 이들이 있다. 함께 걷지 않더라도 그들이 사는 삶을 오랫동안 지켜보고 싶어졌다.

물은 또 다른 일이다./ 그건 그 자신의 빛나는 아름다움 외에 방향이 없고,/

상상할 수 있는 모든 색깔 속을 흐르며,/ 돌에서/ 명쾌한 교훈을 얻고,/ 그런 노릇들 속에서/ 거품의 실현되지 않은 야망을 이루어 낸다.

— 네루다, 「물」 중

나의 이십대 초반은 무정형 방황의 연속이었다. 할 일 없이 헤매고 도망치고 기웃거렸다. 그러다 불쑥 길이 나타났다. 나는 이제 좀 걸어 볼까 한다.

황지은 ● 아띠

직접 걸어 봐야 안다, 이 길이 어디로 이어지는지 ⓒ푸른

마술적 사실주의를 통해 현실의 지평을 확장시킨 가브리엘 가르시아 마르께스

도움글

새로운 상상력을 불어넣는 위험한 책들

: 라틴아메리카의 현대 고전소설들

송병선 ◦ 울산대학교 스페인 · 중남미학과 교수

상상력의 힘

라틴아메리카 문학을 전공했다는 이유로 나는 라틴아메리카 현대소설들을 개괄적으로 설명해 달라는 부탁을 종종 받는다. 이런 것은 라틴아메리카 문학의 중요성이 날로 부각되고 이에 대한 관심이 고조되면서 더욱 빈번해진다.

그럴 때마다 나는 고민한다. 글을 읽을 독자들의 성향이나 수준이 매번 다르기 때문이다. 특히 이번 경우처럼 독자들이 정신적 · 문학적으로 성숙되지 않은 청소년일 경우는 더욱 그렇다. 도덕주의자들의 관점에서 본다면 이 소설들은 매우 위험하고 저속한 내용을 담고 있으며, 사회주의적 관점으로는 퇴폐주의적인 부르주아 문학에 속하기 때문이다.

그런데도 이 글을 쓰는 이유는 무엇일까? 라틴아메리카 소설들이 위험할지라도 무한한 상상력을 제공하기 때문이다. 여기서 상상력이란 기존

질서와 고정관념을 부수고 새로운 관점에서 사물을 바라보게 해 주는 힘이며, 따라서 기성세대가 가장 두려워하는 것이다.

가르시아 마르께스가 말하듯이, 청소년들은 학교라는 기성체계가 필독서라는 이름으로 강요하는 고전이나 교양 있는 책들을 그다지 좋아하지 않는다. 하지만 그들은 진정으로 좋아하고 흥미 있는 책이라면 화장실에 숨어서라도 읽는다. 라틴아메리카의 작품들은 그들이 '좋아할' 내용을 다루면서도, 진정한 상상의 힘을 통해 창의력을 갖게 해 준다.

세계문학을 주도하는 새로운 소설

일상적으로 통용되는 '고전'이란 동서양의 권위 있는 책을 뜻한다. 그런데 동서양이라는 말에서 라틴아메리카는 배제되어 있다. 그럼 라틴아메리카에는 고전이 없을까? 물론 고전은 있다. 그러나 그것들을 동서양의 것과 비교해 보면 굉장히 젊다. 동서양의 고전이 80대 할아버지라면 라틴아메리카의 고전들은 10대 후반 혹은 20대라고 말할 수 있다. 라틴아메리카의 고전은 20세기 후반의 고전이기 때문이다.

고전이 옛사람들의 삶만을 반영하고 있을 뿐 현재의 우리에게 의미하는 바가 별로 없다면, 이미 살아 있는 책으로서의 가치는 상실한 것이다. 다시 말하면, 작품이 현실을 반영하는 것만으로 끝나서는 안 되고, 미래의 삶을 위한 지침서이자 예언서가 되면서 현실을 변형시킬 수 있는 힘도 지녀야 한다는 것이다. 라틴아메리카의 고전은 현실의 반영일 뿐만 아니라 현실을 바꾼 작품들이다.

예를 들어 보자. 불과 20년 전만 해도 우리 사회는 권위주의적이고 억압적이며 획일적인 사고방식을 지향했다. 하지만 이제는 다양한 관점이 공존하고 개성을 존중하는 자유의 시대로 바뀌어 있다. 조금 유식하게 말하자면, 포스트모더니즘이 주창하는 다원성의 세계인 것이다. 그런데 이런 다원성의 세계를 촉진시킨 원동력이 바로 라틴아메리카 문학에 있다는 것을 아는 사람은 그리 많지 않다.

라틴아메리카 현대소설은 20세기 후반의 세계문학을 주도하면서 현대사상에 지대한 영향을 끼쳤다. 밀란 쿤데라, 움베르토 에코, 토니 모리슨, 살만 루시디, 주제 사라마구, 귄터 그라스뿐만 아니라 자크 데리다, 미셸 푸코, 모리스 블랑쇼 등 현대문학과 현대사상을 주도하는 작가들이 모두 라틴아메리카 문학의 영향을 받아 탄생했다는 사실만 보아도, 라틴아메리카 소설의 중요성은 쉽게 입증된다.

그렇다면 도대체 라틴아메리카 소설의 정체가 무엇이기에 이토록 중요하게 부각된 것일까?

환상적 사실주의의 거장 보르헤스

현실과 환상의 경계 허물기

합리주의적 사고방식은 19세기부터 전 세계를 강타한다. 합리주의란 쉽게 말하자면 원인이 있어야 결과가 나오며, 눈으로 보지 않으면 믿을 수 없다는 논리이다. 하지만 우리가 살고 있는 세계란 합리적 사고만으로는 해석될 수 없는 비논리적이고 불합리한 요인들로 가득하다. 가령 가장 과학적이고 합리적이라고 생각되는 의학 분야에서도 태반이 넘는 질병이 아직 그 원인도 규명되지 않고 있다. 라틴아메리카 소설은 바로 이런 인식에서 출발한다.

이런 관점은 원인과 결과라는 일반적인 세상의 논리를 파괴하고 전도시키면서, 우리가 자연스럽게 받아들이고 있는 현실이 우스꽝스럽거나 굉장히 놀라운 것임을 보여 준다. 그래서 라틴아메리카 소설은 일반적이고 일상적인 것을 비현실적이며 이상한 것으로 다루고, 비현실적이고 이상한 것은 지극히 일반적이고 일상적인 것으로 표현한다.

라틴아메리카 소설을 언급할 때면 '마술적 사실주의'(가르시아 마르께스) 혹은 '환상적 사실주의'(호르헤 루이스 보르헤스)라는 모순적 용어들의 집합체가 등장한다. 이런 작품들은 환상과 현실을 구분하는 서구의 논리적 경계를 허물면서, 합리주의적 세계관을 통해서는 보지 못했던 다른 현상들을 보게 해 준다. 그리하여 우리가 무의식적으로 수용하던 절대적 진리가 거짓이고, 현대는 중심이 사라진 탈(脫)중심의 세계라는 사실을 일깨우면서 다양한 진리들이 공존하는 다원적 세계로 이끌게 된다.

변방에서 중심으로

이제 청소년들이 왜 '노령기의 고전'을 읽지 않는지 생각해 보자. 가장 큰 이유는 그들이 재미를 느끼지 못하기 때문이다. 하지만 라틴아메리카의 작품들은 그렇지 않다. 그것은 라틴아메리카 작가들이 본질적으로 이야기꾼이기 때문이다. 그래서 옛날이야기를 읽듯이 즐겁게 작품 속으로 빠져들 수 있다.

이야기의 마술을 통해 그들은 라틴아메리카를 폭력으로 물들인 무자비한 죽음 및 고정관념과 싸운다. 그래서 그들의 작품에서는 마술을 통해 유토피아를 꿈꾸는 장면들을 쉽게 찾아볼 수 있다. 그들은 풍부한 상상력을 바탕으로 끊임없이 이야기를 만들어 내면서, 1960년대에 유럽과 미국 소설이 죽을 위험에 처했을 때 죽음과 싸워 이긴 주인공들이다.

라틴아메리카 작가들은 문화의 주류가 아닌 변방의 문화 속에서 탄생되었다. 그리고 서구의 논리체계를 파괴함으로써, 제국문화의 중심세력과 연루된 사실주의나 모더니즘 같은 기존의 중심문학과 차이점을 보인다. 이것은 뭘 의미할까? 그들이 문화제국주의적 태도에 대한 저항성을 띠고 있음을 보여 준다.

문화의 중심에서 벗어난 라틴아메리카의 문학은 중심을 자처하며 변방을 정복하려는 제국주의적 태도를 해체시키려는 주변문화의 의식적인 창작행위이다. 그것은 서구의 중심문화를 수용하고 자신들의 상황에 맞게 적절히 변형시킴으로써 이루어진다. 1970년대 이후 라틴아메리카 문학은 문화의 중심부에서 탄생한 작가들에게 커다란 영향을 끼쳤고, 그들이 중심권력의 관점에서 벗어나 비특권적이고 탈중심적 관점에서 자신들의 세계를 재조명하게 만들면서 바야흐로 세계문학의 변방에서 벗어나 중심으로 자리 잡는다.

그렇다면 이런 위험한 라틴아메리카의 대표적인 작품은 무엇일까?

추천하고 싶은 작품들

라틴아메리카 소설이 국내에 본격적으로 소개되기 시작한 것은 불과 10여 년 전의 일이다. 현재 국내에는 보르헤스와 마르께스를 비롯해 여러 작가들의 작품이 번역되어 있다. 보르헤스의 작품 중에는 『픽션들』과 『알레프』를 권한다. 이들 작품 속에서는 가상의 세계로 나타나는 환상과 실제 현실세계의 경계가 무너지고, 절대적 진리에 대한 회의와 합리적 사고의 비합리성 등을 엿볼 수 있다.

가르시아 마르께스의 작품 중에서는 '마술적 사실주의'를 통해 현실의 지평을 확장시킨 『백 년 동안의 고독』과 애틋한 사랑을 통해 폭력적인 현실을 조망하는 『콜레라 시대의 사랑』이 읽을 만하다. 그리고 2010년에 노벨문학상을 탄 페루 작가 마리오 바르가스 요사의 작품들 중에서는 소설의 새로운 지평을 개척한 『염소의 축제』와 합리적 사고가 황당

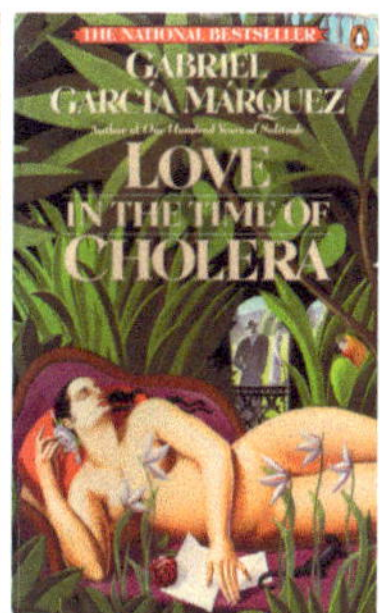

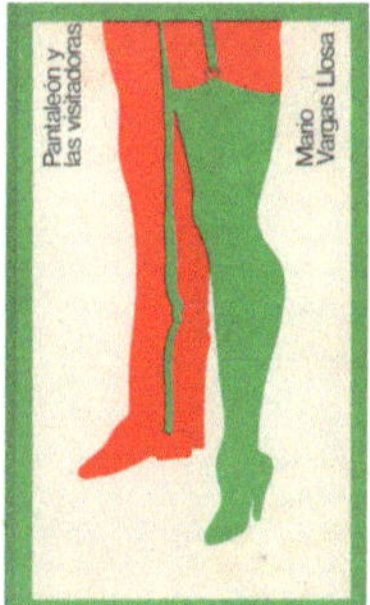

『픽션들』, 『콜레라 시대의 사랑』, 『판탈레온과 특별봉사대』, 『천사의 음부』 원서 표지

한 결과를 초래하는 『판탈레온과 특별봉사대』가 위험한 작품으로 꼽힌다.

대중문화를 고급예술로 승화시킨 마누엘 푸익의 『거미 여인의 키스』와 『천사의 음부』도 우리에게 많은 것을 암시한다. 앞의 작품은 동성애자를 비롯한 사회적 약자를 이해할 수 있는 관점을 제시하고, 뒤의 작품은 과거와 현재와 미래세계에서 수탈당하는 여성의 성(性)을 살펴볼 수 있는 책이다.

그밖에도 칠레의 억압적 현실을 마술적 사실주의로 풀어내는 이사벨 아옌데의 『영혼의 집』, 칠레의 시인 네루다를 새로운 눈으로 바라보는 안토니오 스카르메타의 『네루다의 우편배달부』, 라틴아메리카 환경문학의 대표작으로 꼽히는 루이스 세풀베다의 『연애소설 읽는 노인』 등도 청소년들에게 새로운 시선으로 세상을 바라볼 수 있게 해 주는 현대의 고전작품들이다.

부에노스아이레스 엘 아떼네오El Ateneo 서점

모든 이를 위하여

파블로 네루다

내가 그대에게 말해야 할 걸
문득 말할 수 없을 따름이다
친구여 용서해다오; 그대는 안다
그대가 내 말을 듣지 못할지라도
내가 잠들었거나 눈물 속에 있지 않았다는 것을,
오랫동안 그대를 보지 못했어도 나는
그대와 함께 있고 또 끝까지 그러리라는 것을.

사람들이 궁금해하는 걸 나는 안다.
"파블로는 뭘 하지?" 나는 여기 있다.
그대가 이 거리에서 나를 찾는다면
그대는 내가 바이올린을 갖고 있는 걸 알 것이다,
노래를 시작할 준비가 되어,
죽을 준비가 되어.

내가 이 사람들이나 그대에게가 아니라
다른 누구를 향해 떠나야 한다는 건 별것이 아니다.
그리고 그대는 잘 들을 것이다, 빗속에서,
들을 것이다,
내가 오가며 떠도는 것을.
그리고 그대는 내가 떠나야 한다는 걸 안다.

내 말이 그걸 모른다고 해도
확언하건대, 나는 떠난 사람이다.
끝나지 않는 침묵은 없다.
그때가 되면, 나를 기다려다오,
그리고 내가 내 바이올린을 가지고
거리에 도착하고 있음을 알려다오.

—『충만한 힘 : 파블로 네루다 시집』(정현종 옮김, 문학동네, 2007) 중

엘 아떼네오 서점 ⓒ도로롱

Hola Latin!

"sin prisa! 서두르지 않아도 돼!" 나는 내 속도에 맞춰 콧노래 부르며 걷다가 예쁜 벤치가 보이면 잠시 쉬고, 막다른 길이 나오면 다시 돌아서고, 갈림길이 나오면 좀 더 끌리는 쪽으로 가면서 내 길을 찾아가고 있다. 조금씩 천천히 흐릿하게 무언가 보이는 것 같기도 하다.

순수한 웃음과 따뜻한 마음을 보여 준 띠띠까까 호수 따낄레 섬의 주민들과 함께 ⓒ도로롱

Habla Español? 스페인어 할 줄 알아?

로드스꼴라 3기와 함께 두 달간 남미로 떠난 개인적 이유는 두 가지다. 하나, 열일곱 소녀부터 스물 둘의 나까지 옹기종기 모인 3기 떠별들과 두 길별(어딘, 플로로)과 1기 고담까지, 이 색다른 구성으로 지금 아니면 언제 여행을 해 보겠어. 그것도 지구 반대편의 남미를, 두 달이나.
둘, 이번엔 한번 시작한 일의 끝을 좀 보자. 언제나 야심차게 시작했다 시들시들하고 마는 나의 역사를 전복하고 싶었다.
그러니까 애초에 남미의 매혹 따위 날 사로잡지 못했다.

초초초짜 여행가

여행학교에 다니고 남미까지 다녀오니 새카맣게 탄 피부 덕분인지, 나는 어느새 '여행가'를 꿈꾸는 자유인 비스무리하게 비춰지기도 한다. 그러나 나는 완벽한 초보 여행자, 그것도 생 초짜다. 열아홉 땐 제주도 가자는 친구들에게 여권은 없어도 되냐 물었고, 남미로 향하는 비행기에서 안전벨트는 대체 어떻게 매는 건지 쩔쩔맸더랬다. 국내선조차 타본 적이 없으니 정말 첫 비행인 셈이었다.
로드스꼴라에 들어오기 전까지 길어 봤자 일주일 정도의 짤막한 여행 경력이 전부인 나는, 배낭여행자의 마지막 종착지라는 남미로 덜컥 떠나 버렸다.

이틀간의 비행 끝에 도착한 볼리비아의 수도 라빠스의 공항은 버스터미널 분위기를 풍겼다. 짐을 찾아 나오는데 볼리비아 아저씨들이 장난스레 질문을 던진다.

"아블라 에스빠뇰(Habla Español)?" (스페인어 할 수 있어?)
"노~. 아블라 꼬레아노(No~. Habla Coreano)?" (아니. 한국어 할 수 있어?)

천연덕스레 맞받아치니 곤란한 웃음을 지으며 손사래를 친다. 나도 웃음을 터뜨렸다. 매끄러운 출발이었다.

첫 여행지는 볼리비아의 UAC라는 원주민 대학이었다. 그곳에서 2주 정도 머무르며 스페인어 수업과 남미의 역사에 대한 특강도 듣고, 전통악기나 춤도 배우고 친구들도 사귀며 남미를 여행할 몸을 만들어 갈 요량이었다.

덜컹이는 버스를 타고 라빠스에서 5시간을 넘게 달려 어두컴컴한 밤이 되어서야 UAC에 도착했다. 늦은 시간인데도 몇몇 학생들이 손수 제작한 피켓을 들고 반겨 주었고, 멀미와 피로로 반쯤 정신이 나가 있던 터라 얼떨떨하게 저녁식사 대접을 받고 기숙사로 짐을 옮기고 침대로 엎어졌다.

다음 날부터, 깊숙한 산 속에 위치한 작은 대학교에서 열네 명의 동양애들은 온몸으로 호기심 어린 시선과 뜨거운 관심을 받아 내야만 했다. 길을 걸을 때면 모르는 애들이 인사를 하거나 빤히 쳐다보고, 교내 식당에서 밥을 먹으면 알아듣기도 힘든 질문 세례를 퍼붓는 바람에 땀을 뻘뻘 흘려 가며 대답해야만 했다.

나는 극심한 스트레스에

볼리비아 깊은 산 속, 작지만 따뜻한 학교 UAC ©도로롱

가운데는 스페인어 선생님 쏘냐, 맨 오른쪽은 코디네이터 로시오(위 왼쪽)
UAC에서 영어를 가르치시는 박혜정 선생님과 아들 고양이 왈리끼(위 오른쪽)
UAC를 떠나던 날 그곳 친구들과 함께. 촬영이 끝난 뒤엔 다들 펑펑 울었다.(아래) ©도로롱

시달렸다. 식당에 가지 않는 날이 많아졌고 길에선 슬금슬금 애들을 피했다.

살기 위해서라도 매일매일 스페인어 수업에서 배운 표현들을 필사적으로 외웠다. 당장 먹을 것 하나를 사더라도 스페인어를 써야 하니, 급격하게 실력이 늘긴 했다. UAC 애들이 던지는 질문도 그게 그거여서 나중엔 능숙하게 대답을 할 정도였다.
그럼에도 좀 더 이야기를 할라치면 서로 말이 안 통하니 난처한 표정과 어색한 침묵과 웃음으로 대화가 끊기곤 했다.

UAC에서의 마지막 날, 학교 축제를 구경하러 다 같이 아래 캠퍼스로 내려가던 길이었다. 해가 저물던 무렵이었고, 천천히 걷다 보니 어느새 학교에서 지내는 동안 코디네이터 역할을 해 주었던 로시오와 내가 맨 뒤로 처졌다. UAC에서 지내는 동안 매일 얼굴을 맞댄 우리는 자연스레 팔짱을 낄 만큼은 됐다.
묵묵히 길을 걷는데 로시오가 입을 뗐다. 자신의 가장 친한 친구들은 누구누구이고 그녀들은 지금 무엇을 하고 있고, 자기 남자 친구는 이렇게 만나게 됐고 어떤 사람이며, 자기는 미국에 갈 예정이고 영어를 못해서 겁이 난다는 이야기들. 마치 내가 전부 알아들을 수 있는 것마냥 조근조근 자신의 이야기를 들려주었다.
이상하게도, 로시오가 하는 이야기는 알아들을 수 있었다. 나는 자기 애기를 들려주는 로시오가 정말 고마웠고, 소통이라는 것이 단순히 언어로만 이루어지지는 않는다는 걸 체감했다.

볼리비아와 페루, 아르헨티나를 여행하며 명소란 명소는 빠듯하리만치 다 갔다. 지구의 속살을 마주한 듯했던 우유니 소금사막, 신비로웠던 마추픽추, 장엄했던 이과수 폭포. 전부 좋았지만 가장 생각나는 건, 남미를 여행하는 내내 우리를 맞아 주었던 따뜻한 마음들이다. 반짝이는 눈동자, 천진한 웃음, 마주 잡은 손의 온기, 정성 어린 대접. 그 마음에 힘입어 더듬더듬 스페인어로 이야기를 나눌 수 있었고 혹은 언어를 넘어 만나기도 했다.
그 먼 나라들에 애정이 생기는 건 사실 여행 중에 만났던 사람들이 있어서였다. 남미의 매혹은 다름 아닌, 사람들이었다.

어른이 되어야 해

탄력 있는 몸매의 소유자이자 룸메이트였던 완두콩은 종종 말했다. 아띠는 너무 가냘퍼, 아띠 다리는 앙상해. 그런 이야기를 들을 때면 나는 매우 상심한다. 또 다른 룸메이트인 랏차가 옆에서 위로하는 말로 탁구선수 같다 하면 좋아라 웃으면서도 착잡하다. 홀로 또는 삼삼오오 모여

배낭여행을 다니는 또래 친구들을 보면 항상 열등감에 휩싸인다. 이과수 폭포로 가던 버스에서 덩치 좋고 탄탄해 뵈는 동양 여자애 셋을 만났는데 그렇게 부러울 수가 없었다.

남미의 가장 큰 매혹은 사람들이었다. ©도로롱

그렇다. 나에게는 강하고 단단해져야 한다, 독립적이어야 한다는 강박 같은 것이 있다. 그렇지 못한 자신에 대한 미움도. 스물이 넘어서 대학이 아니라 대안학교에 다니는 것도, 혼자 하는 여행이 무서운 것도, 부모님에게 용돈과 학비를 타는 것도, 작은 체구와 별 볼 일 없는 근력도 모두 자랑스럽지 않다.

사실 체구가 작다고 약해 보인다는 건 어불성설이다. 이건 다 내면의 연약함이 주위 사람들로 하여금 그런 생각을 불러일으키는 거라고 생각한다. 그래서 주위 사람들이 강해져라, 어른이 되라, 책임질 줄 알아라 등의 충고를 하면 초조하다. 얼른 부모에게서 정신적 독립은 물론 경제적 독립도 해야 하고, 혼자서도 척척 뭐든 해 나가고, 뭔가 되어야 하고 그래야 하는데. 얼른.

여행이 준 선물

행복해 보이던 남미 사람들 ⓒ어딘

남미를 여행하며 많은 사람들을 만났고 다양한 삶의 모습을 마주했다. 그들은 역사책에 한 줄 쓰일 만큼 대단한 업적을 세운 건 아니지만 각자 나름대로 본인의 위치에서 할 수 있는 일을 해 나가고 있었다. 그리고 행복해 보였다.

변하고 싶어도 무엇부터 해야 할지 몰라 무력했던 나에게 그들은 하나의 길과 가능성을 보여 주었다. '작은' 일부터 마음을 모아 해 나가면 되겠구나. 아래서부터 차곡차곡 쌓여 가도록.

왠지 모를 자신감이 생겼다.

한국에 돌아와 매 학기 썼던 자기평가서를 작성했다. 이렇게 해야 하나 저렇게 해야 하나 늘 혼란과 초조로 메워졌던 총평란이 훨씬 단순하고 느긋해졌다. 앞으로 어떻게 할지 써 내려가면서도 지끈지끈 머리가 아프지 않았다. 살아갈 일이 너무 겁나고 두렵지만은 않겠다고 생각했다. 무작정 떠났던 여행이 준 의외의 선물이었다.

황지은 • 아띠

여행길에선 아이도 스승이었다. ⓒ가재

때로는 우연히 만난 풍경이 일부러 찾아간 곳보다 훨씬 아름답다. ⓒ도로롱

나 혼자 프롤로그

"나 이번에 남미 간다. 흐흐."

"우아 남미라니……. 진짜 가고 싶었는데 완전 부럽다."

"거기서 이과수 폭포도 가고, 우유니도 갈 거야."

"우유 뭐?"

나만 그런 게 아니었나 보다. 남미가 나라 이름인지 대륙 이름인지 흑인이 사는지 백인이 사는지 아무것도 모르면서 무작정 가 보고 싶단 생각을 한 게. 우유니도 몰라?라고 말하고 싶지만 남미를 본격적으로 공부하기 전의 내가 떠올라 피식 웃고 만다.

남미란 그런 곳인가 보다. 이름만 들어도 팔딱팔딱 심장을 뛰게 만드는 거친, 혹은 야생의 대륙.

1

"아, 저희가 남미를 가는 목적은 4가지가 있는데, 첫 번째는 남미 문학을 배우고, 두 번째는 세계화와 공정무역을 공부하고, 세 번째는 잉카 문명과 스페인 문화가 충돌하면서 생긴 하이브리드 문화를 들여다보고, 마지막으로는 대자연 앞에 서 보기 위해서지요."

사람들이 남미를 왜 가냐 물으면 이렇게 대답하곤 했다. 하지만 나에겐 학교의 기획안이 아니라 정말로 내 가슴을 움직이는 이유나 목적이 필요했다. 삶에 지친 몸과 마음에 바람을 불어넣어 주러 간다거나, 어쩌다 사진을 봤는데 그곳을 안 가면 미치겠다거나, 내 인생에 중요한 가르침이 필요하다거나 하는 절실한 이유.

남미를 나의 품 안에 ⓒ푸른

여행의 반이 지났을 때 그랜드캐니언보다 2배는 더 깊다는 꼴까 계곡을 가기 위해 치바이 마을에 들렀다. 우쿨렐레와 수첩, 그리고 녹음기 하나 들고 도로롱과 무작정 길을 나섰다.

'남미를 내 몸에 고이 접어. 저 높은 안데스와 드넓은 우유니까지.

내 몸은 우유니만 해, 내 몸은 한국의 50

여행이란, 그냥 보고 느끼고 가슴에 담는 것 ⓒ바리

배야. 크크크 지하철도 못 타!'

우쿨렐레를 뚱땅거리며 말 나오는 대로 부르다 보니 내가 남미에 온 이유가 생각났다. 그냥 이것들을 내 몸속에 담으러 온 거다. 세상에서 제일 크다는 이과수 폭포물 한번 맞으러, 잉카의 옛 도시 꾸스꼬의 예쁜 카페에 앉아 엽서 보내려고, 우유니 사막이 정말 소금인지 맛보러 온 거다.

그냥, 내가 남미에 있다는 것 자체로 이유가 되었다.

2

페루의 띵고마리아는 열대지방이어서 그런지 필리핀에 온 것 같은 느낌이 들었다. 열대나무에 위태로운 판잣집까지 싱크로율 99%였다. 띵고마리아의 숙소는 온통 잔디와 나무로 둘러싸인 곳이었는데 어찌나 필리핀과 똑같던지. 싱그러운 냄새와 햇빛, 그 기분까지.

나에게 필리핀이란 나라는 '첫 경험'이라 할 수 있다. 가장 처음 간 외국. 처음으로 4개월 동안 집에 들어가지 않았고 처음으로 대자연에 감동했다. 그리고 처음으로 짧은 기간에 '아, 행복해'라고 백 번도 넘게 생

페루인가 필리핀인가. 띵고마리아의 구멍가게 ©가재

각했었다.

그런데 정작 난 그곳이 어떤 곳인지 모르고 있었다. 제일 사랑하는 사람이 엄만데 '이은주'라는 여자를 잘 모르는 것처럼. 필리핀이 어떤 역사를 가지고 있는지 어떤 정치를 펼치고 있는지 공부한 적이 없었다.

숙소 앞 계단에 가만히 앉아 있는데 어렴풋이 내가 지냈던 마을에 큰 성당이 있던 게 기억났다. 그러고 보니 필리핀도 남미와 같은 스페인의 식민지였다. 아, 그래서 종교가 가톨릭이었구나. 근데 언어는 스페인어가 아니었는데 어떻게 다시 나라를 찾은 거지? 분명히 한국의 김구같이, 남미의 산 마르띤 장군같이 필리핀에도 독립운동의 영웅이 있을 텐데.

꼬리에 꼬리를 무는 궁금증들. 공부하는 여행이 2배로 더 재밌다는 걸 로드스꼴라에 다니며 느꼈기에 언젠가 필리핀에 가서 무엇인가를 해 보고 싶다는 생각을 했다. 남미에 와서 뜻밖에 필리핀이라는 나라도 함께 만나게 되었다.

3

남미 여행은 방황의 연속이었다. 서너 명이 팀을 이뤄 다니기도 하고 단둘이 다녔던 적도 있었다. 그리고 혼자 여행할 때도 있었다. 그때마다 한 손에 가이드북을 꼭 챙겨 들고 다녔지만 코딱지만 한 지도에 비해 눈앞의 거리들은 너무나 많은 갈래로 뻗어 있었다. 길을 잃기도 하고 새로

A VERY RARE
STEAKHOUSE
WELL DONE
Calle Tarija 243 B
Tel. 591-2-2310750
.uñaimugre.
11

운 길을 찾기도 하며 걷고 걸었다.

그러다 보면 일부러 내게 다가온 것 같은 길을 만날 때가 있었다. 부에노스아이레스의 플라타너스 가로수길이, 꾸스꼬의 햇볕 든 작은 광장이, 치바이 마을의 계곡이 훤히 보이는 벤치가 떡하니 내게 왔다. 운명처럼 연인을 만난 듯 콩닥거렸다. 그곳에서 잠시 쉬다가 또 열심히 걷다 보면 뿅, 도착지가 나타나기도 했다.

치바이 마을에서 만난 색색가지 양들 ©도로롱

아, 방황이 이렇게 즐거운 일이었나.

내가 집 앞에 있는 중학교가 아닌 먼 산골의 대안학교를 간 이유는 하고 싶은 일을 찾기 위해서였다, 라고 항상 말하지만 사실 초등학생 때부터 생각했다. 지극히 평범한 공부 수준에 지극히 평범한 생김새에 지극히 평범한 가정에서 자란 나는 로또에 당첨되지 않는 이상 그저 재미없는 사람이 되리라는 걸.

그래서 남다른 길로 들어선 지금 좀 특별해졌니? No, No! 차라리 남들 다 가는 고속도로로 가면 기름도 적게 들고 표지판이라도 있었겠지. 오

솔길로 빠져 헤매는 방랑자 꼴이다. 가족, 친지 등 주위 사람들이 "하고 싶은 일은 생겼어?"라고 물어볼 때마다 "아니요…"라고 얼버무리는 내가 너무 부끄럽고 '아휴, 쟤 어쩌려고 저러냐' 하는 눈빛을 보내는 그들이 너무 미웠다.

근데 이제 알겠다. 방황이라는 게 부정적인 단어가 아니라는 것을. 그건 신나고 재미있고 감동적인 일이 될 수 있다는 것을.

"sin prisa! 서두르지 않아도 돼!"

나는 내 속도에 맞춰 콧노래 부르며 걷다가 예쁜 벤치가 보이면 잠시 쉬고, 막다른 길이 나오면 다시 돌아서고, 갈림길이 나오면 좀 더 끌리는 쪽으로 가면서 내 길을 찾아가고 있다.

조금씩 천천히 흐릿하게 무언가 보이는 것 같기도 하다.

4

남미 여행에서 인상 깊었던 곳을 꼽으라면 UAC대학, 우유니, 꾸스꼬, 이과수 폭포 등 수많은 곳들이 머릿속에서 복작거린다. 그중에서 딱 한 곳만 고르라면 페루의 미라플로레스를 제일로 꼽겠다. 짧게 소개하자면 페루 상위 1%들이 집단을 이루어 사는 곳으로, 사랑스러운 집들과 값비싼 가게들이 즐비하고 공원에는 아이들이 엄마 아빠 손을 잡고 뛰어노는 천국 같은 곳이다. 첫날 둘러보았을 때 "와, 여기서 살고 싶다"라는

너무나 예뻤던 미라플로레스의 집들과 거리 ⓒ가재

말이 절로 나왔다.

남미 거리에는 항상 쭈그려 앉아 있는 서시와 놀망한 눈으로 손을 내밀던 아이들이 있었다. 맛있는 것을 먹고 나와도 거리에 앉은 사람들을 보면 왠지 찜찜해져 못 본 척 눈을 돌리기 일쑤였다. 그랬기에 쓰레기 하나 없는 미라플로레스는 문화충격이었다. 여기가 남미가 맞긴 한 건가. 너무 평화로운 이곳이 낯설기도 했지만 사람들이 다 행복해 보이니 나도 맘껏 행복해도 된다는 편안함이 있었다.
아, 그래서 이렇게 부자 구역을 만들어 놓고 사는구나. 플랜테이션 하는 대기업들이 아동노동을 모르는 체하는 것도 이런 맥락인가 보다.
나도 모르게 어느새 부자들을 이해하고 있었다. 조금만 더 가면 지붕 없는 집들이 있다는 불편한 진실을 모른 척하며 사는 것, 그것도 그리 나쁘지 않은 삶이라는 생각이 들었다. 간디학교와 로드스꼴라에서 제3세계 사람들에 대한 공부를 하며 가질수록 더 가지려고만 하는 거대자본들을 비판했지만 내 안에도 이런 욕망이 있었구나, 하는 걸 볼 수 있었다.

세비체를 맛있게 먹은 그날 밤, 고민했다. 내가 진정 원하는 삶이 이런 거였나. 아니, 넌 아마 미라플로레스에서 살지 못할 거야. 답은 이거였다. 여행하면서 들은 것과 배운 것은 사회적 약자들의 목소리와 공정무역이었다. 모른 척하며 발 뻗고 살기엔 이미 너무 많은 걸 알아 버렸단 생각이 들었다.
길별 어딘이 말씀하셨다. 여행을 많이 한 사람들은 결국 아프고 가난한 사람들을 위한 일을 한다고. 지구를 걸어서 6바퀴나 돌았던 한비야 씨는 지금 긴급구조요원으로 전 세계 어려운 사람들을 돕고 있다. 나의 삶도 그러하지 않을까. 희망이 없는 사람들에게 희망을 주는 일. 운명처럼 발길 닿는 곳엔 계속 사회적 약자들의 이야기가 있었고, 언제부턴가 나도 누군가에게 희망이 되는 삶을 살고 싶다 생각했다. 한 치 앞도 보이지 않던 길에 표지판 하나가 생긴 것 같았다.

앞으로 무슨 직업을 갖게 될지는 모르겠지만 내가 어떤 삶을 살아갈 것인지 골똘히 생각하게 만들었다. 부자 구역 미라플로레스는.

나 혼자 에필로그

"남미 잘 갔다 왔어?"

"응! 재밌었어."

"갔다 와도 뭐 그대로네."

당연하지. 사람들은 남미 여행 두 달 다녀왔다고 내가 뭔가를 크게 깨닫고 변화할 줄 안다. 사실 변한 건 때 낀 피부색과 풍만해진 엉덩이 정도. 아직도 편식을 하고 미워하는 사람이 있고 머리로만 효도한다. 그리고 여전히 앞날은 캄캄하다.

그래도 기대한다. 내 몸속에 차곡차곡 쌓여 있다 언젠가 불쑥 튀어나올 내 여행의 기억들, 이야기들.

김지아 ● 쟈기

캄캄하다, 그러나 캄캄하지 않다. ⓒ하루

남미의 하늘과 땅, 한때 피어났던 문명과 지금 피어나는 들꽃에게 "그라시아스!" ©가재

프로베쵸(잘 먹겠습니다, 잘 먹었습니다)

UAC 친구들이 앉아 있는 테이블에 가서 "올라(Hola 안녕)" 인사를 건넨다. 미소를 주고받고 맞은편 자리에 앉는다.
"프로베쵸(Provecho)."
먼저 한술 뜨고 있던 UAC 친구들이 "그라시아스(Gracias, 고마워)" 한다. 다소 어색한 분위기에서 밥을 먹기 시작한다. 간단한 통성명을 하고 나니 "다음 여행지는 어디냐, 볼리비아는 어떠냐" 묻는다. 나는 "오늘 나온 이 밥의 이름은 무어냐, 너희는 고산증이 없느냐" 묻는다. 사전을 찾아 가며 손짓 발짓 다 섞어 말해도 그들은 인상 한번 찌푸리지 않는다. 한국 노래를 듣고 싶다기에 블루투스로 음악을 주고받는다. 사진을 보고 싶다기에 송중기 사진을 내밀며 "El es mi novio!(내 남자 친구야!)" 하니 철석같이 믿는다.

숙소는 좁지만 마음은 넉넉했다. UAC 친구들과 떠벌들 ⓒ도로롱

이런저런 이야기를 하다 보니 어느새 밥 한 그릇을 뚝딱 비웠다. 친구가 먼저 일어나며 "프로베쵸" 한다. 내가 "그라시아스" 하자 다음에 자기 방에 놀러 오란다. 웃으며 "챠오(Chao. 잘 가)" 한다.

인천에서 출발해 뉴욕, 리마, 라빠스를 거쳐 도착한 첫 여행지 UAC. 비행기를 서너 번 갈아타고 기내식을 대여섯 번 먹고 화장실을 왔다 갔다 하고 정신을 차려 보니 나는 초록색 풀들이 반짝이는 UAC의 풀밭에 앉아 있었다. 해는 뜨겁지 않고 하늘은 마냥 맑기만 한 그곳에.

친구들과 함께 밥 먹고 밤새 춤추고 서툰 스페인어로 떠들다 보니 이십여 일이 훌쩍 지나갔다. 여행을 떠난다는 이유로 잔뜩 긴장해 있던 마음이 풀어지면서 입 속의 혀도 조금은 느긋해졌다. UAC 생활 막바지에는 밥을 먹기 위해서가 아니라 친구들을 만나기 위해서 식당에 갔다. 싫어하는 콩 요리가 나와도, 밥 먹는 중에 떠돌이 개가 다가와 빤히 쳐다봐도, 종종 안 좋은 냄새가 나도 좋았다. 소리 내어 웃었고 정말 친구 방에 놀러 가기도 했다.

꽌또 꾸에스따?(얼마예요?)

UAC에서 생활하던 중 부활절을 맞아 라빠스 구경에 나섰다. 가방, 스카프, 반지, 모자, 인형 등 예쁜 것들에 눈이 홀라당 뒤집혔다. 마침 여행에서 쓸 작은 지갑이 필요해서 가까운 가게에 들어갔다.

"이거, 음, 께, 끼엔. 아니……."

심각하게 얼버무리고 말았다. 다행히도 가게 아저씨가 친절하셔서 물건은 무사히 샀지만 나는 하루 종일 패닉이었다. 나름 1년간 스페인어 수업을 들었는데 말이다. 스페인어 선생님께서 남미 사람들은 영어를 하나도 못해, 라고 말씀하셨을 때 에이 설마요, 했는데 사실이었다. 그날 방에 돌아와 스페인어 회화책을 보며 "꽌또 꾸에스따?(¿Cuánto cuesta?)" 열심히 외웠다.

외워도 외워도 헷갈리는 쇼핑(위) ⓒ가재
노점의 콘도르 인형들(아래 왼쪽) ⓒ푸른
손은 만지작만지작, 입은 더듬더듬(아래 오른쪽) ⓒ가재

다음 날, 조그만 인형이 달린 브로치가 너무 예뻐 눈길이 갔다. 몇 개를 고르고 자신 있게 "꽌또 꾸에스따?" 했다. 가게 아줌마는 내 손의 인형을 세어 보고 말했다.

"Seis cincuenta boliviano(6.50볼리비아노야)."

또 패닉! 10까지는 얼추 알았지만 소수점 단위는 너무 어려워서 모두 외우지 못하고 남미에 와 버린 것이다. 그날은 방에 돌아와 10 이상의 숫자를 세는 연습을 했다.

연습한 숫자들을 읊어 보며 하루를 시작했다. 이제는 가격을 물을 수도 있고 알아들을 수도 있다. 두 마리 토끼를 다 잡다니, 아이고 기특하다. 머리를 쓰다듬으며 실전에 돌입해 보기로 했다. 마침 점심때라 거리의 즉석 버거 가게에 갔다. 이것저것 고르고 가격을 물었다.

"Doce setenta boliviano(12.70볼리비아노야)."

그대로 얼음. 머릿속으로 숫자를 처음부터 다시 되뇌고 손가락으로 세기도 했다. 답을 알아내기까지 걸린 10초는 10분과도 같았다. 진땀을 빼며 겨우 값을 지불했다. 주인 아주머니는 방긋 웃으며 "Chao, Chicas(잘 가, 소녀들)" 했다.

버거는 정말 맛있었지만 먹는 내내 굳은 다짐을 했다. 남미를 떠나기 전까지 모든 숫자를 익히겠노라. 그 결과 마지막 여행지 부에노스아이레스에서는 마침내 백 단위까지 자연스레 셀 수 있었다.

께 리꼬! (Que rico. 맛있다!)

페루에서의 첫 도착지 뿌노에서 저녁 먹을 곳을 찾다 보니 유독 '치파'가 많았다. 치파는 페루 사람들의 입맛에 맞춰진 중국음식점이다. 아시아의 맛을 느끼고 싶어 한달음에 치파로 달려갔다. 마침 날씨가 쌀쌀해 유행처럼 감기가 돌고 있었다. 따뜻하고 친근한 맛의 완탕을 한 그릇 싹 비우자 몸에 따뜻한 에너지가 가득 차올랐다.

세상의 배꼽이라 불리는 꾸스꼬에서는 '꾸이'를 맛볼 수 있었다. 꾸이는 페루에서 오래전부터 먹어 온 음식으로 '기니피그 구이'다.

해가 뉘엿뉘엿 질 무렵, 한 가정집에 도착했다. 우선 털이 뽀송뽀송한 기니피그 몇백 마리가 사는 우리 안을 구경했다. 쓰다듬기도 하고 예쁜 사진도 찍었다. 귀여운 기니피그들을 뒤로하고 나와 치차 한 잔을 마시자 곧바로 토막 난 꾸이가 눈앞에 나타났다. 가이드북에서 읽은 바로는 이빨과 발톱이 그대로 붙어 있어 많은 이들이 손댈 엄두를 못 낸다고 했다. 무슨 용기였는지 나는 발톱이 붙어 있는 통통한 뒷다리를 하나 들고는 꼼꼼히 발라 먹었다. 차마 손대지 못하는 친구들을 향해 "생각보다 맛있어, 먹어 봐" 하기도 했다. 지금도 손끝에 꾸이의 발톱이 느껴진다.

우리가 UAC에서 지낼 수 있었던 건 그곳의 많은 분들 덕분이었다. 그들을 초대해 한국음식 파티를 하기 위해 한국에서 재료들을 준비해 갔다. 그중에는 간장과 참기름, 고추장도 있었다. 워낙 넉넉하게 준비해 간 터

꾸스꼬에서 맛본 꾸이. 먹을 것 앞에선 없던 용기도 생겨난다. ©도로롱

라 파티가 끝나고도 양념이 남았고 그건 내가 보관 중이었다. 이것이 발단이었다.

페루에는 닭이 많다. 뽀요(Pollo)라고 부르는데, 하루 세 끼 중 한 번이라도 뽀요를 먹지 않는 것은 거의 불가능일 정도로 뽀요 천국이다.

양념들을 처리할 겸 닭볶음탕을 하기로 했다. 한국의 닭과는 비교가 안 될 정도로 큰 닭 한 마리와 양파, 감자를 샀다. 숙소 주방의 큰 냄비를 꺼냈다. 닭을 담고 얼마 남지 않은 간장의 마지막 한 방울까지 탈탈 넣고 참기름을 콸콸콸, 고추장을 들이부었다. 한참을 펄펄 끓였다.

그날 밤, 본의 아니게 닭볶음탕 파티가 벌어졌다. 그리웠던 한국의 맛을 느끼며 다들 "아, 대박"이라는 말만 되풀이했다. 큰 냄비의 국물까지 싹싹 다 비웠다. 유난히도 맵고 맛있던 꾸스꼬에서의 닭볶음탕이었다.

그라시아스(감사합니다)

남미를 헤매고 다닌 지 어느덧 50여 일. 그동안 '생존 스페인어'를 많이 익혔지만 가장 많이 한 말을 꼽으라면 단연 이 말이다. 길을 물어보고도 거스름돈을 받고도 시간을 물어보고도 친구한테 물건을 빌리고도 그라시아스(Gracias), 그라시아스, 그라시아스.

이 말을 가장 빛나게 구사했던 때는 아르헨티나를 떠나는 비행기를 타기 위해 갔던 공항에서였다. 출국심사를 하기 위해 줄을 섰고 금세 내 차례가 되었다. 아주 자연스럽게 "올라(안녕하세요)" 하며 여권을 내밀었다. 남미 여행에서만 비행기를 열두 번 탔으니 자연스러울 법도 하다. 여권을 대충 훑어보고는 꽝, 도장을 찍더니 곧바로 내게 여권을 돌려줬다. 아무것도 묻지 않고. 이렇게 쿨하게 보내 주는 곳은 처음인 것 같아 활짝 웃으며 말했다.

"그라시아스!"

두 달간 가장 많이 내뱉은 덕에 반짝반짝 윤기 나게 잘 닦여 있던 그 말은 당최 입에서 멀어질 생각을 하지 않았다. 일본 공항에 잠시 내려 환승을 해야 할 때 영어로 짐 검사를 설명해 준 직원에게 그라시아스, 화장실이 어디냐고 물어보았더니 한국말로 답해 준 직원에게도 그라시아스, 인천에 도착해서 입국심사를 하면서도 여권을 돌려받고는 나도 모르게 그라시아스. 생각할 틈도 없이 입에서 먼저 나와 버렸다.

입에 붙어 버린 한마디, 그라시아스! ©푸른

여행에서 돌아온 뒤 내 꿈의 배경은 언제나 공항이다. 로드스꼴라 친구들, 길벗들과 함께 큰 배낭과 함께 여권을 들고 서 있다.

그리고 말한다. 그라시아스!

김도연 • 도로롱

'어디에서 태어났는가' 가 운명이듯 '어떻게 태어났는가' 도 운명이다. ⓒ도로롱

남미로 여행을 떠나기 전 오랜만에 중학교 동창들을 만났습니다. 한 여자 친구는 남아메리카에는 왜 가냐고 의아한 표정을 지었습니다. 저는 자신에 찬 목소리로 말했습니다.

"우리 여행엔 네 가지 목적이 있어."

첫 번째는 사고의 전환을 이루어 낸 남미 문학의 현장을 둘러보고, 두 번째는 공정무역의 루트를 따라가면서 세계화와 자본주의에 대해 통찰하고, 세 번째는… 거대한 자연 앞에 서 보는 것. 마지막 네 번째는…….

따분하다는 듯 그녀는 하품을 했습니다.

"네 번째는?"

"어, 기억이 안 나네. 저번에 분명히 외웠는데."

결국 마지막 목적을 기억하지 못했습니다. 그리고 그 목적은 여행 중에도 떠오르지 않았습니다. 두 달간의 남미 여행은 한 가지 목적이 사라진 채 찝찝하게 시작되었습니다.

라빠스의 그날

새벽 두 시가 되었습니다. 첫 여행지였던 볼리비아의 수도, 라빠스의 숙소에서 신나게 룸메이트와 얘기를 나눴습니다. 룸메이트는 한 명뿐이었습니다. 올해부터 한 명의 남학생이 학교를 그만두면서, 원래 세 명이었는데 두 명으로 줄어든 것입니다. 여자 떠별들은 열한 명이었습니다.

룸메이트의 별명은 애매입니다. 애매는 평소 이런저런 질문에 "그냥" 혹은 "잘 모르지만 그런 것 같아"라는 식의 대답을 잘 합니다. 그래서 닉네임이 애매입니다. 지난 여행까지 애매와 저의 관계는 꽤 불편했습니다. 동기이긴 해도 나이로는 동생뻘인 그에게 잘해 주려고 노력했지만, 그는 매번 무표정하게 제 이야기를 흘려듣고는 "네, 맞아요" 하고 대답했습니다. 저를 무시하는 녀석을 평소 괘씸하게 생각하던 터였습니다.

"라빠스 되게 숨차지 않냐? 고도가 4천m 가까이 되는가 봐."

"네, 맞아요."

"오늘 어땠어? 대성당에는 가 봤어? 힘들지는 않았어?"

"네."

녀석은 언제나처럼 한국에서 챙겨 온 노트북을 켜 놓고 무언가 검색하고 있었습니다. 제 이야기는 귓등으로 듣고서 그가 몰입하고 있는 건 영화나 음악, 문학작품에 대한 인터넷 정보들이었습니다.

이야기는 역시나 그렇게 시작됐습니다. 저의 질문 하나와 그의 짧고 모호한 대답 하나. 그러나 둘만 있는 작은 공간과 여행 시작 즈음의 어떤 들뜨는 마음은 약간 내밀한 이야기까지 가능하게 만들었습니다.

"근데 다들 너보고 여자한테 관심 없다고 하는 거 알아?"

평소 같으면 금방 끝났을 대화가 새벽 두 시, 세 시까지 이어졌습니다. 별 이야기는 아니었습니다만, 남자라면 시간 가는 줄 모르고 집중하도록 만드는 긴장감 있는 수다였습니다.

그러나 바로 옆방이 길벗들의 방이었습니다. 다음 날 밤, 어딘이 저를

누구나 제 운명대로 살아야 할 터 ⓒ바리

불렀습니다.
"요새 왜 이렇게 늦게 자나요? 늦게까지 떠들던데."
"아, 어제는 애매랑 그냥 얘기하느라……."
"그래도 다음 날 작업하려면 일찍 자야지. 오늘도 졸려서 정신없이 헤매던데."
"죄송합니다."
그랬습니다. 휴식을 위한 여행이 아니라 여행기에 실을 사진도 찍고, 녹음도 하고, 글을 쓰기 위한 기초자료도 수집하는 작업 여행이었으니까요. 반성을 하고 다시는 밤을 새지 않기로 했습니다.

우유니 사막의 그날

잠에서 깼더니 옆 침대에선 애매가 이를 갈며 자고 있었습니다. 그리고 따뜻하게 데워 둔 전기패드가 차게 식어서 제 배 위에 힘없이 놓여 있었습니다. 곧 이상한 기분이 들었습니다. 또 오줌을 싼 것입니다. 시간을 보니 새벽 4시가 넘어 있었습니다.
지난 밤, 머리가 띵하고 구토 증세가 있었습니다. 4천m가 넘는 고산지대에서는 흔하다는 고산병이었습니다. 높은 곳에선 방광도 기압 차이에 반응하는 건가, 궁금해졌습니다. 지난 이틀 동안도 계속 새벽마다 팬티를 갈아입어야 해서 마침 팬티가 없었습니다. 애매의 가방을 뒤져 팬티를 찾았습니다.

애매는 항상 트렁크만 입습니다. 딱 달라붙는 속옷을 좋아하는 저는 그 사각팬티가 정말 입기 싫었지만, 오줌까지 싼 처지에 뭘 가리겠습니까. 당장 그 사각팬티를 들고 공용 화장실로 갔습니다. 추운데 따뜻한 물도 나오지 않고, 머리는 아프고, 오줌 냄새가 진동했습니다. 어쩐지 서러워졌습니다.

다시 방으로 돌아가서 전기패드를 따뜻하게 데워 이불 속으로 들어갔습니다. 잠이 쉽게 오지 않았습니다. 애매가 있는 침대 쪽으로 몸을 누이고 가만히 있었습니다. 사막에서 날아오는 모래바람 소리가 희미하게 들려왔습니다.

우유니 사막엔 소금은 아주 조금 있고, 사실은 모래가 더 많았습니다. 소금사막은 아주 작은 지역이었지만 붉은 모래의 우유니 사막은 계속 지프차를 타고 이동할 정도로 엄청난 크기였습니다.

그때 문득 별이 생각났습니다. 다음 날이 생일이었는데 혹시 제 별자리인 황소자리도 하늘에 떠 있을까 싶어 창문

좋은 운명 나쁜 운명이 따로 있으랴 ⓒ애매

을 열었습니다. 뼛속까지 에이는 바람이 사막에서 불어왔고, 별자리를 구분할 수 없을 만큼 별들이 정말 많았습니다.

띵고마리아의 그날

새벽에 애매는 제게 말했습니다.

"저는 저를 잘 모르겠어요."

"왜? 꿈을 가져 봐. 유명한 영화감독 되고 싶은 거 아녔어?"

"아녜요. 전 항상 만족하는데 다른 사람들은 제가 만든 게 영 아니라고 다시 하라고 하잖아요."

애매는 남미 여행 중에 영상 담당이었습니다. 애매는 자기가 찍고 싶은 대로, 자기의 직감을 믿으며 작업하는 축에 속했습니다. 근데 같이 영상 팀이었던 여자 친구는 애매가 헤드 룸(인물을 찍을 때 머리 위에 둬야 하는 공간)을 두고 흔들리지 않게 찍어야 한다고 주장했습니다. 애매는 자신이 찍은 게 최고라고 생각했는데, 그녀가 자꾸 간섭하니까 싫은 눈치였습니다.

전 꽤 긴 얘기를 했습니다. 예술가는 관객을 생각해야 한다는 어설프고 설익은 이야기였지만 그래도 나름 진지했습니다. 그 이야기는 사물을 사랑해야 한다, 사람을 사랑해야 한다는 이야기로 번져 갔습니다. 밖에

선 열대우림의 앵무새들이 울었습니다.
띵고마리아는 코코아 열매와 커피가 재배될 수 있는 열대기후 지역이라서 지금까지 돌아다녔던 황량하고 모래가 날리는 고산지대와는 차원이 다른 숲을 자랑했습니다. 울창한 숲을 보며 온몸이 짜릿했습니다. 숲에서는 남자들이 웃옷을 벗고 돌아다녔습니다.
애매는 덥다며 옷을 벗었습니다. 그리고 아무 말 없이 잠에 빠졌습니다. 제 말이 너무 뻔해서 재미없었거나, 아침에 돌아다녔던 숲속의 더위 탓에 피곤했을 수도 있었겠지요. 애매는 촌스러운 사각팬티를 입고 내 옆에 누워 잠을 잤습니다.

마지막 목적

엄마, 그 순간 저는 애매에게 사랑을 느꼈습니다. 처음 만난 애매는 괘씸하고 싸가지 없는 이기적인 동생이었지만 이제는 애틋한 감정이 들었습니다. 많은 밤들을 둘이 함께 얘기하며 지새웠고, 여행의 모든 소소한 것들을 나눴고, 서로의 고민을 들어 줬습니다. 아플 때는 서로의 손을 주물러 주었습니다. 그와 매일 그렇게 함께하고 싶다면 엄마, 그건 사랑이 아니고 무엇일까 저는 아직도 잘 모르겠습니다.
잊고 있던 남미 여행의 네 번째 목적은 남미의 혼합된 역사와 혼혈의 문화, 다양한 것이 공존할 수 있었던 이유를 들여다보는 것이었습니다. 하지만 제게 마지막 하나의 목적을 더 추가하라고 한다면, 거의 제 유일한 목적이었던 '사랑'을 언급하겠습니다.

어쩌면 다른 것들도 중요했습니다만 그것들은 제 삶에서 가장 중요해 보이지는 않았습니다. 그래서 누군가가 물었을 때 잊어버린 것이지요. 엄마, 하지만 어떤 건 가장 중요해 보였습니다. 저는 남미 여행 중에 애매에게 사랑한다고 말했을까요? 용기를 냈을까요? 사랑한다고 말하는 게 연애의 시작을 의미하는 건 아니니까, 이후의 경과는 비밀로 하겠습니다.

어쨌든 사랑하는 사람이 누구든, 좋아한다고 말할 수 있어야 합니다. 감정은 때때로 두 달 여행의 전부를 삼켜 버릴 정도로 크기 때문입니다. 고산도시 라빠스의 언덕을 올라갈 때 내쉰 내 지친 숨도, 우유니의 새벽에 본 수많은 별들과 띵고마리아에서 들었던 앵무새의 울음소리조차 모두 격렬한 사랑의 감정 앞에 작은 기억이 되어 버렸습니다.

남미 여행을 마치고 한국으로 돌아와 얼마 안 돼서 동창들을 만났습니다. 여자 친구가 물었습니다.

"여행은 좋았고?"

한동안 말을 할 수 없었습니다. 머릿속엔 애매가 가득했습니다. 네 가지 목적을 얘기하는 순간 난 재미없고 따분한 얘기를 반복하는 애로 생각될 게 뻔했습니다. 애매 얘기를 해야 하나 말아야 하나 고민했지만, 전하고 말았습니다.

"좋아하는 사람이 한 명 있는데……."

엄마, 남자가 남자를 좋아하는 일은 죄가 아니겠죠? 어떻게 그게 죄가 되는지 알 수 없어서 지난 몇 년 동안 여행을 다니며 세상을 방황했는지도 모르겠습니다.

'아모르 빠띠(amor fati)' 라는 말이 있습니다. 운명을 사랑하라는 뜻입니다. 그래야 행복해질 수 있겠습니다. 남미 여행을 하고서 저는 저 말이 무엇을 의미하는지 제대로 알게 된 기분입니다.

서정현 ● 가재

내 앞에 놓인 길들. 아모르 빠띠! ⓒ푸른

여행 준비물, 후회하지 말고 확인하자

남미로 가는 비행기는 직항이 없어 보통 미국이나 캐나다를 거쳐 간다. 시간이 많이 걸리기는 하지만 여러 나라의 입출국 도장이 찍힌 화려한 여권을 보면 뿌듯하기도 하고, 체류시간이 길 경우 경유국에서 잠깐 밖으로 나가 간단한 투어도 할 수 있다. 일석이조!

여권

여행 중 보물 1호로 챙겨야 하는 품목이다. 여행을 떠나기 전 반드시 여권 만기일을 확인해야 한다. 만기일이 얼마 남지 않았다면 새로운 여권을 발급받는 게 좋다.(*중간에 환승하는 나라의 비자도 확인해야 한다. 볼리비아와 미국은 비자가 필요한 나라다.)

여권 사본, 여권 사진

여행 중 여권을 분실했다면 재빨리 한국대사관에 가서 재발급을 받아야 한다. 이때 여권 사진 3장과 여권 사본이 있다면 보다 빠르고 쉽게 새로운 여권을 발급받을 수 있다.

달러

한국 돈을 페루나 볼리비아 돈으로 바로 환전하는 건 불가능하다. 일단 출국 전에 달러로 환전해 가고, 각 나라에서 다시 그 나라 돈으로 재환전을 해야 한다. 어느 나라나 공항 안에 있는 환전소는 비싸다. 그러므로 급한 상황이 아니라면 은행이나 길거리 환전소에서 환전을 하는 게 좋다. (*어느 곳이나 위폐 확인은 필수!)

손목시계

여행자에게 시계는 필수품. 잊지 않고 챙겨 갔더라도 약이 닳거나 고장이 나면 수리비가 더 들어간다. 가급적 기능성 손목시계를 준비하는 게 좋다.

가이드북

남미 여행서의 경우 여러 나라들이 묶음으로 나와 있는 경우가 대부분이다. 스페인어를 배운 적 없는 초보자라면 초보를 배려한 생활 스페인어가 담겨 있는 가이드북이 유용하다.

구급약

남미는 워낙 땅이 넓어 장거리 버스를 타야 하는 경우가 많기 때문에 멀미약은 필수. 또 기후가 우리나라와 정반대이기 때문에 감기에 걸릴 확률도 높다. 그러므로 종합감기약을 챙겨 가는 게 좋다. 손만 뻗으면 하늘과 닿을 듯 고도가 높아 고산병으로 고생할 수도 있으니 그 약도 꼭 준비하자.

손수건

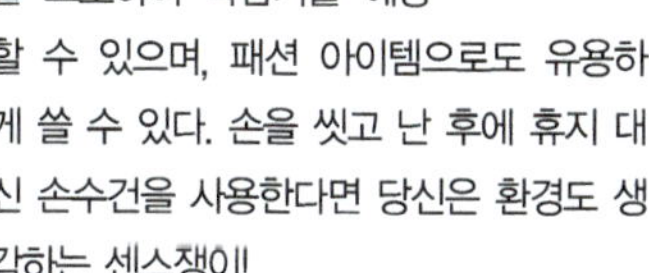

손수건은 여러모로 유용하다. 땀을 닦을 수 있고, 목을 보호하여 목감기를 예방할 수 있으며, 패션 아이템으로도 유용하게 쓸 수 있다. 손을 씻고 난 후에 휴지 대신 손수건을 사용한다면 당신은 환경도 생각하는 센스쟁이!

물통

큰 용량의 생수를 사서 물통에 조금씩 담아 다니면 여행 경비도 줄일 수 있고 환경 지킴이도 될 수 있다.

지도

아무리 길눈이 어둡더라도 지도를 들고 직접 찾아다니다 보면 길치의 운명에서 벗어날 수 있다. 각 지역의 안내센터에 가면 지도와 각종 정보들을 얻을 수 있다.

선글라스 | 선크림

남미는 자외선이 굉장히 강하기 때문에 기미와 주근깨가 생기는 건 순식간이다. 그림 같은 하늘을 올려다보고 싶으면 선글라스도 꼭 챙기길.

옷

옷은 최대한 가볍게 가져가는 게 좋다. 기능성 옷을 가져가면 땀도 빨리 마르고 빨래를 해도 금방 마른다. 양말과 속옷도 기능성이 있으니 참고하자.

지퍼백

일회용 봉지보다는 여러 번 쓸 수 있는 지퍼백을 사용하자. 편리하게 여닫을 수 있고 크기도 다양해 유용하게 쓰인다.

와이어와 자물쇠

짐을 어딘가에 맡길 때는 아무도 가져가지 못하도록 와이어로 꽁꽁 묶고 자물쇠로 완전무장을 해야 한다. 와이어는 빨래를 널 때도 유용하게 사용할 수 있다.

도시락, 숟가락 젓가락

도시락을 싸서 갖고 다니는 건 여행의 또

다른 재미 중 하나. 특히 남미는 광장이나 공원이 많아 소풍 기분을 만끽할 수 있다. 샌드위치나 볶음밥 등 특별식을 준비하는 재미도 쏠쏠하다.

세면도구, 여성용품

여행을 다니면 평소에는 안 생기던 피부트러블도 생기게 마련이다. 피부가 많이 건조할 수 있으니 수분을 충분히 공급해 주는 것으로 준비해야 한다.

수영복

남미에서는 종종 온천을 할 기회가 있다. 볼리비아의 우유니, 페루의 마추픽추 등에서 온천을 즐기고 싶다면 수영복을 꼭 준비하자.

멀티어댑터

흔히 '돼지코' 라고 불리는 멀티어댑터는 해외여행의 필수품.

침낭 | 핫팩

낮에는 덥지만 새벽과 밤에는 쌀쌀하기 때문에 여름철에 남미를 간다 해도 여름용 침낭 하나쯤은 챙겨 가는 게 좋다. 겨울철에는 겨울용 침낭과 핫팩을 가져간다면 감기 걱정은 끝.

MP3 플레이어, 책

남미 여행은 13시간 비행이 기본이다. 재미있게 읽을 수 있는 책은 비행 시간을 덜 지루하게 만들어 줄 것이다. 오랫동안 여행을 할 계획이라면 향수병에 걸릴 즈음 들을 만한 한국 노래들을 MP3로 담아 가는 것도 좋다.

백팩커의 집(Backpacker hostel)

여행 중엔 어디서 자야 할까. 경비는 정해져 있는데 호텔 값이 부담스럽다면 백팩커의 집을 찾자. 백팩커의 집은 호주머니가 가벼운 여행자들이 호텔보다 저렴한 가격으로 묵을 수 있는 유스호스텔이다.

호텔

돈이 있다면 당연히 호텔에 묵는 게 좋다. 훨씬 편안한 잠자리와 서비스를 즐길 수 있으니까. 수많은 호텔들 중 어디로 가야 할지 고민이 된다면 가이드북에서 추천하는 호텔에 가는 게 제일 좋은 방법이다.

정수윤 · 완두콩

| CA |

책, 책, 책을 읽읍시다!

이야기하기 위해 살다

(가브리엘 가르시아 마르께스, 2007, 민음사)

환상적인 문학세계를 구축하는 가르시아 마르께스의 자서전. 20세기 최고의 이야기꾼이 탄생할 수 있었던 배경을 살펴볼 수 있다. 한 사람의 운명을 엿보는 재미가 쏠쏠하다. 마냥 거짓말 같던 그의 소설들이 더할 나위 없이 진실된 이야기였음을 깨닫게 되기도 한다. 인자한 그의 얼굴이 새겨진 표지를 보고 에이, '거짓말하기 위해 살다' 겠지, 라며 웃는 사람에게 특히 더 권한다.

김민지 ● 고담

천국은 다른 곳에

(마리오 바르가스 요사, 2010, 문학동네)

화가 폴 고갱과 그의 외할머니 플로라 트리스탕의 이야기가 번갈아 나온다. 한 명은 예술을 향해 한 명은 혁명을 향해 미친 듯 달려간다. 좋은 작품을 탄생시키기 위해, 그리고 혁명을 이루기 위해서 죽을 듯이 노력하는 그들의 발자취를 따라가다 보면 어떻게 저런 작품을 남기게 되었는지 쉽게 납득하게 된다.

그러나 소설이기 때문에 어디까지가 진짜고 어디부터 허구인지 궁금해지는데, 그래서 저 둘의 생애에 대한 자료들을 찾아보고 싶어진다.

조현우 ● 애매

세상 끝 천 개의 얼굴

(웨이드 데이비스, 2011, 다빈치)

인류학자이자 민속식물학자이며 민족지학자, 모험적 여행자, 베스트셀러 작가, 사진작가, 영화제작자 등 다양한 수식어가 붙는 저자 웨이드 데이비스. 그는 단순한 호기심으로 세상에 있는 천 개의 얼굴들, 즉 다양한 인종권을 찾아다니는 여행을 한다.

이 책에는 그가 세계 구석구석을 여행하며 지역에 뿌리를 두고 고유한 삶의 방식을 지켜 가는 사람들을 만나 그들의 삶을 진정으로 포용하고 이해하는 과정이 담겨 있다. 후반부에는 그러한 민족들이 전통으로부터 단절되어 자본주의적 세계로 떠밀리는 현실에 대한 이야기가 펼쳐진다.

내가 사는 세상만이 전부라 여기며 단일한

삶의 방식에 묻혀 있는 현대인들이 다양하고 지혜로운 삶의 모습을 마주할 수 있는 책이다. 진하게 가슴을 터치하는 인물사진 또한 인상적이다.

황지은 · 아띠

인디커피 교과서 : 나를 위한 단 한 잔의 커피
(장수한, 2012, 백년후)

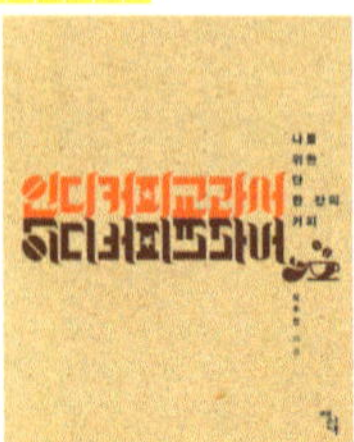

커피에 대한 모든 이야기가 이 한 권에 들어 있다. 커피의 기원부터 재배, 종류, 로스팅, 블랜딩 그리고 한 잔의 커피를 만들기까지. 평소 커피를 즐겨 마시던 사람에게도, 카페에서 알바를 하는 사람에게도, 이제 막 커피에 흥미가 생긴 사람에게도 모두 추천해 주고 싶다.

중간중간에 있는 커피 이야기들을 읽다 보면 지루할 틈이 없다. 무엇보다 독자가 자신만의 스타일로 커피를 완성해 가기를 유도하는 점이 인상 깊다. 거리에 카페들이 넘쳐나는 요즘, 이 책의 마지막 장을 덮을 즈음이면 당신은 이미 자신만의 커피 한 잔을 손에 들고 있을 것이다.

김도연 · 도로롱

잉카 최후의 날
(킴 매쿼리, 2010, 옥당)

5백 명의 삐사로 군대가 거대한 잉카 제국을 정복할 수 있었던 것은 스페인 군대가 잉카 제국보다 우월하고 강력했기 때문일까. 뭐, 강력하기는 했다. 그들이 가진 신식무기와 욕심은.

삐사로가 잉카 제국을 찾아가게 된 이야기부터 당시 잉카 제국의 상황, 양쪽의 군대와 개개인의 욕망까지, 삐사로 군대와 잉카 황제들의 입장을 모두 담아 낸 이 책에서는 잉카 최후의 날의 생생한 현장감을 느낄 수 있다.

김설아 · 바리

콜럼버스에서 룰라까지
(송기도, 2003, 개마고원)

라틴아메리카에서 인류의 희망을 보았다고 누군가 말했다. 절대빈곤과 기아, 처절한 상황을 버틴 인간은 그 생존력으로 새로운 세계를 상상할 수 있으리란 뜻이었다. 21세기 라틴아메리카는 스스로가 콜럼버스에게 '발견' 당한 게 맞는지 의심하고, 미국의 통제와 간섭에서 벗어나기를 꿈꾼다. 가장 고통스러운 곳에서 희망은 시작된다는 두근거리는 역설을 이 책은 꿰고 있다.

서정현 · 가재

여왕의 시대 - 역사를 움직인 12명의 여왕
(바이하이진, 2008, 미래의 창)

대항해 시대라는 게임에서 콜럼버스라는 단 한 번의 도박으로 판의 흐름 자체를 바꿔 버린 이사벨 1세. 그녀는 스페인의 전성기를 연 여걸인 동시에 종교박해로 유럽을 공포로 몰아넣었던 세기의 악녀로도 불린다.

그녀는 왜 그렇게 가톨릭에 매달렸을까? 궁에서 쫓겨나야 했던 어린 시절부터 콜럼버스를 만나기까지 그녀의 삶을 죽 따라가 본다. 이사벨 1세뿐만 아니라 스페인과 대립각을 세웠던 영국의 엘리자베스 1세, 측천무후를 비롯한 아시아 여왕들의 이야기 또한 흥미롭다.

서지현 ● 여치

1만 시간 동안의 남미 1~3
(박민우, 2008, 플럼북스)

1만 시간 동안의 남미는 세 권으로 나뉘어 있다. 그러나 그 세 권을 읽는 동안 전혀 지루해할 틈이 없다. 저자는 여행 내내 동동거리고, 우왕좌왕하며, 온갖 사건 사고와 맞닥뜨리기를 반복한다. 생생한 현장감이 느껴지는 글에 저자와 함께 동동거리고 불안해하다 보면 어느새 세 권을 완독한 자신을 발견할 수 있을 것이다.

책 읽기를 유독 싫어하는 나지만 이 책만은 스륵스륵 책장이 넘어갔다. 여행을 준비하는 사람이라면 현장에서 맞닥뜨릴 상황들을 미리 예상해 볼 수 있고, 여행을 갔다 온 사람이라면 '나도 저랬었지' 하며 킥킥 웃어 댈 수 있다.

정수윤 ● 완두콩

탱고 인 부에노스아이레스
(박종호, 2012, 시공사)

영혼을 위로하는 탱고, 그 뿌리를 찾아 부에노스아이레스로 여행을 떠난 저자. 은밀한 뒷골목에서 시작되어 세계 5대 오페라 극장 중 하나인 꼴론극장에 서기까지 탱고의 역사를 재미있게 풀어냈다. 부에노스아이레스에 가면 한번쯤 가 봐야 할 탱고카페와 그 밖의 명소들이 사진과 함께 설명되어 있다. 아르헨티나에서 탱고를 느끼고 싶다면 배낭 속에 꼭 챙겨 가야 할 책.

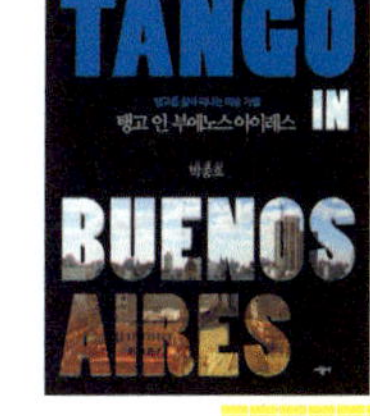

김지아 ● 자기

여행 전에 영화 한 편

모터싸이클 다이어리

(월터 셀러스 감독, 2004, 미국)

23살의 에르네스토 게바라는 친한 형 알베르토 그라나도와 남미 횡단여행을 떠난다. 가족들의 따뜻한 배웅을 뒤로하고 떠난 여행은 고생길의 연속. 밥 한 끼 얻어먹고 하룻밤 머물 곳을 찾으며 여행은 계속된다. 곳곳에서 힘들게 살아가는 사람들을 만나며 남미의 부조리한 현실을 직시하게 되는 에르네스토. 9개월 간의 여행을 마친 뒤, 그의 눈빛은 여행을 시작하기 전과는 달라져 있었다.

훗날 에르네스토는 체 게바라라는 이름으로 혁명을 위해 투쟁한다.

김도연(도로롱) ★★★★ 수많은 젊은이들을 바이크 하나만으로 남미 여행을 하게 만들었다지

서정현(가재) ★★★★ 혁명전야, 대륙을 훑는 조심스러운 그의 눈길

서지현(여치) ★★★★★ OST 'Al otro lado del rio' 만으로도 별점 다섯 개

조현우(애매) ★★★★ 여행이 끝난 뒤 주고받은 눈빛이 의미심장하다

미션

(롤랑 조페 감독, 1986, 영국)

이과수 오지에서 평화롭게 살아가던 원주민 과라니 족. 어느 날 그들도 모르는 새 영토분계선이 생기고, 포르투갈의 식민지에 속하게 된다. 포르투갈에서는 과라니 족을 감화시키느냐 전멸시키느냐를 두고 논쟁을 벌인다. 쳐들어오는 포르투갈 군대에 맞서는 과라니 족의 운명은 어떻게 될까? 그리고 그 사이에서 과라니 족을 보호하려는 신부들은 어떤 선택을 할까?

김민지(고담) ★ 과라니 족은 언제쯤 카메라를 들 수 있을까. 그들의 시선이 궁금타

김설아(바리) ★★★★ 이과수에 울려 퍼지는 백인들의 사명

김지아(쟈기) ★★★ 누구를 위한 예수인가!

서정현(가재) ★★★ 원주민 백인 할 것 없이 모두 예수님을 믿지만…….

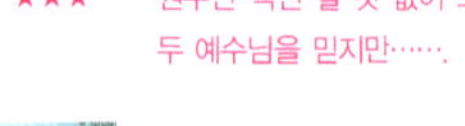

프리다

(줄리 테이머 감독, 2002, 미국/캐나다)

18살의 프리다. 버스와 전차가 충돌하는 사고를 당한 후 다리를 움직일 수 없는 그녀가 할 수 있는 유일한 일은 그림을 그리는 것뿐이다. 몇 년 후 프리다는 당대 최고의 화가 디에고에게 자신의 그림을 평가해 달라고 한다. 그들은 이내 사랑에 빠지고 결혼하지만 디에고의 바람둥이 기질은 사라지지 않는다. 뜨겁고 고통스러운 삶을 살았던 멕시코 화가 프리다 칼로의 일생을 담은 영화.

김민지(고담)	★★★★★	말도 안 되는 생명력, 살아 있는 프리다
서정현(가재)	★★★	선생님, 예술을 하려면 고통스러워야 합니까?
김설아(바리)	★★★★	그리고 그녀는 너무 멋졌다
김지아(쟈기)	★★★	내가 다리를 잃었을 때 할 수 있는 건 뭘까?

달콤쌉싸름한 초콜릿

(알폰소 아라우 감독, 1992, 멕시코)

동명의 소설을 쓴 라우라 에스키벨의 남편 알폰소 아라우가 영화화했다. 서로를 사랑하는 티타와 페드로는 '막내딸은 죽을 때까지 어머니를 돌봐야 한다'는 가족의 전통 때문에 결혼할 수 없는 처지다. 그런 티타를 보기 위해 페드로는 티타의 언니 로사우라와 결혼한다. 자신의 슬픔과 기쁨을 요리로 승화하는 티타. 사람들은 티타의 음식을 먹고 지독히 슬퍼하기도 하고 참을 수 없는 뜨거운 사랑을 느끼기도 한다. 티타와 페드로의 사랑은 이루어질 수 있을까?

김도연(도로롱)	★★★	끈질긴 요리와 지독한 사랑
황지은(아띠)	★★★	생각보다 더 쌉싸름한 영화
서지현(여치)	★★	책을 ctrl+c해서 영화에 ctrl+v
정수윤(완두콩)	★★★	책을 읽은 사람이라면 2% 아쉬울 듯

일 포스티노

(마이클 래드포드 감독, 1994, 이탈리아)

칠레의 국민시인 파블로 네루다가 한적한 어촌에 왔다. 그에게 오는 많은 양의 우편물 때문에 일이 많아진 우체국은 전속 우편배달부를 고용한다. 우편배달부 마리오는 그 인연으로 네루다와 대화를 하고 시를 배우며 우정을 쌓는다. 마리오는 오랫동안 마음속으로만 사랑하고 있었던 베아트리체에게 구애하기 위해 네루다에게 도움을 요청하는데…….

황지은(아띠)	★★	원작소설 『네루다의 우편배달부』 필독. 〈일 포스티노〉 감상은 선택.
서정현(가재)	★★★★	바람둥이와 순정남의 흥미로운 우정
김지아(쟈기)	★★★★	시를 쓰고 싶다면 사랑에 빠지면 된다
김설아(바리)	★★	시인에게 중요한 것은?

전환기, 배운다는 것에 대하여

조한혜정 (연세대 문화인류학과 교수, 하자 마을 주민)

잃어버린 세대, 잃어버릴 세상

부모와 시장이 키운 '스펙 세대'에 대해서는 기대를 접어야 하는 걸까? 대학생들을 가르치면서 요즘 들어 자주 떠오르는 생각이다. 사회현상을 관찰해 오라고 하면 대부분이 남의 이야기하듯 논술을 써 온다. 자기 이야기로부터 풀어 보라고 해도 개인의 테두리를 벗어나 자신을 바라보며 쓰는 글을 찾아보기 힘들다. 어릴 때부터 엄마와 학원 강사들이 시키는 대로 하면서 자라서일까? 제 고집대로 하던 예전 신세대들에 비해 이들의 세상은 너무 작고 성격은 너무 온순하다.

이른바 '일류대학'에 입학한 학생들은 입시 공부할 때가 행복했다고 하고 '스펙 쌓기'를 할 때 마음이 편하다고 한다. 단기적으로 수행해야 할 작업은 숙련공처럼 잘 해내지만 금방 답이 나오지 않는 질문은 듣기조차 싫어한다.

원자력 발전소를 짓는 것은 위험한 일이므로 안전보장이 확실해질 때까지 탈(脫)원전 운동을 펼쳐야 한다는 내 말에, 학생들은 기본적으로 동의는 하지만 움직이기 어려운 이유 수십 가지를 생각해 낸다. 그래서 대안은 뭐냐고 물으면 말이 없다. 그런 질문 자체를 아예 해 본 적이 없는 것이다.

인문사회과학의 기본인 자신과 남의 경계를 들고 나는 경험, 자신을 객관적으로 보는 훈련을 이들은 지금껏 받은 적이 없다. 그런 건 원래 열 살쯤 되면 이런저런 책을 읽고 친구를 사귀면서 저절로 하게 되는 훈련인데도 말이다. 대학에 들어와서도 스펙 쌓느라 바빠서 그런 경험을 하지 못한다. 그렇게 대학을 졸업하고 사회에 나간다 한들, 이 불확실성의 시대에 과연 세상을 제대로 살아갈 수 있을까?

부모에 의해 기획되고 관리된 아이들은 어른이 될 수 없다. 스스로 어려움을 헤쳐 나간 경험이 없는 아이들은 더더욱 그렇다. 반응(reaction)은 하지만 창조적인 움직임(proaction)을 할 줄 모르는 소극적 인간으로 남게 된다.

입시 교육의 무상함을 깨달은 부모들에 의해 대안학교에 간 아이들도 별로 다를 건 없다. 하루하루를 어영부영 보내고 마음 깊은 곳의 불안과 강박을 어쩌지 못한다는 점은 일반학교에 다니든 대안학교에 다니든 마찬가지다. 그렇다면 이 세대는 '잃어버린 세대'가 되는 것인가? 아니면, 조만간 잃어버릴 세상이 그들 앞에 놓여 있는가?

이런 암울한 질문을 하고 있을 때 원고 뭉치가 날아왔다. 『로드스꿀라, 남미에서 배우다 놀다 연대하다』의 추천사를 써 달라는 것이었다. 여행학교 로드스꼴라는 15~21세 청년들이 다니는 대안학교로서 '하자 센터'의 네트워크 학교들 중 하나다.

봄 학기 강의 준비로 분주하던 때라 부담이 없지 않았지만, 원고를 집어 든 뒤엔 4백여 쪽을 그야말로 단숨에 읽어 내렸다. 그리고 즐거운 마음으로 이 추천사를 쓰기 시작한다.

되찾은 시간 ; 시공을 초월한 만남을 통해 온전해지기

> 아옌데의 소설은 나무랄 데 없이 재밌었지만, 그녀의 소설을 읽고 나면 나는 항상 어딘지 한구석이 불편해졌다. …인정하기 싫었지만 그 감정은 질투심 비슷한 거였다. 특히 『운명의 딸』의 엘리사. 기존에 정해져 있던 길, 제도를 벗어나 종횡무진하며 마침내 자유를 얻은 그녀의 모습에, 나는 기가 죽었다. 제도를 벗어났지만 늘 어딘가에 얽매여 있고 헤매고 넘어지기만 하는 내 모습이 오버랩되었기 때문일까.
>
> 고등학교를 그만둔 내게는 잘살아야 한다는 강박 같은 것이 있었다. 잘산다는 거. 그게 뭔지는 잘 모르겠지만 내가 선택한 길이 잘못되지 않았다는 걸 보여 주고 싶었던 것 같다. …나만 빼고 다른 동료들은 다 한 뼘씩 성장하는 것 같아 초조했다. 난 왜 이렇게 해맬까. 이러다 계속 헤매기만 하는 건 아닐까.
>
> (서지현, '페이스북을 탈퇴한 이유' 중)

이런 질문을 던지는 여치 서지현은 그 대단한 작가 역시 똑같은 두려움 속에서 이 소설을 썼다는 걸 알게 된다. 작가의 아버지가 해준 말, "다른 사람들은 너보다 더 두려워하고 있단다"에 밑줄을 친 여치는 외로움과 열등감, 다시 일어서지 못할 것 같은 두려움이 일면 이 말을 되새기면서 기운을 차린다고 한다.

여치는 페이스북을 탈퇴하는 선취적인(proactive) 행동을 한다. 페이스북에서 다른 사람과 끊임없이 비교하며 불안해하는 '나'를 끊고, 그냥 불안하고 두려워하기로 한 것이다. 누구나 헤매고 넘어지는 순간이 있으며 원래 삶은 헤매고 넘어지는 순간의 연속임을 알아 버렸기 때문이라고, 그는 이제 외려 큰소리를 친다.

여행과 책과 글쓰기를 통해서 깨달음을 얻은 건 여치만이 아니다. 아띠 황지은 또한 그런 경험을 나누어 주고 있다. 사실 아띠는 대안고등학교 학생이 아니다. 대학에 입학해서 "둥둥 떠다니다가 따분한 대학수업에 실망하며 학교를 듬성듬성 다니다"가 조금 더 흥미로운 전공으로 바꾸어 마음을 잡으려 했지만 그것도 여의치 않았던 친구이다.

결국 그는 공무원 시험 준비를 한다고 아빠를 속이고 로드스꼴라를 찾았다. "대학도 싫고 집구석도 싫고 혼자 여행하는 건 무섭고 아무것도 안 하자니 불안한 터여서 도망치되" 잠시 속할 집단을 찾으려 했단다. 막상 로드스꼴라에 입학해서는 또 환상이 깨지는 순간들을 경험하게 된다. 냉소도 아니고 무기력도 아닌 이런 부유 상태가 바로 자기 자신이기 때문이다.

그러나 세 학기를 다니고 여행 경험을 책으로 펴내면서 "내 손으로 무언가 완성해 나가며 발바닥부터 차곡차곡 힘이 쌓여 가는" 것을 느끼게 된다. 함께 만든 것에 대한 애정을 갖게 되고 동료 작업자들에게 애정과 신뢰도 느끼게 된다. '그들'이 좋고, 함께 있는 것이 행복하고, 같이 작업하는 것이 괴로우면서도 즐겁다는 것을 알게 된다. "공동작업자의 품성을 기르고 스토리텔러의 능력을 함양한다"는 교육 목적이 자신의 몸속에서 피어남을 알게 되었다는 것이다. 이렇듯 로드스꼴라의 여행 과정은 일단, 적어도 두 명에게는 기적을 일으켰다.

> 나에게 네루다는 연애시로 강렬하게 각인됐지만 그건 초기의 시일 뿐이었다. 전 생에 걸쳐 그의 시는 변했다. 사랑했고 이별했고 우울하고 방황하고 좌절했으며 절망했다. 그러다 스페인 내전을 겪으며 꽝 머리를 부딪히고 세상과 사람들을 만나러 나섰다. 끝내 그는 모든 걸 노래했다. 뿐만 아니라 그도 한때 찌질했고 소심했고 가난했다. 나는 안도했다. … 그의 청년시절이 나의 지금과 같고 후의 삶이 내가 살아갈 삶이지 않을까.
>
> (황지은, '길 위의 친구들 ; 파블로 네루다 시집을 읽고' 중)

분초를 계산하면서 사는 고도압축적인 근대를 살아가노라 시간의 감각을 잃어버린 시대에, 용케도 이들은 여행과 책을 통해 시간을 되찾아낸다. 그 시간과 함께 그 안에 갇혀 있던 선배와 스승과 동료들이 돌아온다. 긴 여행, 어쩌면 짧은 일생을 함께해 줄 든든한 지원자들을 만난 것이다. 어찌 커다란 배움이며 큰 축복이 아니랴!

글쓰기를 통해 얻은 것들 ; 시선, 그리고 살아갈 힘

여행은 아띠로 하여금 이야기꾼이 무엇인지를 알게 했다.

> 우리는 수많은 이야기를 듣고 읽고 보았고, 이야기가 있는 곳으로 발품을 팔았고, 전해 들은 이야기들이 내 안을 휘저었고, 끙끙대며 나도 몰랐던 혹은 모른 척해 왔던 나의 이야기

를 끄집어냈다. 동네 할머니와 백 년 전 살았던 소녀와 저토록 무심한 바위가 내게 이야기를 건넸다. 나는 들었고, 기억했고, 글로 썼다. 그 과정에서 수없이 나와 마주해야 했고, 나를 겹겹이 둘러싼 것들을 한 꺼풀씩 벗겨 냈다. 이제는 질질 짜지 않고 내 이야기를 할 수 있게 됐다. 대학에 가도, 가지 않아도, 삶은 끝장나지 않는다는 걸 안다.

(황지은, '길 위의 친구들; 파블로 네루다 시집을 읽고' 중)

한편 가재 서정현은 일찍이 글쓰기의 힘을 알아차린 친구다. 남들과 조금 다른 정체성으로 인해 자신과 사회를 거리를 두고 볼 수 있게 되었고, 그런 시선을 가지고 글을 쓴다는 것이 뭘 의미하는지 알아차린 경우이다.

'창의적 글쓰기'에 나가면서 내가 배우고 익힌 건 삶이었다. 매주 다른 주제로 성실히 글을 쓰고, 함께 모여서 다른 친구들의 글을 열심히 읽고, 혹평 속 한 줄기 칭찬에 다시 다음 주를 기대하는 식이었다. 그렇게 여름이 지나 가을이 오고 마침내 겨울이 왔을 때 나는 대학에 가기를 미루고 다른 배움을 더 해 보기로 했다. 순전히 글을 잘 쓰려고 노력했을 뿐인데 삶을 바라보는 시선과 살아갈 힘 같은 것이 생기는 게 신기했다.

열아홉 살의 내가 배운 글쓰기는 두 단계. 자신의 경험을 멋지게 쓴다. 그리고 고통스러운 순간에도 자기 연민에 빠지지 말자. 자기 자신과 거리를 두어야 한다. …자기를 불쌍하게 여기지 않으면서 자기를 특별하게 여기지도 않고 글을 쓰려면 얼마나 힘들까?

(서정현, '브라보 마이 라이프' 중)

이제 겨우 스무 살 안팎인 나이에, 글쓰기를 통해 자기 연민에 빠지지 않고 자신을 사랑하고 사회를 감싸 안게 된 아띠와 가재는 행복이 무엇인지 안다. 시선을 갖는다는 것은 곧 살아갈 힘의 원천인 샘을 갖게 되는 것임을 안다.

신(神)을 죽인 근대의 끄트머리에서, 이들은 분에 넘치는 신의 선물을 받은 것이다.

기적의 학교, 희망의 불씨

로드스꼴라가 남미에 간 목적은 네 가지였다고 한다.

1) 탈근대 문학의 시발점인 남미 문학을 배우는 것
2) 시장적 자본주의화 속에서 일고 있는 공정무역 현장을 둘러보는 것
3) 잉카 문명과 스페인 문화의 충돌을 통해 형성된 라틴의 근대와 하이브리드 문화를 이해하는 것
4) 대자연 앞에 서 보는 것

이들은 이 목적을 이루기 위해 많은 준비를 했고, 많은 발품을 팔았고, 머리에 쥐가 나게 단어를 외웠다. 그곳에서 살아남을 수 있기 위해 '서바이벌 스페인어' 를 배웠고 서투른 말을 할 뱃심을 키웠다. 한국의 근대사와는 아주 판이한 데가 많은 라틴아메리카의 근대사도 이해하려고 노력했다.
게다가 대학의 문학 전공자들도 읽어 내기 힘들어하는 마르께스의 『백년 동안의 고독』이라거나 마누엘 푸익의 『거미 여인의 키스』를 읽은 이들도 있고 파블로 네루다의 시집을 애송한 이도 있었다. 모두 복잡다단한 근대사에 대한 감각이 없이는 제대로 이해할 수 없는 어려운 텍스트들이다.
이들은 또한 잊지 않고 거대한 자연 앞에서 겸손하게 티끌 같은 존재감을 느

끼며 영적 세계에 대한 생각도 하게 되었다. 꼭 배워야 할 내용들을 단 하나도 놓치지 않았다. 너무 영악하다는 생각이 들 정도로.
학원과 가정을 오가며 많은 시간을 보내야 했던 한국땅에서 자란 십대들에게는 매우 벅찬 학습이었을 텐데 각자는 자기 수준에서, 그리고 자기 자리에서 아주 훌륭하게 학습을 해냈고 그것을 또한 기꺼이 우리에게 나누어 주는 노고를 거쳤다.

최근엔 미국의 주요 대학에서도 이런 방식의 세계 탐사 학습이 유행하고 있다. 교수 두 사람이 열 명 안팎의 학생들을 데리고 하는 수업이다. 그들 역시 로드스꼴라처럼 두 달간의 현지 탐방을 위해 한 학기 내내 준비하고 책을 읽고 언어를 배운다. 세계인으로서 현장에 직접 가서 그곳의 역사와 아름다움을 두루 체험하면서 질 높은 깨달음을 얻는다는 취지에서다.
나는 지난 몇 년간 이런 방문자들을 종종 만나서 인터뷰를 해 주고 이런저런 방문도 주선해 주었는데, 솔직히 말해서 그들이 로드스꼴라만큼의 학습을 해가는 것 같지는 않다. 왜 그럴까? 온몸을 싣지 않기 때문이다. 인솔자와 학생들도 로드스꼴라에서처럼 전인적이지 않다. 게다가 세계 최고의 명문대라는 자부심은 그들을 기득권에 연연하게 만든다. 사회의 기존 구조와 질서에 기대는 그런 태도로는 비약적 학습을 이루어 내기 어렵다.

학습이란 경험을 통해 얻게 되는 깨달음이고 크고 작은 만남이 일으키는 기적이다. 교육이란 아무도 가르쳐 주지 않은 질문을 갖게 되는 과정이고, 바로 그런 질문 능력이 인간으로 하여금 수시로 변하는 환경에 적응하는 것을 가능케

하며, 때로는 환경 자체를 변화시키는 힘이 되기도 한다.

학교는 아무리 힘들어도 자기 연민에 빠지지 않고 스스로를 낯설게 바라볼 수 있는 거리감을 가르친다. 혼자 '멘붕'에 빠져 허우적대지 않도록 서로 돕는 법을 가르친다. 사람은 함께 있는 것 자체에서 에너지를 받는다는 것을 일러주는 곳, 그래서 어떤 난관이 닥치더라도 삶은 살아 볼 만하다는 용기를 갖게 하는 곳(또는 그래야만 하는 곳)이 바로 학교다.

그런데 현재 한국의 학교는 어떤가? 에너지는커녕 스트레스를 받는 공간으로 굴러가고 있지 않은가? 일상적인 폭력에 눈감게 함으로써 어릴 때부터 폭력의 공범자들을 만들어 내는 곳은 아닌가? 일류대학 입학으로 모든 것이 용서되는 한국의 학교체제는 더 이상 학교일 수 없다. 십 년 전에는 그래도 뭔가 대안이 있다고 생각한 이들이 적지 않았지만, 이제는 대안조차 생각해 낼 기력이 없을 정도로 병세가 심각하다.

이런 시대에 로드스꼴라 같은 학교를 만난 것은 행운이다. 이 학교는 기적의 학교다. 배움이 불가능한 시대에 배움이 여전히 가능함을 보여 주기 때문이다. 세대 간 소통이 가능한 만남이 있고, 시간성 · 장소성에 대한 감각을 여전히 간직한 교사들이 있고, 시공을 넘어서는 연대와 몸을 통한 훈련의 중요성을 아는 교장이 있는 학교이기 때문이다. 온갖 체험들이 한순간에 사라져 버리는 시대에 그것을 몸에 온전히 남기고 책으로 펴낼 정도의 집중력을 키우는 학교이기 때문이다. 훗날 어디에서든 길을 잘 찾게 도와줄 나침반을 선물하는 학교이기 때문이다.

그런 맥락에서 로드스꼴라의 김현아(어딘) 교장에게 출간을 축하한다는 말을 전하고 싶다. 그녀는 글쓰기의 힘을 누구보다도 강하게 믿는 사람이다. 쉬운 일은 아니겠지만, 학교를 잘 키워서 크고 작은 기적의 학교들이 더 많이 생겨나도록 해 달라고 부추기고 싶어진다. 십대들뿐 아니라 대학에 실망한 대학생들도, 숨가쁜 삶을 살다가 롤러코스터에서 내리기로 한 직장인들도 다닐 수 있는 학교 말이다.

시효가 지나 버린 낡은 '어른' 개념을 해체하고 공생하는 삶과 역사에 대한 생각을 나누는 시공간이 이곳저곳에 많이 생기면 좋겠다. 좀 다른 세상을 꿈꾸며 제대로 된 학교를 만들어 가려는 분들에게 이 책이 희망의 불씨를 전해 줄 것이라 믿는다.

로드스꼴라 3기의 '남미 프로젝트'에 관심 갖고 계신 분들께

꽃샘추위의 알싸함이 피부를 파고들지만 코끝을 타고 들어오는 공기는 봄의 징후를 알려 오는 계절입니다.
로드스꼴라 3기가 3월 31일 드디어 긴 여정을 출발합니다.
이야기에 앞서 사전답사를 다녀온 소감 먼저 전합니다.

남미,
라고 부르는 거대한 대륙을 한 달 만에 본다는 건 불가능한 일이지만, 여정 내내 '아! 참 잘한 결정이었구나' 라는 생각을 했습니다. 떠별들과 함께 이곳을 볼 수 있다는 것, 이 사람들을 만날 수 있다는 것, 이 음악을 듣고 이 음식을 먹을 수 있다는 생각에 가슴이 설레었습니다.
물론 몸은 고단하기 이를 데 없었습니다. 볼리비아는 한국보다 13배 큰 나라이고 페루는 14배, 아르헨티나는 20배나 큽니다. 한 번 이동거리가 버스로 보통 열서너 시간씩 걸리고 많게는 18시간까지 버스를 타기도 합니다. 그럼에도 불구하고 남미라는 대륙이 건네는, 상상을 뛰어넘는 에너지가 이 모든 고단함을 잊게 만들었습니다.

3기 남미 프로젝트의 목표는 네 가지입니다.

첫째, 남미 문학을 통해 패러다임의 전환을 엿보는 것입니다. 보르헤스, 마르께스를 비롯한 남미 작가들의 등장은 20세기 후반 포스트모던이라는 사고의 전환점을 불러온 중요한 사건이었습니다. 뉴턴식 과학과 합리주의, 이성이라는 근대의 패러다임을 살짝 흔들면서 새로운 질문과 상상으로 인간의 삶과 죽음에 대한 이야기를 들려주는 남미 문학은 어떤 토양에서 만들어졌는지, 그 이야기의 배경을 살펴보려고 합니다.
이 프로젝트는 한국에서 남미 작가들의 작품을 가장 많이 번역하고 계신 송병선 교수님이 함께할 예정입니다.

둘째, 공정무역의 루트를 들여다볼 예정입니다. 세계가 하나가 되어 가고 있다는 건 밥상을 통해 가장 명징하게 알 수 있는 일이겠지요. '세계화'와 '신자유주의'라는 말이 우리의 일상과 어떻게 직결되어 있는지, 그리고 그 속에서 나는 어떻게 살아가야 하는지에 대한 질문을 공정무역 루트를 따라가며 해 보려 합니다. 거대한 자본의 물결을 바라보고 읽어 낼 줄 안다면 때로 그 위에서 즐겁게 파도타기를 할 수도 있겠지요.
이 프로젝트는 아름다운 커피, 아름다운 선물 등 한국의 공정무역단체들과 페루 띵고마리아 지역의 나랑히요 협동조합, 페루의 공정무역기업 코클라 등과 함께 진행됩니다. 또 『아무도 남을 돌보지 마라』의 저자 엄기호 선생님이 함께 하십니다.

셋째, 문명의 충돌, 갈등, 화해, 통합 그리고 융합의 과정을 살펴보며 하이브리드에 대한 질문을 해 보려 합니다. 남미는 16세기 이후 스페인과 포르투갈의 식민지였으며 그 과정에서 '메스띠소' 라는 새로운 사람들이 생겨난 곳이기도 합니다. 인류 역사에서 필연적으로 일어날 수밖에 없는 문명의 충돌 과정을 살펴보고, 지극히 사적인 인간들의 열정과 욕망과 암투가 어떻게 역사라는 거대한 이야기를 엮어 가는지 들여다볼 예정입니다.
남미의 역사와 문화 특강은 한국외국어대 조구호 선생님, 『페루』의 저자 이원종 선생님이 해 주십니다.

넷째, 거대한 자연 앞에 서 보는 것입니다. 장대한 안데스, 우유니의 소금사막, 이과수 폭포……. 그저 입을 닫는 것 말고는 아무 일도 할 수 없는 저 거대한 자연 앞에, 무연히, 서 보는 것. 그것이 우리가 남미에서 해 보고자 하는 일입니다.
남미는 모든 지구과학 교사들의 로망이지요. 20년 동안 고등학교에서 지구과학을 가르쳐 온 이의영 선생님이 남미 대륙의 탄생과 역사에 대한 강의를 해 주시기로 했습니다.

현지에서도 많은 길별들이 우리와 함께하실 예정입니다.

볼리비아에서는 UAC에서 Language Directer를 맡고 계신 박혜정 선생님이 함께하십니다. 볼리비아 한인회와의 즐거운 만남도 예정되어 있습니다.
페루에서는 최근 2~3년 사이 리마에서 꼬레아 열풍을 만들어 내고 있는 세라믹 아티스트 조유나, 재즈 싱어 조세나 자매가 함께합니다. 꾸스꼬에서는 한국문화원을 준비하고 있는 '사랑채' 분들을 통해 현지 청소년들을 만나게 됩니다. KOICA(한국국제협력단) 세라믹센터의 박형욱 선생님께서도 많은 도움을 주고 계십니다.
아르헨티나에서는 정치학 박사후과정을 밟고 있는 손혜현 선생님과 아르헨티나 한인회가 떠별들을 반겨 줄 것입니다.
이밖에도 다양한 네트워크들이 작동되고 있으며 이 다리bridge들을 따라 떠별들은 남미에서 배우고 놀고 연대할 것입니다.

관심과 격려로 지켜보아 주십시오.

김도연(도로롱)

사진 찍고 요리하고 웃고 떠드는 걸 좋아한다. 중고등학교, 로드스꼴라까지 인생의 삼분의 일을 대안교육의 장에서 지내며 '가슴 뛰는 삶' 같은 걸 배웠으나 정작 엄두는 내지 못하고 안전한 삶을 추구하고 있다. 그래서 어떻게든 바꿔 보려고 노력한다. 그 과정에서 가장 중요한 게 여행이다. 아직 탐구 과제가 많은 그린벨트 같은 인간.

김민지(고담)

고2 여름방학, 돌연 자퇴했다. 이후 로드스꼴라에 1기로 입학해 짐을 꾸렸다. 여행을 다니고 글을 쓰며 공부했다. 그렇게 길 위의 배움을 난생처음 맛봤다. 재미난 놀이였다. 그 이야기를 책으로 엮기도 했다. 서울에서 교토까지 백제의 길을 이은 『백제의 길, 백제의 향기』와 남미를 통해 세상을 바라본 이번 책이 그렇다. 운이 좋다. 평생 이렇게 놀면서 살고픈, 소박한 꿈이 있다.

김설아(바리)
옛이야기와 책을 좋아하고 만화책을 사랑한다. 복권에 당첨된다면 책이 가득 꽂힌 커다란 서재를 지어 평생 책 읽고 빈둥거리며 살고 싶다. 어릴 적, 정말 진지하게 인형 작가가 되고 싶었지만 엄마는 말씀하셨다. "하고 싶은 것과 잘하는 것은 다르단다." 현재는 몸으로 하는 일을 못한다는 점을 인정, 평생 공부하면서 살 수 있길 바라고 있다.

김지아(쟈기)
평생 따라붙던 십대라는 타이틀을 벗어던질 준비를 하고 있다. 조금 다른 길로 들어서서 또래들보다 넓은 땅을 밟아 보았지만 특별히 다를 게 없는 십대 소녀다. 다만, 어떻게 살아갈 것인가에 대해 좀 더 고민이 많고, 안정적인 직업보단 판타스틱한 삶을 꿈꾼다. 남들이 환상이라 말하는 것을 현실로 만드는 것도 꿈꾼다. 그러나 정작 꿈은 정해져 있지 않다. 그만큼 무궁무진한 가능성의 인간이라 자칭한다.

서정현(가재)
사람을 좋아해도 아직은 다가가는 방법을 잘 모르는 숙맥. 말로 못 해서 글을 쓰게 됐다. 어떻게 하면 내 마음을 저 분께 완벽하게 전할 수 있을까. 예쁜 것을 예쁘다고 표현하고 싶은 리얼리스트. 진심을 믿는다.

서지현(여치)
서울 정릉에서 자랐다.
앞으로도 자랄 것이다,

정수윤(완두콩)

중학교부터 쭉 대안교육의 길을 밟고 있다. 짐을 싸고 어디 돌아다니는 것을 싫어해 로드스꼴라에 오기 싫었지만 엄마의 강력 추천으로 들어오게 되었다. 로드스꼴라에서 여행을 하며 여행이 좋아졌다. 어느 순간 여행이 떠나고 싶을 때 누구에게도 알리지 않고 훌쩍 떠나는 것을 꿈꾸고 있다.

조현우(애매)

맹추같이 살면서 매일같이 후회한다. 여전히 맹하다. 맹하더라도 사랑스럽게 살고 싶다.

차민지(미아)

미아다. 열여덟, 고등학교를 나와 로드스꼴라에서, 그러니까 길 위에서, 헤매며 예쁘게 자란다. 인어다. 투애니원, 친구들과 함께 어떻게 하면 '인' 생을 '어' 렵게 살 수 있을지 고민한다. 애플 파일럿이다. 스물둘, 인류학적 감수성을 살려 하고 싶은 일하며 살기를 꿈꾸는 친구들과 열심히 고군분투 중이다.

황지은(아띠)

로드스꼴라에 입학하며 '아띠' 라는 새로운 정체성을 얻었다. 2년간 여행학교에 다녔고, 앞으로도 종종 여행할 예정이다. 아무 생각 않고 누워 있기를 즐기고, 쉽게 사는 삶도 좋은 삶이라고 생각하나 인어(인생 어렵게 사는 인간)로서 줏대와 세상 보는 눈을 길러야 할 필요성을 느낀다. 본인의 무식함을 자책하며 학습의지를 달구고 있는 요즘이다.

김현아(어딘)

로드스꼴라 대표 길별. 여행이 삶의 들숨이라면 글쓰기는 날숨이다. 그 호흡법을 청춘들에게 전하기 위해 여행학교를 만들고 글쓰기를 가르쳐 왔다. 1993년 '전태일 문학상' 수상자이며 '고정희 청소년문학상' 운영위원을 맡기도 했다. 『전쟁과 여성』, 『전쟁의 기억 기억의 전쟁』, 『그곳에 가면 그 여자가 있다』 등 여러 권의 책을 썼다.